普通高等教育创新型人才培养规划教材

现代图论

殷剑宏　金菊良　编著

北京航空航天大学出版社

内容简介

凡有二元关系的系统，图论均可提供一种数学模型。本书简明扼要、深入浅出地阐述了图论的基本原理、一般方法和主要应用。全书分为6章，第1章主要介绍将二元关系抽象为图论模型的一般理论和方法，第2章介绍图的基本概念，第3章至第5章介绍二分图、超立方体、有向de Bruijn图、欧拉图、哈密顿图、树和平面图的概念、性质和应用，第6章对几个重要问题的理论和应用做了深入系统的专项讨论，以进一步加深、拓宽研究创新的思维。

本书知识结构体系完备。阅读本书，无需特别的预备知识，既易轻松入门，又易激发研究兴趣，具有很强的普适性，可供从事数学、物理、化学、计算机科学、电子学、信息论、控制论、系统工程、经济学、人口学、管理科学、心理学、社会学、人类学等方面的科研、管理与工程技术人员阅读，也可作为相关专业的高年级本科生、研究生和教师的参考用书。

图书在版编目(CIP)数据

现代图论 / 殷剑宏，金菊良编著. -- 北京 : 北京航空航天大学出版社，2015.5

ISBN 978-7-5124-1749-6

Ⅰ. ①现… Ⅱ. ①殷… ②金… Ⅲ. ①图论—研究 Ⅳ. ①O157.5

中国版本图书馆CIP数据核字(2015)第068592号

现代图论

殷剑宏　金菊良　编著

责任编辑　杨　昕

*

北京航空航天大学出版社出版发行

北京市海淀区学院路37号(邮编100191)　http://www.buaapress.com.cn

发行部电话:(010)82317024　传真:(010)82328026

读者信箱：goodtextbook@126.com　邮购电话:(010)82316936

涿州市新华印刷有限公司印装　各地书店经销

*

开本:710×1 000　1/16　印张:13.75　字数:293千字

2015年6月第1版　2015年6月第1次印刷　印数:3 000册

ISBN 978-7-5124-1749-6　定价:29.00元

若本书有倒页、脱页、缺页等印装质量问题，请与本社发行部联系调换。联系电话:(010)82317024

前 言

图论是一门非常年轻而又极有趣味的学科，几乎每一门有想象空间的学科中的问题都可用图模型来解决，其应用领域涵盖了数学、物理、化学、计算机科学、电子学、信息论、控制论、系统工程、管理科学、心理学、社会学、人类学等自然科学、行为科学及社会科学的几乎所有学科领域，同时，这些学科的发展又大大促进了图论的发展。例如，图论为运筹学的出现，起到了非常重要的作用，其决策分析理论、求最小代价运输网络的方法、匹配理论等都以图论为理论基础。又如，在计算机科学中，图论提供了一种非常优美实用的描述离散结构层次关系的数据结构——树。路和树还是通信网络的基本数学模型之一。印刷电路板设计和大规模集成电路的发展促进了图的平面性的研究。计算机磁鼓设计又促进了 de Bruijn 图的发展。广度优先搜索与深度优先搜索算法、最短路算法、最大团算法、最小生成树算法、图的着色算法、树的编码算法等图论算法，都与计算机科学有着千丝万缕的联系，应用这些算法已产生了巨大的社会和经济效益。图论与计算机科学相互促进、共同发展。

凡有二元关系的系统，图论均可提供一种数学模型。图论既广泛应用于各学科领域，又交叉运用各学科知识产生了基础图论、算法图论、极值图论、模糊图论、代数图论、随机图论、超图论、复杂网络等众多分支。一方面，图论的许多理论简单易懂得不可思议；另一方面，图论又有许多理论深奥得几乎不可理解，至今尚有许多悬而未决的图论难题。

值得注意的是，图论中讨论的图，不是微积分、解析几何、几何学中讨论的图形，而是客观世界中某些具体事物间联系的一种数学抽象。如二元关系的关系图，不考虑点的位置及连线的长短曲直，而只关心哪些点之间有连线。这种数学抽象就是图论中图的概念。

图论的趣味性虽妙不可言，但也广博而深奥，有其独特的思维方式和思想方法，具有逻辑严密，含义准确，专业性很强的特点。当然图论理论也有其深奥甚至枯燥的一面。为此，本书对图论学科内容进行分门别类的整理、概括和总结，取材突出以下特色：

(1) 深入浅出，通俗易懂

由于图论是一门新兴学科，所以大多数图论研究者在其著作、论文、演讲中常习惯使用自己的一套术语和记号，许多图论著作或只讨论无向图，或只讨论有向图，或将无向图与有向图分列讨论。本书将无向图与有向图融为一体，参考国内外大多数作者的叙述，选择最为通俗且大众化的语言描述图论的基本概念、术语和结论，且都以定义的形式加以规范，避免了概念的歧义性，为读者特别是初学者，勾画了清晰的图论轮廓。同时，每节都以小标题的形式，提纲挈领，围绕若干知识点，由易到难、由浅入深地铺成展开，适时突出重点、前呼后应，使读者能轻松地进入图论的系统学习和研究。

(2) 授人以渔，创新思维

巧妙导出关系是客观事物间联系的一种数学抽象，图是客观事物间联系的另一种数学抽象。应用集合、矩阵等不同的数学模型抽象关系和图：如由图的笛卡尔积导出超立方体，由有向 de Bruijn 图 $B(2,3)$ 到有向 de Bruijn 图 $B(2,n)$ 再到有向 de Bruijn 图 $B(d,n)$ 一步步推进，强调图的各种不同结构间的相互联系等，可不断增强读者的抽象思维能力。

(3) 理论清晰，应用切实

本书用较大的篇幅阐述了独立集、匹配、着色、最短路问题、欧拉图、哈密顿图、树、平面图等的概念及其广泛应用。这些应用都切切实实地来自社会实践，可使读者自然而然地理解图论与其他学科之间千丝万缕的联系，促进读者在充分体会理论与应用的结合点时，增强自己的探索兴趣与应用能力，培养今后研究中运用图论理论知识的敏锐性。

(4) 广泛实践，与时俱进

不是为编书而编书，更不是临时拼凑，而是十几年课堂教学实践所得。每个概念都阐述清晰、每个定理都证明透彻、每道例题和习题都精心设计，课程深度与广度恰当，注重运用形式化方法，避免符号堆积。以近于公理化、模式化的逻辑体系呈现给读者，展示明确的学习范围、目标、步骤、方法和方向，使读者一步一个台阶坚实地进入知识的殿堂，又抛转引玉，授人以渔，打开图论这扇有趣的大门。同时，本书还及时引入了超立方体的 Laplace 谱、有向 de Bruijn 图的谱、生成图的极大独立集的一般方法、复杂系统影响因素结构分析方法等最新研究成果。

全书分为 6 章，其中第 1 章由金菊良撰写，第 2 章至第 6 章由殷剑宏撰写，并由殷剑宏负责全书的统稿工作。

本书知识结构体系完备。学习本书，无需特别的预备知识，既易轻松入门，又易激发学习兴趣，具有很强的普适性，不仅适合计算机科学与技术、软件工程、网络工程、信息安全、物联网工程、数学与应用数学、信息与计算科学、信息管理与信息系统、电子商务、电子信息工程、电子科学与技术、通信工程、信息工程等专业本科生选用，也适合经济学、社会学、管理科学、环境科学与工程、土木工程、给排水科学与工程、水利水电工程、水文与水资源工程等专业本科生选用，同时还可作为相关专业教学、科研和工程技术人员的参考资料。但限于作者水平，错误和疏漏在所难免，恳请各位同仁和读者不吝指正。

作　者

2015 年 5 月 1 日

符号注释

(1) card(A)	有限集 A 的基数
(2) $\varnothing$	空集
(3) U	全集
(4) $P(A)$或 2^A	集合 A 的幂集
(5) $A\cap B$	集合 A 与 B 的交
(6) $A\cup B$	集合 A 与 B 的并
(7) $A-B$	集合 A 与 B 的差
(8) $\sim A$ 或 $\bar{A}$	集合 A 的绝对差(补)
(9) $A\oplus B$	集合 A 与 B 的对称差
(10) $A\times B$	集合 A 与 B 的笛卡尔积
(11) $<a,b>$	二元组或序偶
(12) $<a_1,a_2,\cdots,a_n>$	n 元组
(13) $A_1\times A_2\times\cdots\times A_n$	n 个集合 $A_1,A_2,\cdots,A_n$的笛卡尔积
(14) A^n	n 个集合 A 的笛卡尔积
(15) aRb	$<a,b>\in R$
(16) $a\bar{R}b$	$<a,b>\notin R$
(17) I_A	集合 A 上的恒等关系
(18) $[a]_R$	a 确定的关于 R 的等价类
(19) $\preccurlyeq$	偏序关系
(20) $<A,\preccurlyeq>$	偏序集
(21) $\prec$	拟序关系
(22) $<A,\prec>$	拟序集
(23) $\mathrm{cov}(A)=\{<x,y>\mid x,y\in A,y$ 盖住 $x\}$	盖住关系
(24) LUB(A)	集合 A 的上确界
(25) GLB(A)	集合 A 的下确界
(26) $R\circ S$	关系 R 与 S 的复合关系
(27) R^n	n 个关系 R 的复合关系
(28) R^{-1}	关系 R 的逆关系
(29) $\boldsymbol{M}_R\circ\boldsymbol{M}_S$	关系矩阵 $\boldsymbol{M}_R$与 $\boldsymbol{M}_S$的逻辑乘
(30) $r(R)$	关系 R 的自反闭包

(31) $s(R)$	关系 R 的对称闭包
(32) $t(R)$	关系 R 的传递闭包
(33) $G=\langle V(G),E(G),\varphi(G)\rangle$	图 G
(34) $e=(v_j,v_t)$	以 v_j 和 v_t 为端点的无向边 e
(35) $e=\langle v_j,v_t\rangle$	以 v_j 为起点 v_t 为终点的有向边 e
(36) $G=\langle V(G),E(G)\rangle$ 或 $G=\langle V,E\rangle$	简单图 G
(37) K_n	n 个结点完全图
(38) $\deg(x)$ 或 $d(x)$	结点 x 的度数
(39) $\deg^+(x)$ 或 $d^+(x)$	结点 x 的入度
(40) $\deg^-(x)$ 或 $d^-(x)$	结点 x 的出度
(41) $\Delta(G)=\max\{d_G(x)\mid x\in V(G)\}$	图 G 的最大结点度
(42) $\delta(G)=\min\{d_G(x)\mid x\in V(G\}$	图 G 的最小结点度
(43) $\Delta^+(D)=\max\{d_D^+(x)\mid x\in V(D)\}$	图 G 的最大入度
(44) $\Delta^-(D)=\max\{d_D^-(x)\mid x\in V(D)\}$	图 G 的最大出度
(45) $\delta^+(D)=\min\{d_D^+(x)\mid x\in V(D)\}$	图 G 的最小入度
(46) $\delta^-(D)=\min\{d_D^-(x)\mid x\in V(D)\}$	图 G 的最小出度
(47) $G_1\cong G_2$	图 G_1 和 G_2 同构
(48) $G_1\subseteq G$	G_1 是 G 的子图
(49) $G[V_1]$	结点集 V_1 的导出子图
(50) $G[E_1]$	边集 E_1 的导出子图
(51) $\bar{G}$	图 G 的补图
(52) $W(G)$	无向图 G 的连通分支数
(53) $\vec{W}(D)$	有向图 D 的强连通分支数
(54) $d(x,y)$	结点 x 到 y 的距离
(55) $K(G)=\min\{\mathrm{card}(T)\mid T$ 是 G 的点割$\}$	图 G 的点连通度或连通度
(56) $\lambda(G)=\min\{\mathrm{card}(S)\mid S$ 是 G 的边割$\}$	图 G 的边连通度
(57) $G_1\cup G_2$	图 G_1 和 G_2 的并
(58) G_1+G_2	图 G_1 和 G_2 的和
(59) $G_1\times G_2$	图 G_1 和 G_2 的笛卡儿积
(60) Q_n	n 维超立方体
(61) $K_{m,n}$	结点 m 和 n 的完全二分图
(62) $\alpha'(G)$	图 G 的匹配数
(63) $B(d,n)$	n 维 d 进位有向 de Bruijn 图
(64) $CL(G)$	图 G 的闭包
(65) $e(v)$	结点 v 的偏心距

(66) $\mathrm{rad}(G)$	图 G 的半径
(67) $C(G)$	图 G 的中心
(68) $\mathrm{diam}(G)$	图 G 的直径
(69) $P(G)$	图 G 的边界
(70) $x(G)$	图 G 的色数
(71) $x'(G)$	图 G 的边色数
(72) $\alpha(G)$	图 G 的独立数
(73) $\beta(G)$	图 G 的点覆盖数
(74) $\beta'(G)$	图 G 的边覆盖数
(75) $\gamma(G)$	图 G 的支配数

目　　录

第1章 关 系

自然界中普遍存在各种各样的关系，如日常生活中的同学关系、同事关系、朋友关系、师生关系、父子关系、夫妻关系等，如实数之间的大于关系、小于关系、等于关系等，又如事物之间的依存关系、影响关系等。本章将用数学语言来抽象关系。

1.1 集合的概念

集合是一个非常经典的概念，1895年，集合论的创始人康托尔(Cantor，1845—1918年，德国)提出了集合的概念，他是这样描述集合的，具有某种特定性质对象的总体称为集合，他所开创的集合论一般称为朴素集合论或经典集合论。由于康托尔对集合的概念未加以限制，从而导致了理论的不一致，产生了悖论，为消除经典集合论的悖论，1904—1908年，德国数学家Zermelo建立了第一个集合论的公理系统，建立了形式化集合论，后经许多科学家的努力，20世纪初创建了公理化集合论。由于展示公理化集合论过于复杂，本书采用经典集合论的原始描述，这是因为本书将所讨论的集合限于合适的定义范围内，即总是某个给定全集的子集，用经典集合论处理不会导致矛盾，且所得结论和公理化集合论中的结论完全一致。

1.1.1 集合及其表示

把具有某种特定性质的对象，汇集成一个整体，就形成一个集合(set)，集合中的对象称为集合的元素或成员。通常用大写英文字母表示集合，小写英文字母表示集合的元素。记号$a \in A$(读作a属于A)表示a是集合A的元素；记号$a \notin A$(读作a不属于A)表示a不是集合A的元素。一个集合，若其元素的个数是有限的，则称其为有限集，否则称为无限集。对于有限集合A，其元素的个数还称为A的基数(cardinals)，记作$\text{card}(A)$。

可以用列举法描述集合，即一一列出集合中的元素。例如，由4个元素1,2,3,4组成的集合可以表示为$A=\{1,2,3,4\}$，所有英文元音字母的集合可以表示为$B=\{\text{a},\text{e},\text{i},\text{o},\text{u}\}$，大于10且小于20的奇数的集合可表示为$C=\{11,13,15,17,19\}$，小于100的正整数的集合可以表示为$D=\{1,2,\cdots,99\}$等。

还可以用描述法表示集合，即用语言描述作为集合的成员必须具备的性质，以此来刻画集合的所有元素。例如，所有实数的集合可以表示为$A=\{x \mid x\text{ 为实数}\}$，大于10且小于20的偶数的集合可以表示为$B=\{x \mid x\text{ 为偶数且 }10<x<20\}$等。

两个集合相等，当且仅当它们有相同的元素。集合A与B相等，记作$A=B$；集

合 A 与 B 不相等，记作 $A \neq B$。

注意： 集合与其元素的排列次序无关，并约定集合的元素两两不同。

定义 1.1.1 设 A 和 B 为任意集合，若集合 A 的每个元素都是 B 的成员，则称 A 为 B 的子集(subset)，记作 $A \subseteq B$ 或 $B \supseteq A$，读作 A 包含于 B 或 B 包含 A。

定义 1.1.2 设 A 和 B 为任意集合，若 $A \subseteq B$ 且 $A \neq B$，则称 A 为 B 的真子集(proper subset)，记作 $A \subset B$ 或 $B \supset A$，读作 A 真包含于 B 或 B 真包含 A。

若 A 不是 B 的真子集，记作 $A \not\subset B$。

定义 1.1.3 不包含任何元素的集合称为空集(empty set)，记作$\varnothing$。

定义 1.1.4 在一定范围内，如果所有集合均为某一集合的子集，则称该集合为全集(universal set)，记作 U。

全集相当于论域，即所考虑的全部对象的集合。全集一定被明确地给出或能从上下文中推断出来。例如，在实数范围内讨论数集时，则实数集为全集；在复数范为内讨论数集时，则复数集为全集，而实数集为其子集。

设 A,B,C 为任意集合，由定义可知

(1) $\varnothing \subseteq A$；

(2) $A \subseteq U$；

(3) $A \subseteq A$；

(4) 若 $A \subseteq B, B \subseteq C$，则 $A \subseteq C$。

设 A 为任意集合，通常把$\varnothing$和 A 称为集合 A 的平凡子集，否则称为非平凡子集。

定理 1.1.1 设 A 和 B 为任意集合，$A=B$ 当且仅当 $A \subseteq B$ 且 $B \subseteq A$。

证明

$A=B \Leftrightarrow$集合 A 与集合 B 有相同的元素

$\Leftrightarrow A$ 的每个元素都是 B 的成员，且 B 的每个元素都是 A 的成员

$\Leftrightarrow A \subseteq B$ 且 $B \subseteq A$

证毕。

实践证明，定理 1.1.1 是证明集合相等的方法。

定义 1.1.5 给定集合 A，以 A 的全部子集为元素组成的集合，称为 A 的幂集(powerset)，记作 $P(A)$或 2^A。

例 1.1.1 设 $A=\{1,2,3\}$，求 A 的幂集 $P(A)$。

解 $P(A)=\{\varnothing,\{1\},\{2\},\{3\},\{1,2\},\{1,3\},\{2,3\},A\}$。

例 1.1.2 设 $P(\varnothing)$为空集$\varnothing$的幂集，求 $P(P(\varnothing))$。

解 由于 $P(\varnothing)=\{\varnothing\}$，所以 $P(P(\varnothing))=\{\varnothing,\{\varnothing\}\}$。

定理 1.1.2 设 A 为有限集且 $\mathrm{card}(A)=n$，则 $\mathrm{card}(P(A))=2^n$。

证明 由于在 n 个元素集合中，由其 $k(k=0,1,2,\cdots,n)$个元素组成的子集的个

数为组合数$C_n^k=\frac{n!}{k!\ (n-k)!}$,故

$$\mathrm{card}(P(A))=C_n^0+C_n^1+C_n^2+\cdots+C_n^n$$

又因为对于任意正整数 x,y,有$(x+y)^n=\sum_{k=0}^{n}C_n^k x^k y^{n-k}$,令 $x=y=1$,得 $2^n=\sum_{k=0}^{n}C_n^k$。所以 $\mathrm{card}(P(A))=2^n$。证毕。

1.1.2 集合的基本运算

由已知的集合,通过集合的各种运算可以构造新集合。

定义 1.1.6 设 A 和 B 为任意集合,由集合 A 和 B 的所有共同元素组成的集合,称为 A 和 B 的交集,记作 $A\cap B$,即 $A\cap B=\{x\mid x\in A 且 x\in B\}$。

例如,设 $A=\{1,2,3,4\}$,$B=\{3,4,5,6\}$,则 $A\cap B=\{3,4\}$。

显然 $A\cap B\subseteq A$,$A\cap B\subseteq B$。

若集合 A 和 B 没有共同元素,则可记作 $A\cap B=\varnothing$,此时亦称 A 和 B 不相交。

定义 1.1.7 设 A 和 B 为任意集合,所有属于集合 A 或所有属于集合 B 的元素组成的集合,称为 A 和 B 的并集(union),记作 $A\cup B$,即 $A\cup B=\{x\mid x\in A 或 x\in B\}$。

例如,设 $A=\{1,2,3,4\}$,$B=\{3,4,5,6\}$,则 $A\cup B=\{1,2,3,4,5,6\}$。

显然 $A\subseteq A\cup B$,$B\subseteq A\cup B$。

定义 1.1.8 设 A 和 B 为任意集合,所有属于集合 A 但不属于集合 B 的一切元素组成的集合,称为 B 相对于 A 的补集(complement)或相对补(relative complement),记作 $A-B$,即

$$A-B=\{x\mid x\in A 且 x\notin B\}$$

例如,设 $A=\{1,2,3,4\}$,$B=\{3,4,5,6\}$,则 $A-B=\{1,2\}$,$B-A=\{5,6\}$。

$A-B$ 也可称为集合 A 与 B 的差。全集 U 与 A 的差 $U-A$ 还称为 A 的绝对补(absolute complement)或绝对差,简记作$\sim A$ 或 $\bar{A}$,即$\sim A=\{x\mid x\in U 且 x\notin A\}$。

定义 1.1.9 设 A 和 B 为任意集合,由所有或属于集合 A 或属于集合 B,但又不能同时属于集合 A 和 B 的一切元素组成的集合,称为 A 和 B 的对称差(symmetric difference),记作 $A\oplus B$,即 $A\oplus B=(A\cup B)-(A\cap B)=(A-B)\cup(B-A)$。

例如,设 $A=\{1,2,3,4\}$,$B=\{3,4,5,6\}$,则 $A\oplus B=\{1,2,5,6\}$,$B\oplus A=\{1,2,5,6\}$。

可以证明对称差有如下性质:

(1) $A\oplus B=B\oplus A$;

(2) $A\oplus\varnothing=A$;

(3) $A\oplus A=\varnothing$;

(4) $(A\oplus B)\oplus C=A\oplus(B\oplus C)$。

1.1.3 集合运算的基本性质

在集合的$\cap$、$\cup$、$-$、$\sim$、$\oplus$等运算中，$\sim$是一元运算，其余的均为二元运算。

注意：本书没有规定集合各运算的先后次序（但一元运算总是优先于二元运算），而是通过圆括号体现，且最外层的圆括号可以省略，圆括号的顺序从里到外、从前向后。

例如，设 $A=\{1,2,3,4\}$，$B=\{3,4,5,6\}$，$C=\{4,7,8\}$，则

$(A-B)\cup(A-(B\cap C))=(A-B)\cup(A-\{4\})=\{1,2\}\cup\{1,2,3\}=\{1,2,3\}$

表 1.1.1 列出了集合运算的基本性质，其中 A、B、C 为任意集合，U 为全集，$\varnothing$为空集。

表 1.1.1 集合运算律

对合律	$\sim\sim A=A$
幂等律	$A\cap A=A$，$A\cup A=A$
结合律	$(A\cap B)\cap C=A\cap(B\cap C)$，$(A\cup B)\cup C=A\cup(B\cup C)$
交换律	$A\cap B=B\cap A$，$A\cup B=B\cup A$
分配律	$A\cap(B\cup C)=(A\cap B)\cup(A\cap C)$，$A\cup(B\cap C)=(A\cup B)\cap(A\cup C)$
吸收律	$A\cap(A\cup B)=A$，$A\cup(A\cap B)=A$
德·摩根律	$\sim(A\cap B)=\sim A\cup\sim B$，$\sim(A\cup B)=\sim A\cap\sim B$
同一律	$A\cap U=A$，$A\cup\varnothing=A$
零　律	$A\cap\varnothing=\varnothing$，$A\cup U=U$
否定律	$A\cap\sim A=\varnothing$，$A\cup\sim A=U$

例 1.1.3 设 A、B、C 为任意集合，且 $A\subseteq B$，求证

(1) $A\cap C\subseteq B\cap C$；

(2) $A\cup C\subseteq B\cup C$。

证明

(1) 任取 $x\in A\cap C\Rightarrow x\in A$ 且 $x\in C$

$\Rightarrow x\in B$ 且 $x\in C$

$\Rightarrow x\in B\cap C$

所以
$$A\cap C\subseteq B\cap C$$

(2) 任取 $x\in A\cup C\Rightarrow x\in A$ 或 $x\in C$

$\Rightarrow x\in B$ 或 $x\in C$

$\Rightarrow x\in B\cup C$

所以
$$A\cup C\subseteq B\cup C$$

例 1.1.4 设 A、B、C、D 为任意集合，且 $A\subseteq B$，$C\subseteq D$，求证

(1) $A\cap C\subseteq B\cap D$；

(2) $A\cup C\subseteq B\cup D$。

证明

(1) 任取 $x\in A\cap C \Rightarrow x\in A$ 且 $x\in C$

$\Rightarrow x\in B$ 且 $x\in D$

$\Rightarrow x\in B\cap D$

所以

$$A\cap C\subseteq B\cap D$$

(2) 任取 $x\in A\cup C \Rightarrow x\in A$ 或 $x\in C$

$\Rightarrow x\in B$ 或 $x\in D$

$\Rightarrow x\in B\cup D$

所以

$$A\cup C\subseteq B\cup D$$

例 1.1.5 设 A、B 为任意集合,则 $A\subseteq B$ 当且仅当 $A\cap B=A$,$A\cup B=B$。

证明

(必要性)已知 $A\subseteq B$。

任取 $x\in A$,则 $x\in B$,从而 $x\in A\cap B$,故 $A\subseteq A\cap B$;同时 $A\cap B\subseteq A$。所以 $A\cap B=A$。

(充分性)已知 $A\cap B=A$。

任取 $x\in A$,则 $x\in A\cap B$,从而 $x\in B$,故 $A\subseteq B$。

这样就证明了 $A\subseteq B$ 当且仅当 $A\cap B=A$。

同理可证 $A\subseteq B$ 当且仅当 $A\cup B=B$。

例 1.1.6 设 A、B 为任意集合,求证 $A-B=A\cap\sim B$。

证明

任取 $x\in A-B \Leftrightarrow x\in A$ 且 $x\notin B$

$\Leftrightarrow x\in A$ 且 $x\in\sim B$

$\Leftrightarrow x\in A\cap\sim B$

所以

$$A-B=A\cap\sim B$$

例 1.1.7 设 A、B、C 为任意集合,求证

(1) $A-(B\cap C)=(A-B)\cup(A-C)$;

(2) $A-(B\cup C)=(A-B)\cap(A-C)$。

证明

(1)
$$\begin{aligned}(A-B)\cup(A-C)&=(A\cap\sim B)\cup(A\cap\sim C)\\&=A\cap(\sim B\cup\sim C)\\&=A\cap\sim(B\cap C)\\&=A-(B\cap C)\end{aligned}$$

(2)
$$\begin{aligned}(A-B)\cap(A-C)&=(A\cap\sim B)\cap(A\cap\sim C)\\&=A\cap\sim B\cap\sim C\\&=A\cap(\sim B\cap\sim C)\\&=A\cap\sim(B\cup C)\\&=A-(B\cup C)\end{aligned}$$

例 1.1.8 设 A、B、C 为任意集合，求证 $A\cap(B-C)=(A\cap B)-(A\cap C)$。

证明

左边 $=A\cap(B\cap\sim C)=A\cap B\cap\sim C$

右边 $=(A\cap B)\cap\sim(A\cap C)$

$=(A\cap B)\cap(\sim A\cup\sim C)$

$=(A\cap B\cap\sim A)\cup(A\cap B\cap\sim C)$

$=\varnothing\cup(A\cap B\cap\sim C)$

$=A\cap B\cap\sim C$

所以
$$A\cap(B-C)=(A\cap B)-(A\cap C)$$

习题 1.1

1. 指定集合 $A=$ ________，$B=$ ________，$C=$ ________，使得 $A\notin B$，$B\notin C$，$A\in C$。
2. 指定集合 $A=$ ________，$B=$ ________，$C=$ ________，使得 $A\in B$，$B\notin C$，$A\in C$。
3. 指定集合 $A=$ ________，$B=$ ________，$C=$ ________，使得 $A\subseteq B$，$B\notin C$，$A\in C$。
4. 指定集合 $A=$ ________，$B=$ ________，$C=$ ________，使得 $A\in B$，B 不是 C 的子集，$A\in C$。
5. 指定集合 $A=$ ________，$B=$ ________，$C=$ ________，使得 $A\in B$，$B\in C$，$A\notin C$。
6. 指定集合 $A=$ ________，$B=$ ________，$C=$ ________，使得 $A\in B$，$B\in C$，$A\in C$。
7. 指定集合 $A=$ ________，$B=$ ________，使得 $A\subseteq B$，$A\in B$；指定集合 $A=$ ________，$B=$ ________，使得 $A\subseteq B$，$A\notin B$。
8. 下列论断中(　　)不正确。

   A. $\varnothing\subseteq\varnothing$　　B. $\varnothing\in\varnothing$

   C. $\varnothing\subseteq\{\varnothing\}$　　D. $\varnothing\in\{\varnothing\}$
9. 下列论断中(　　)不正确。

   A. $\{1\}\subseteq\{1\}$　　B. $\{1\}\subseteq\{1,\{1\}\}$

   C. $\{1\}\in\{1\}$　　D. $\{1\}\in\{1,\{1\}\}$
10. 设 A，B，C 为任意集合，下列论断正确的是(　　)。

    A. 若 $A\in B$，$B\subseteq C$，则 $A\in C$

    B. 若 $A\in B$，$B\subseteq C$，则 $A\subseteq C$

    C. 若 $A\subseteq B$，$B\in C$，则 $A\in C$

    D. 若 $A\subseteq B$，$B\in C$，则 $A\subseteq C$

E. 若 $A\subseteq B, B\in C$,则 $A\notin C$

F. 若 $A\in B$,B 不是 C 的子集,则 $A\notin C$

11. 设 A、B、C 为任意集合,下列论断不正确的是(　　)。

A. $A-(B\cap C)=(A-B)\cup(A-C)$

B. $A-(B\cup C)=(A-B)\cap(A-C)$

C. $A\cap(B-C)=(A\cap B)-(A\cap C)$

D. $A\cup(B-C)=(A\cup B)-(A\cup C)$

12. 设 A、B、C 为任意集合,下列论断正确的是(　　)。

A. 若 $A\cap B=A\cap C$,则 $B=C$

B. 若 $A\cup B=A\cup C$,则 $B=C$

C. 若 $A-B=A-C$,则 $B=C$

D. 若 $A\oplus B=A\oplus C$,则 $B=C$

13. 设 A、B、C 为任意集合,下列论断不正确的是(　　)。

A. $(A-B)-C=A-(B\cup C)$

B. $(A-B)-C=(A-C)-(B-C)$

C. $(A-B)-C=(A-C)-B$

D. $(A-B)-C=A-(B-C)$

14. 化简 $\varnothing\cap\{\varnothing\}=$ ____________;化简 $\{\varnothing,\{\varnothing\}\}-\varnothing=$ ____________;
化简 $\{\varnothing,\{\varnothing\}\}-\{\varnothing\}=$ ____________。

15. 指定集合 $A=$ ____________,$B=$ ____________,$C=$ ____________,说明 $A\cup(B\oplus C)\neq(A\cup B)\oplus(A\cup C)$。

16. 化简下列各式

(1) $((A\cup(B-C))\cap A)\cup(B-(B-A))$

(2) $((A\cup B)\cap B)-(A\cup B)$

(3) $(B-(A\cap C))\cup(A\cap B\cap C)$

(4) $(A\cap B)-(C-(A\cup B))$

(5) $((A\cup B\cup C)-(B\cup C))\cup A$

1.2　关系及其表示

1.2.1　笛卡尔积

集合的笛卡尔积是以法国数学家笛卡尔(Descartes,1596—1650 年)的名字命名的,它是随后要介绍的关系、图等许多离散结构的基础。

定义 1.2.1　以 a_1 为第一元素,a_2 为第二元素,…,a_n 为第 n 元素组成的有序组 $\langle a_1,a_2,\cdots,a_n\rangle$ 称为 n 元组(n - tuple),其中二元组 $\langle a_1,a_2\rangle$ 还特称为序偶(ordered pair)。

定义 1.2.2 两个 n 元组 $<a_1,a_2,\cdots,a_n>=<b_1,b_2,\cdots,b_n>$，当且仅当 $a_1=b_1$，$a_2=b_2$，$\cdots$，$a_n=b_n$。

定义 1.2.3 设 A 和 B 为任意集合，以 A 的成员为第一元素，B 的成员为第二元素构造序偶，由所有这样的序偶组成的集合称为 A 与 B 的笛卡尔积，记作 $A\times B$，即

$$A\times B=\{<a,b>|a\in A,b\in B\}$$

约定，若 $A=\varnothing$ 或 $B=\varnothing$，则 $A\times B=\varnothing$。

一般地，n 个集合 $A_1,A_2,\cdots,A_n$ 的笛卡尔积(Cartesian product)定义为

$$A_1\times A_2\times\cdots\times A_n=\{<a_1,a_2,\cdots,a_n>|a_1\in A_1,a_2\in A_2,\cdots,a_n\in A_n\}$$

特别地，$\underbrace{A\times A\times\cdots\times A}_{n个A}=A^n$。

例 1.2.1 设 $\mathbf{R}$ 为实数集，集合 $\mathbf{R}$ 与 $\mathbf{R}$ 的笛卡尔积 $\mathbf{R}\times\mathbf{R}=\{<a,b>|a\in\mathbf{R},b\in\mathbf{R}\}$ 的几何意义即为平面直角坐标系，而 $\mathbf{R}\times\mathbf{R}\times\mathbf{R}=\{<a,b,c>|a\in\mathbf{R},b\in\mathbf{R},c\in\mathbf{R}\}$ 的几何意义即为空间直角坐标系。

例 1.2.2 设 $A=\{1,2,3\}$，$B=\{a,b\}$，求 $A\times B$，$B\times A$，A^2。

解 $A\times B=\{<1,a>,<1,b>,<2,a>,<2,b>,<3,a>,<3,b>\}$

$B\times A=\{<a,1>,<a,2>,<a,3>,<b,1>,<b,2>,<b,3>\}$

$A^2=\{<1,1>,<1,2>,<1,3>,<2,1>,<2,2>,<2,3>,<3,1>,<3,2>,<3,3>\}$

例 1.2.3 设 $A=\{1,2,3\}$，$B=\{a,b\}$，试求 $B\times A\times B$。

解 由图 1.2.1 可得

$$B\times A\times B=\{<a,1,a>,<a,1,b>,<a,2,a>,<a,2,b>,<a,3,a>,<a,3,b>,<b,1,a>,<b,1,b>,<b,2,a>,<b,2,b>,<b,3,a>,<b,3,b>\}$$

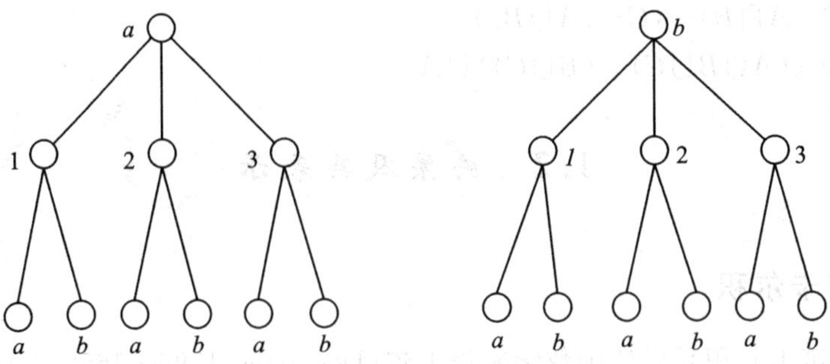

图 1.2.1

1.2.2　关系的概念

关系的数学抽象是特殊的集合。比如，设 $A=\{1,2,3,4\}$，A 中各元素相比，显然 $2>1,3>1,3>2,4>1,4>2,4>3$。因此 A 中各元素间的大于关系可数学抽象为集合 $\{\langle 2,1\rangle,\langle 3,1\rangle,\langle 3,2\rangle,\langle 4,1\rangle,\langle 4,2\rangle,\langle 4,3\rangle\}$。

任意一个 n 元组的集合都称为 n 元关系（n - ary relation ）。二元关系（binary relation）简称为关系（relation）。若 $\langle a,b\rangle$ 是关系 R 的元素，即 $\langle a,b\rangle\in R$，可记作 aRb，读作 a 与 b 有关系 R；否则可记作 $a\overline{R}b$，读作 a 与 b 没有关系 R。

例如，$R=\{\langle 1,a\rangle,\langle 1,b\rangle,\langle 2,c\rangle\}$ 是二元关系，且 1 与 a、1 与 b、2 与 c 均有关系 R；若设 R 的性质为父子关系，则 1 与 a、1 与 b、2 与 c 均为父子。

定义 1.2.4　设 A 和 B 为任意集合，笛卡尔积 $A\times B$ 的子集称为 A 到 B 的关系。

特别地，

(1) 笛卡尔积 $A\times B$ 的平凡子集 $A\times B$ 与 $\varnothing$ 分别称为 A 到 B 的全域关系（universal relation）和 A 到 B 的空关系（empty relation）；

(2) 集合 A 到 A 的关系简称为 A 上的关系。

例 1.2.4　设 $A=\{1,2,3,4\}$，分别表示集合 A 上的不小于关系 $\geqslant$、不大于关系 $\leqslant$、大于关系 $>$、小于关系 $<$、整除关系 $|$。

解

$$\begin{aligned}\geqslant &=\{\langle x,y\rangle \mid x,y\in A,x\text{ 不小于 }y\}\\ &=\{\langle 1,1\rangle,\langle 2,1\rangle,\langle 2,2\rangle,\langle 3,1\rangle,\langle 3,2\rangle,\langle 3,3\rangle,\langle 4,1\rangle,\\ &\qquad\langle 4,2\rangle,\langle 4,3\rangle,\langle 4,4\rangle\}\end{aligned}$$

$$\begin{aligned}\leqslant &=\{\langle x,y\rangle \mid x,y\in A,x\text{ 不大于 }y\}\\ &=\{\langle 1,1\rangle,\langle 1,2\rangle,\langle 1,3\rangle,\langle 1,4\rangle,\langle 2,2\rangle,\langle 2,3\rangle,\langle 2,4\rangle,\\ &\qquad\langle 3,3\rangle,\langle 3,4\rangle,\langle 4,4\rangle\}\end{aligned}$$

$$\begin{aligned}> &=\{\langle x,y\rangle \mid x,y\in A,x\text{ 大于 }y\}\\ &=\{\langle 2,1\rangle,\langle 3,1\rangle,\langle 3,2\rangle,\langle 4,1\rangle,\langle 4,2\rangle,\langle 4,3\rangle\}\end{aligned}$$

$$\begin{aligned}< &=\{\langle x,y\rangle \mid x,y\in A,x\text{ 小于 }y\}\\ &=\{\langle 1,2\rangle,\langle 1,3\rangle,\langle 1,4\rangle,\langle 2,3\rangle,\langle 2,4\rangle,\langle 3,4\rangle\}\end{aligned}$$

$$\begin{aligned}| &=\{\langle x,y\rangle \mid x,y\in A,x\text{ 整除 }y\}\\ &=\{\langle 1,1\rangle,\langle 1,2\rangle,\langle 1,3\rangle,\langle 1,4\rangle,\langle 2,2\rangle,\langle 2,4\rangle,\\ &\qquad\langle 3,3\rangle,\langle 4,4\rangle\}\end{aligned}$$

显然，集合 A 上的关系，表示的是集合 A 中各元素间的关系。比如，本例中，集合 A 上的大于关系 $>=\{\langle 2,1\rangle,\langle 3,1\rangle,\langle 3,2\rangle,\langle 4,1\rangle,\langle 4,2\rangle,\langle 4,3\rangle\}$，表示的就是 1、2、3 和 4 这四个数之间的大于关系；而小于关系 $<=\{\langle 1,2\rangle,\langle 1,3\rangle,\langle 1,4\rangle,\langle 2,3\rangle,\langle 2,4\rangle,\langle 3,4\rangle\}$ 恰好表示的就是 1、2、3 和 4 这四个数之间的小于关系。

例 1.2.5 设 A 为人类集合，则

父子关系 $R=\{<x,y>|x,y\in A,x$ 与 y 是父子$\}$

同学关系 $S=\{<x,y>|x,y\in A,x$ 与 y 是同学$\}$

朋友关系 $P=\{<x,y>|x,y\in A,x$ 与 y 是朋友$\}$

同乡关系 $Q=\{<x,y>|x,y\in A,x$ 与 y 是同乡$\}$

师生关系 $T=\{<x,y>|x,y\in A,x$ 与 y 是师生$\}$

例 1.2.6 设 A 为平面三角形集合，则

三角形全等关系 $R=\{<x,y>|x,y\in A,x\cong y\}$

三角形相似关系 $S=\{<x,y>|x,y\in A,x\backsim y\}$

例 1.2.7 设集合 $A=\{1,2,3,4\}$，A 上的关系 $H=\{<x,y>|x,y\in A,\dfrac{x-y}{2}$是正整数$\}$，$S=\{<x,y>|x,y\in A,\dfrac{x-y}{3}$是整数$\}$，求 $H\cup S,H\cap S,H-S,\sim S$。

解
$$\begin{aligned}U&=A\times A\\&=\{<1,1>,<1,2>,<1,3>,<1,4>,<2,1>,<2,2>,\\&\quad<2,3>,<2,4>,<3,1>,<3,2>,<3,3>,<3,4>,\\&\quad<4,1>,<4,2>,<4,3>,<4,4>\}\end{aligned}$$

$$H=\{<3,1>,<4,2>\}$$

$$S=\{<1,1>,<1,4>,<2,2>,<3,3>,<4,1>,<4,4>\}$$

所以

$H\cup S=\{<1,1>,<1,4>,<2,2>,<3,1>,<3,3>,<4,1>,<4,2>,<4,4>\}$

$H\cap S=\varnothing$

$H-S=\{<3,1>,<4,2>\}$

$\sim S=\{<1,2>,<1,3>,<2,1>,<2,3>,<2,4>,<3,1>,$
$<3,2>,<3,4>,<4,2>,<4,3>\}$

1.2.3 关系矩阵

为借助计算机进行处理，若 A 和 B 为有限集，A 到 B 的关系 R 除了用序偶的集合表示外，还可以用矩阵表示。

设 $A=\{a_1,a_2,\cdots,a_n\}$，$B=\{b_1,b_2,\cdots,b_m\}$，R 是 A 到 B 的关系，则对应于 R 有关系矩阵(relation matrix)$\boldsymbol{M}_R=(r_{ij})_{n\times m}$，其中

$$r_{ij}=\begin{cases}1 & a_iRb_j\\0 & a_i\overline{R}b_j\end{cases}$$

例 1.2.8 设 $A=\{1,2,3,4\}$，$B=\{a,b,c\}$，$R=\{<1,a>,<1,b>,<1,c>,<2,b>,<2,c>,<3,a>,<3,b>\}$，则 R 的关系矩阵 $\boldsymbol{M}_R$ 为

$$M_R = \begin{pmatrix} 1 & 1 & 1 \\ 0 & 1 & 1 \\ 1 & 1 & 0 \\ 0 & 0 & 0 \end{pmatrix}$$

例 1.2.9　设 $A=\{1,2,3,4\}$，$S=\{\langle x,y\rangle \mid x,y\in A, x^2-y^2 不是质数\}$，求 S 的关系矩阵 $\boldsymbol{M}_S$。

解　$S=\{\langle 1,1\rangle,\langle 2,2\rangle,\langle 3,1\rangle,\langle 3,3\rangle,\langle 4,1\rangle,\langle 4,2\rangle,\langle 4,4\rangle\}$
所以 S 的关系矩阵 $\boldsymbol{M}_S$ 为

$$M_S = \begin{pmatrix} 1 & 0 & 0 & 0 \\ 0 & 1 & 0 & 0 \\ 1 & 0 & 1 & 0 \\ 1 & 1 & 0 & 1 \end{pmatrix}$$

1.2.4　关系图

为方便直观观察，若 A 和 B 为有限集，A 到 B 的关系 R 除了用序偶的集合、关系矩阵表示外，还可以用关系图表示。设 $A=\{a_1,a_2,\cdots,a_n\}$，$B=\{b_1,b_2,\cdots,b_m\}$，R 是 A 到 B 的关系。首先在平面上作出 n 个结点分别表示 $a_1,a_2,\cdots,a_n$，然后再作出 m 个结点分别表示 $b_1,b_2,\cdots,b_m$；若 $a_iRb_j(i=1,2,\cdots,n;j=1,2,\cdots,m)$，则自结点 a_i 到结点 b_j 处做一条有向线，其箭头指向 b_j，否则结点 a_i 与 b_j 之间没有线联结。这种方法联结起来的图就称为 R 的关系图(graph of relation)。

注意：关系图主要表达结点之间的邻接关系，故关系图中结点的位置及大小、线的长短曲直，都是无关紧要的。

例 1.2.10　分别画出例 1.2.8 中关系 R 及例 1.2.9 中关系 S 的关系图。

解　R 与 S 的关系图分别如图 1.2.2(R 的关系图)和图 1.2.3(S 的关系图)所示。

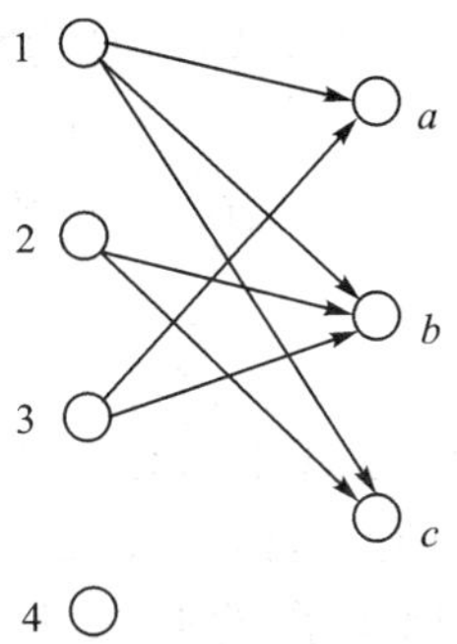

图 1.2.2

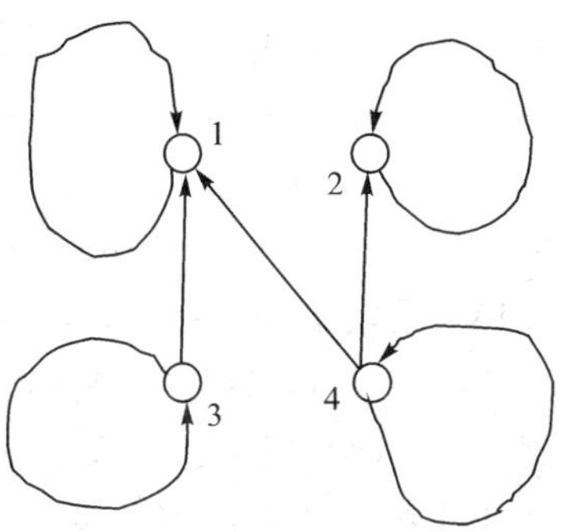

图 1.2.3

1.2.5 关系的性质

定义 1.2.5 设 A 为任意集合，A 上的恒等关系(identity relation)为 $I_A=\{<x,x>|x\in A\}$。

例如，给定集合 $A=\{1,2,3,4\}$，则 A 上的恒等关系 $I_A=\{<1,1>,<2,2>,<3,3>,<4,4>\}$。

定义 1.2.6 设 A 为任意集合，$R\subseteq A\times A$，若

(1) 对 $\forall x\in A$，均有 $<x,x>\in R$，则称 R 为 A 上的自反关系(reflexive relation)；

(2) 对 $\forall x\in A$，均有 $<x,x>\notin R$，则称 R 为 A 上的反自反关系(irreflexive relation)。

例 1.2.11 给定集合 $A=\{1,2,3,4\}$，则

$R_1=\{<1,1>,<1,2>,<2,2>,<3,3>,<4,3>,<4,4>\}$ 是 A 上的自反关系；

$R_2=\{<1,3>,<2,4>,<4,2>,<4,3>\}$ 是 A 上的反自反关系；

$R_3=\{<1,1>,<1,4>,<2,3>\}$ 既不是 A 上的自反关系，也不是 A 上的反自反关系。

例 1.2.12 设 $\mathbf{R}$ 为实数集，证明

(1) $\mathbf{R}$ 上的不小于关系是自反关系；

(2) $\mathbf{R}$ 上的小于关系是反自反关系。

证明

(1) $\mathbf{R}$ 上的不小于关系 $S=\{<x,y>|x,y\in \mathbf{R}$ 且 $x\geqslant y\}$，$\forall x\in \mathbf{R}$，因为 $x\geqslant x$，所以 $<x,x>\in S$，故 S 是实数集 $\mathbf{R}$ 上的自反关系。

(2) $\mathbf{R}$ 上的小于关系 $H=\{<x,y>|x,y\in \mathbf{R}$ 且 $x<y\}$，$\forall x\in \mathbf{R}$，因为 $x\nless x$，所以 $<x,x>\notin H$，故 H 是实数集 $\mathbf{R}$ 上的反自反关系。

定义 1.2.7 设 A 为任意集合，$R\subseteq A\times A$，若

(1) 对 $\forall x,y\in A$，每当 $<x,y>\in R$ 时，一定有 $<y,x>\in R$，则称 R 为 A 上的对称关系(symmetric relation)；

(2) 对 $\forall x,y\in A$，每当 $<x,y>\in R$ 且 $<y,x>\in R$ 时，一定有 $x=y$，则称 R 为 A 上的反对称关系(antisymmetric relation)。

例 1.2.13 给定集合 $A=\{1,2,3,4\}$，则

$R_1=\{<1,1>,<1,2>,<2,1>,<2,4>,<4,2>\}$ 是 A 上的对称关系；

$R_2=\{<1,1>,<2,4>,<3,1>,<4,3>\}$ 是 A 上的反对称关系；

$R_3=\{<1,1>,<2,2>,<3,3>\}$ 既是 A 上的对称关系，也是 A 上的反对称关系；

$R_4=\{<1,2>,<2,1>,<2,3>\}$ 既不是 A 上的对称关系，也不是 A 上的反对

称关系。

例 1.2.14　设 **R** 为实数集，

(1) 若 $H=\{<x,y>|x,y\in\mathbf{R},\frac{x-y}{2}$是正整数$\}$，证明 H 是 **R** 上的反对称关系；

(2) 若 $S=\{<x,y>|x,y\in\mathbf{R},\frac{x-y}{3}$是整数$\}$，证明 S 是 **R** 上的对称关系。

证明

(1) 对 $\forall x,y\in\mathbf{R}$ 且 $x\neq y$，由于$\frac{x-y}{2}=-\frac{y-x}{2}$，故$\frac{x-y}{2}$不是正整数或$\frac{y-x}{2}$不是正整数，所以$<x,y>\notin H$ 或$<y,x>\notin H$，从而 H 是 **R** 上的反对称关系。

(2) 设$<x,y>\in\mathbf{R}$，则$\frac{x-y}{3}$是整数，又$\frac{y-x}{3}=-\frac{x-y}{3}$，所以$\frac{y-x}{3}$是整数，于是$<y,x>\in\mathbf{R}$，故 S 是 **R** 上的对称关系。

例 1.2.15　设 $P(A)$为给定集合 A 的幂集，$R=\{<x,y>|x,y\in P(A),x\subseteq y\}$，证明 R 是 $P(A)$上的反对称关系。

证明　设$<x,y>$、$<y,x>\in R$，则 $x\subseteq y$ 且 $y\subseteq x$，所以 $x=y$，故 R 是 $P(A)$上的反对称关系。

定义 1.2.8　设 A 为任意集合，$R\subseteq A\times A$，若 $\forall x,y,z\in A$，每当$<x,y>\in R$ 且$<y,z>\in R$ 时，一定有$<x,z>\in R$，则称 R 为 A 上的传递关系(transitive relation)。

例 1.2.16　给定集合 $A=\{1,2,3,4\}$，则

$R_1=\{<1,1>,<1,2>,<1,3>,<2,1>,<2,2>,<2,3>\}$是 A 上的传递关系；

$R_2=\{<2,1>,<2,3>,<4,3>\}$是 A 上的传递关系；

$R_3=\{<1,2>\}$是 A 上的传递关系；

$R_4=\{<2,2>\}$是 A 上的传递关系；

$R_5=\{<2,2>,<2,3>,<2,4>,<3,2>,<3,3>,<3,4>,<4,2>\}$不是 A 上的传递关系。

例 1.2.17　给定集合 $A=\{1,2,3,4\}$，则

$R_1=\{<1,1>,<1,2>,<1,3>,<2,1>,<2,2>,<2,3>\}$是 A 上的传递关系；

$R_2=\{<1,1>,<1,3>,<1,4>,<4,4>\}$是 A 上的传递关系；

$R_1\cup R_2=\{<1,1>,<1,2>,<1,3>,<2,1>,<2,2>,<2,3>,<1,4>,<4,4>\}$不是 A 上的传递关系；

$R_1-R_2=\{<1,2>,<2,1>,<2,2>,<2,3>\}$不是 A 上的传递关系；

$R_1\cap R_2=\{<1,1>,<1,3>\}$是 A 上的传递关系。

例 1.2.18　设 **R** 为实数集，若 $H=\{<x,y>|x,y\in\mathbf{R}$ 且 $x-y$ 是整数$\}$，证明 H

是 **R** 上的传递关系。

证明 设 $<x,y>\in H$ 且 $<y,z>\in H$，则 $x-y$ 是整数且 $y-z$ 是整数，于是 $(x-y)+(y-z)$ 是整数，即 $x-z$ 是整数，所以 $<x,z>\in H$，故 H 是 **R** 上的传递关系。

例 1.2.19 设 I_+ 为正整数集，证明 I_+ 上的整除关系是 I_+ 上的自反关系、反对称关系和传递关系。

证明 I_+ 上的整除关系 $R=\{<x,y>|x,y\in I_+ 且 x|y\}$，

(1) $\forall x\in I_+$，因为 $x|x$，所以 $<x,x>\in R$，故 R 是 I_+ 上的自反关系；

(2) 设 $<x,y>$、$<y,x>\in R$，则 $x|y$ 且 $y|x$，所以 $y=k_1x$ 且 $x=k_2y(k_1,k_2\in I_+)$，从而 $y=k_1k_2y(k_1k_2\in I_+)$，这样 $k_1k_2=1(k_1k_2\in I_+)$，于是 $k_1=k_2=1$，因而 $x=y$，故 R 是 I_+ 上的反对称关系；

(3) 设 $<x,y>$、$<y,z>\in R$，则 $x|y$ 且 $y|z$，于是 $y=k_1x$ 且 $z=k_2y(k_1,k_2\in I_+)$，于是 $z=k_2k_1x(k_2k_1\in I_+)$，所以 $x|z$，即 $<x,z>\in R$，故 R 是 I_+ 上的传递关系。

例 1.2.20 若设 **R** 为实数集，则表 1.2.1 列出了 **R** 上亦即实数间一些关系的性质。

表 1.2.1 实数关系的性质

关系 \ 性质	恒等	自反	反自反	对称	反对称	传递
大于关系	×	×	√	×	√	√
小于关系	×	×	√	×	√	√
等于关系	√	√	×	√	√	√
不大于关系	×	√	×	×	√	√
不小于关系	×	√	×	×	√	√

例 1.2.21 若设 A 为人类集合，则表 1.2.2 列出了 A 上亦即人与人之间一些关系的性质。

表 1.2.2 日常关系的性质

关系 \ 性质	恒等	自反	反自反	对称	反对称	传递
朋友关系	×	√	×	√	×	×
亲友关系	×	√	×	√	×	√
同乡关系	×	√	×	√	×	√
父子关系	×	×	√	×	√	×
夫妻关系	×	×	√	×	√	×
上下级关系	×	×	√	×	√	×

习题 1.2

1. 设 A、B、C 为任意集合，下列论断中（　　）正确。
   A. 若 $A\times A=B\times B$，则 $A=B$
   B. 若 $A\times B=A\times C$，则 $B=C$
   C. 若 $A\times B\subseteq A\times C$，则 $B\subseteq C$
   D. 若 $A\times B\subseteq B\times C$，则 $A\subseteq B\subseteq C$
2. 已知 $<x+2,4,z-3>=<5,2x+y,y>$，则 $x=$ __________，$y=$ __________，$z=$ __________。
3. 设 $\mathbf{R}$ 为实数集，$S=\{<x,y>|x,y\in\mathbf{R},y=2x\}$ 的几何意义为__________。
4. 试给出单位圆的代数表示________________。
5. 设 I 为整数集，$R=\{<x,y>|x,y\in I,x+2y=6\}$，则 R 的逆关系 $R^{-1}=$ __________，R 的绝对补 $\sim R=$ __________。
6. 设 $A=\{1,2,3,4\}$，$R=\{<x,y>|x,y\in A,y=2x\}$，则 R 的逆关系 $R^{-1}=$ __________，R 的绝对补 $\sim R=$ __________。
7. 设 $A=\{1,2,3,4\}$，关系 $R=\{<x,y>|x,y\in A,y=x^2\}$，$S=\{<x,y>|x,y\in A,x-y=1\}$，则 $R\cup S=$ __________，$R-S=$ __________，$R\oplus S=$ __________。
8. 设集合 A 的基数为 4，则 A 上有__________个关系，A 上有__________个自反关系，A 上有__________个反自反关系，A 上有__________个对称关系，A 上有__________个反对称关系。
9. 设 $\mathbf{R}$ 为实数集，$H=\{<x,y>|x,y\in\mathbf{R},y=2x+1\}$，$S=\{<x,y>|x,y\in\mathbf{R},x^2+y^2=4\}$，则 H 的几何意义为__________，S 的几何意义为__________。
10. 设 R 与 S 均是集合 A 上的自反关系，则（　　）不一定是 A 上的自反关系。
    A. $R\cap S$　　B. $R\cup S$　　C. $R-S$　　D. $R\circ S$
11. 设 R 与 S 均是集合 A 上的反自反关系，则（　　）不一定是 A 上的反自反关系。
    A. $R\cap S$　　B. $R\cup S$　　C. $R-S$　　D. $R\circ S$
12. 设 R 与 S 均是集合 A 上的对称关系，则（　　）不一定是 A 上的对称关系。
    A. $R\cap S$　　B. $R\cup S$　　C. $R-S$　　D. $R\circ S$
13. 设 R 与 S 均是集合 A 上的传递关系，则（　　）一定是 A 上的传递关系。
    A. $R\cap S$　　B. $R\cup S$　　C. $R-S$　　D. $R\circ S$
14. 集合 A 上的空关系，一定不是 A 上的（　　）。
    A. 自反关系　　B. 反自反关系
    C. 对称关系　　D. 反对称关系

15. 集合 A 上的全域关系，一定不是 A 上的(　　)。
A. 自反关系　　B. 反对称关系
C. 对称关系　　D. 传递关系

16. 给定集合 $A=\{1,2,3,4\}$，则下列关系中(　　)不是 A 上的传递关系。
A. $R_1=\{<1,2>,<1,3>,<2,3>\}$
B. $R_2=\{<3,1>\}$
C. $R_3=\{<1,2>,<3,2>,<3,4>\}$
D. $R_4=\{<2,3>,<3,3>,<3,4>\}$

17. 设集合 $A=\{1,2,3,4\}$，给定 A 上的关系 $R=$________，使 R 既是非自反关系又是非反自反关系；给定 A 上的关系 $R=$________，使 R 既是非对称关系又是非反对称关系；给定 A 上的关系 $R=$________，使 R 既是对称关系又是反对称关系；给定 A 上的关系 $R=$________，使 R 既是对称关系又是传递关系。

18. 设集合 $A=\{1,2,3,4,5\}$，给定 A 上的关系 $R=$________，使 R 是相容关系；给定 A 上的关系 $R=$________，使 R 是等价关系；给定 A 上的关系 $R=$________，使 R 是偏序关系；给定 A 上的关系 $R=$________，使 R 是拟序关系。

19. 设 $\mathbf{R}$ 为实数集，R_1 与 R_2 均是 $\mathbf{R}\times\mathbf{R}$ 上的关系，且 $<a,b>R_1<c,d>$ 当且仅当 $a-c=b-d$ 时，则 R_1 几何解释为________；且 $<a,b>R_2<c,d>$ 当且仅当 $\sqrt{(a-c)^2+(b-d)^2}\leqslant 10$ 时，则 R_2 几何解释为________。

20. 设 I 是整数集，在 $I\times I$ 上定义关系 R：$<a,b>R<c,b>$ 当且仅当 $a+b=b+c$ 时，证明 R 是等价关系。

21. 设 R 是 A 上的自反关系，证明 R 是 A 上的等价关系当且仅当 $<a,b>\in R$ 且 $<a,c>\in R$ 时，则 $<b,c>\in R$。

1.3 等价关系与相容关系

1.3.1 等价关系与等价类

定义 1.3.1 设 A 为任意集合，$R\subseteq A\times A$，若 R 是自反关系、对称关系和传递关系，则称 R 为 A 上的等价关系(equivalence relation)。

定义 1.3.2 设 R 为集合 A 上的等价关系，$a\in A$，集合 $[a]_R$ 称为元素 a 确定的关于 R 的等价类，简称为等价类(equivalence class)，其中 $[a]_R=\{x\mid x\in A$ 且 $<x,a>\in R\}$。

说明

(1) 显然 $[a]_R\subseteq A$。

(2) $[a]_R\neq\varnothing$。

由于 R 是自反关系，对于 $a\in A$，必有 $<a,a>\in R$，所以 $a\in[a]_R$。

(3) 等价类也可表示为 $[a]_R=\{x\mid x\in A,<a,x>\in R\}$。

由于 R 是对称关系，所以每当 $<x,a>\in R$ 时，必有 $<a,x>\in R$。

(4) 在不产生混淆时，等价类 $[a]_R$ 也可简记为 $[a]$。

例 1.3.1 设 $A=\{1,2,3,4\}$，R 与 S 均为 A 上的等价关系，且

$R=\{<1,1>,<2,2>,<2,3>,<3,2>,<3,3>,<4,4>\}$；

$S=\{<1,1>,<1,2>,<2,1>,<2,2>,<3,3>,<3,4>,<4,3>,<4,4>\}$。

试求各等价类。

解 (1) $[1]_R=\{x\mid x\in A,<x,1>\in R\}=\{1\}$

$[2]_R=[3]_R=\{2,3\}$

$[4]_R=\{4\}$

(2) $[1]_S=\{x\mid x\in A,<x,1>\in S\}=\{1,2\}$

$[2]_S=\{1,2\}$

$[3]_S=[4]_S=\{3,4\}$

定理 1.3.1 设 R 为集合 A 上的等价关系，对于 $a,b\in A$，$[a]_R=[b]_R$ 当且仅当 aRb。

证明

(必要性)已知 $[a]_R=[b]_R$。

任取 $x\in[a]_R=[b]_R$，则 aRx 且 xRb，又由于 R 为 A 上的传递关系，故 aRb。

(充分性)已知 aRb。

任取 $x\in[a]_R$，则 xRa，又因为 aRb 且 R 为 A 上的传递关系，所以 xRb，于是 $x\in[b]_R$，从而 $[a]_R\subseteq[b]_R$；

同理可证 $[b]_R\subseteq[a]_R$。

故 $[a]_R=[b]_R$。证毕。

定理 1.3.2 设 R 为集合 A 上的等价关系，对于 $a,b\in A$，$[a]_R\cap[b]_R=\varnothing$ 当且仅当 $a\bar{R}b$。

证明

(必要性)已知 $[a]_R\cap[b]_R=\varnothing$。

假设 aRb，则 $[a]_R=[b]_R$，又由于 $a\in[a]_R$ 且 $b\in[b]_R$，故 $[a]_R\cap[b]_R\neq\varnothing$，这与已知矛盾，故假设错误，即 $a\bar{R}b$。

(充分性)已知 $a\bar{R}b$。

假设 $[a]_R\cap[b]_R\neq\varnothing$，不妨设 $x\in[a]_R$ 且 $x\in[b]_R$，则 aRx 且 xRb，又由于 R 为 A 上的传递关系，于是 aRb，这与已知矛盾，故假设错误，即 $[a]_R\cap[b]_R=\varnothing$。证毕。

1.3.2 划 分

定义 1.3.3 设 A 为非空集合，另有集合 $S=\{S_1,S_2,\cdots,S_n\}$，若集合 S 的元素满足：

(1) $S_i\subseteq A, S_i\neq\varnothing(i=1,2,\cdots,n)$；

(2) $S_i\cap S_j=\varnothing(i\neq j,i,j=1,2,\cdots,n)$；

(3) $S_1\cup S_2\cup\cdots\cup S_n=A$。

则称集合 S 为集合 A 的划分(partition)，其中 $S_i(i=1,2,\cdots,n)$ 称为该划分的块(block)。

例 1.3.2 设 $A=\{1,2,3,4\}$，则 A 的全部划分为

$A_1=\{\{1,2,3,4\}\}$，

$A_2=\{\{1,2\},\{3,4\}\}$，　$A_3=\{\{1,3\},\{2,4\}\}$，

$A_4=\{\{1,4\},\{2,3\}\}$，　$A_5=\{\{1\},\{2,3,4\}\}$，

$A_6=\{\{2\},\{1,3,4\}\}$，　$A_7=\{\{3\},\{1,2,4\}\}$，

$A_8=\{\{4\},\{1,2,3\}\}$，　$A_9=\{\{1\},\{2\},\{3,4\}\}$，

$A_{10}=\{\{1\},\{3\},\{2,4\}\}$，　$A_{11}=\{\{1\},\{4\},\{2,3\}\}$，

$A_{12}=\{\{2\},\{3\},\{1,4\}\}$，　$A_{13}=\{\{2\},\{4\},\{1,3\}\}$，

$A_{14}=\{\{3\},\{4\},\{1,2\}\}$，　$A_{15}=\{\{1\},\{2\},\{3\},\{4\}\}$。

实际上，集合 A 的一个划分，就是对 A 的元素按某种性质进行分组或聚类。如何统计 n 个元素集合 A 的划分的个数，可参看殷剑宏编著的有关组合数学的著作。

下面两个定理说明了集合 A 上的等价关系一一对应 A 的划分。

定理 1.3.3 集合 A 上的等价关系 R，唯一确定 A 的一个划分，且该划分为其全部等价类组成的集合。

证明 设 S 是其全部等价类组成的集合，即

$$S=\{[a]_R\mid a\in A\}\text{，其中}[a]_R=\{x\mid x\in A,\langle x,a\rangle\in R\}$$

只要证明 S 是 A 的划分即可。

任取 $[a]_R\in S$，显然 $[a]_R\subseteq A$。又由于 $a\in[a]_R$，所以 $[a]_R\neq\varnothing$，且 $\bigcup_{a\in A}[a]_R=A$。

任取 $[a]_R,[b]_R\in S$ 且 $[a]_R\neq[b]_R$，则由定理 1.3.2 可知 $a\bar{R}b$，从而 $[a]_R\cap[b]_R=\varnothing$。

故得证 S 是 A 的划分。证毕。

例 1.3.3 现有五人组成的集合 $A=\{1,2,3,4,5\}$，其中 1 与 2 是同乡，3 与 5 是同乡，即 A 上的同乡关系为 $R=\{\langle1,1\rangle,\langle1,2\rangle,\langle2,1\rangle,\langle2,2\rangle,\langle3,3\rangle,\langle3,5\rangle,\langle4,4\rangle,\langle5,3\rangle,\langle5,5\rangle\}$。

解 由于 R 是等价关系，求得其全部等价类为 $[1]=[2]=\{1,2\}$，$[3]=[5]=\{3,5\}$，$[4]=\{4\}$。显然其全部等价类的集合 $\{\{1,2\},\{3,5\},\{4\}\}$ 恰为 A 的划分，且划分的各块正是对 1、2、3、4 与 5 这五人按同乡进行的聚类。

定理 1.3.4　集合 A 的划分 $S=\{S_1,S_2,\cdots,S_n\}$，唯一确定 A 上的一个等价关系 R，且

$$R=(S_1\times S_1)\cup(S_2\times S_2)\cup\cdots\cup(S_n\times S_n)$$

证明

(1) 任取 $a\in A$，由于 $S_1\cup S_2\cup\cdots\cup S_n=A$，所以必存在某个块 S_i 使得 $a\in S_i$，从而 $<a,a>\in S_i\times S_i\subseteq R$，即 aRa，故 R 是 A 上的自反关系。

(2) 设 aRb，则必存在某个块 S_i 使得 $<a,b>\in S_i\times S_i$，从而 $<b,a>\in S_i\times S_i\subseteq R$，即 bRa，故 R 是 A 上的对称关系。

(3) 设 aRb 且 bRc，则必存在块 S_i 与块 S_j 使得 $<a,b>\in S_i\times S_i$ 且 $<b,c>\in S_j\times S_j$，又因为 $S_i\cap S_j=\varnothing$，所以必有 $S_i=S_j$，于是 $a,c\in S_i$，从而 $<a,c>\in S_i\times S_i\subseteq R$，即 aRc，故 R 是 A 上的传递关系。

这样就证明了 R 是 A 上的等价关系。证毕。

例 1.3.4　现有五人组成的集合 $A=\{1,2,3,4,5\}$，其中 1 与 2 是同乡，3 与 5 是同乡。若对 1、2、3、4 与 5 这五人按同乡进行聚类，则得 A 的一个划分 $\{\{1,2\},\{3,5\},\{4\}\}$。

解　显然

$$\begin{aligned}R&=(\{1,2\}\times\{1,2\})\cup(\{3,5\}\times\{3,5\})\cup(\{4\}\times\{4\})\\&=\{<1,1>,<1,2>,<2,1>,<2,2>,<3,3>,<3,5>,\\&\quad<4,4>,<5,3>,<5,5>\}\end{aligned}$$

是 A 上的等价关系。

例 1.3.5　设 $A=\{1,2,3\}$，确定 A 上的全部等价关系。

解　集合 A 的划分一一对应集合 A 上的等价关系：

划分	等价关系
$A_1=\{\{1,2,3\}\}$	$R_1=A\times A$
$A_2=\{\{1\},\{2,3\}\}$	$R_2=\{<1,1>,<2,2>,<2,3>,<3,2>,<3,3>\}$
$A_3=\{\{2\},\{1,3\}\}$	$R_3=\{<2,2>,<1,1>,<1,3>,<3,1>,<3,3>\}$
$A_4=\{\{3\},\{1,2\}\}$	$R_4=\{<3,3>,<1,1>,<1,2>,<2,1>,<2,2>\}$
$A_5=\{\{1\},\{2\},\{3\}\}$	$R_5=I_A$

1.3.3　相容关系与相容类

定义 1.3.4　设 A 为任意集合，$R\subseteq A\times A$，若 R 是自反关系、对称关系，则称 R 为 A 上的相容关系(compatibility relation)。

定义 1.3.5　设 A 为任意集合，R 是 A 上的相容关系，$B\subseteq A$ 且 $B\neq\varnothing$，若对任意 $a,b\in B$，均有 $<a,b>\in R$，则称 B 为关于 R 的相容类(compatibility class)。若 B 是关于 R 的相容类，但任取 $x\in A-B$，集合 $B\cup\{x\}$ 都不是关于 R 的相容类，则称 B 为关于 R 的极大相容类(maximal compatibility class)。元素个数最多的相容类称为关于 R 的最大相容类(greatest compatibility class)。

例 1.3.6 设 $A=\{1,2,3,4,5,6,7\}$，R 是 A 上的相容关系，且

$$R=\{\langle 2,3\rangle,\langle 2,5\rangle,\langle 2,6\rangle,\langle 3,5\rangle,\langle 3,6\rangle,\langle 4,5\rangle,\langle 4,6\rangle,\\ \langle 5,6\rangle,\langle 5,7\rangle,\langle 3,2\rangle,\langle 5,2\rangle,\langle 6,2\rangle,\langle 5,3\rangle,\langle 6,3\rangle,\\ \langle 5,4\rangle,\langle 6,4\rangle,\langle 6,5\rangle,\langle 7,5\rangle\}\cup I_A$$

求关于 R 的全部极大相容类。

解 关于 R 的全部极大相容类：$\{1\}$，$\{5,7\}$，$\{4,5,6\}$，$\{2,3,5,6\}$。其中，$\{2,3,5,6\}$为关于 R 的最大相容类。

由于相容关系既是自反关系又是对称关系，因而其关系图中，每个结点上均有环，且两结点间若有边则有方向相反的两条边。于是可以简化相容关系的关系图，即略去每个结点上的环，并用单边代替方向相反的两边。

例如，例 1.3.6 中，相容关系 R 的关系图如图 1.3.1 所示。

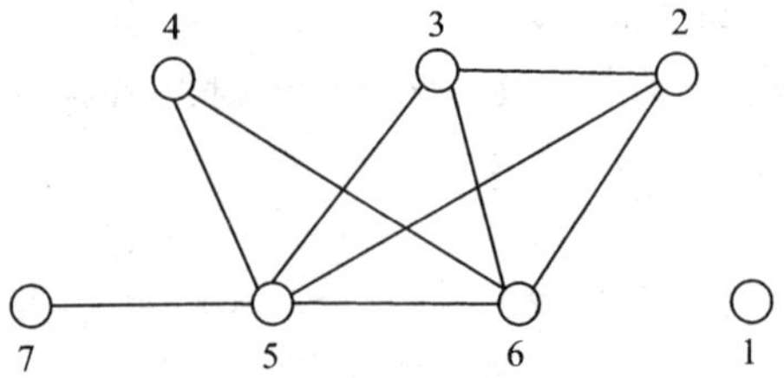

图 1.3.1

任两个不同结点间有且仅有一条边的图称为完全图(complete graph)，1～5 个结点的完全图如图 1.3.2 所示。

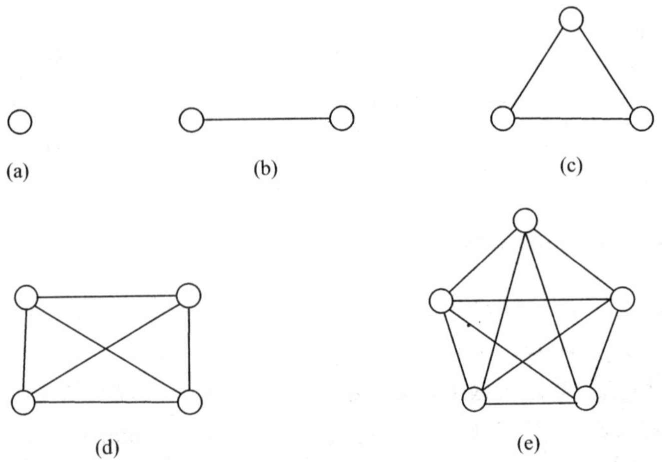

图 1.3.2

后续章节会详细讨论完全图。在相容关系的关系图中，完全图的结点集合就是相容类。

相容关系的相容类问题是NP-hard问题。

1.3.4 覆 盖

定义 1.3.6 设 A 为非空集合，另有集合 $S=\{S_1,S_2,\cdots,S_n\}$，若集合 S 的元素满足：

(1) $S_i\subseteq A, S_i\neq\varnothing(i=1,2,\cdots,n)$；

(2) $S_1\cup S_2\cup\cdots\cup S_n=A$。

则称集合 S 为集合 A 的覆盖(cover)。

例 1.3.7 设 $A=\{1,2,3,4\}$，则集合

$A_1=\{\{1,2\},\{2,3,4\},\{3,4\}\}$，

$A_2=\{\{1,2,3\},\{1,3\},\{2,4\}\}$，

$A_3=\{\{1,2\},\{3,4\}\}$，

$A_4=\{\{1,2,3,4\}\}$都是 A 的覆盖。

定理 1.3.5 集合 A 的覆盖 $S=\{S_1,S_2,\cdots,S_n\}$，确定 A 上的一个相容关系 R，且

$$R=(S_1\times S_1)\cup(S_2\times S_2)\cup\cdots\cup(S_n\times S_n)$$

证明

(1) 任取 $a\in A$，由于 $S_1\cup S_2\cup\cdots\cup S_n=A$，所以必存在某个块 S_i 使得 $a\in S_i$，从而 $\langle a,a\rangle\in S_i\times S_i\subseteq R$，即 aRa，故 R 是 A 上的自反关系。

(2) 设 aRb，则必存在某个块 S_i 使得 $\langle a,b\rangle\in S_i\times S_i$，从而 $\langle b,a\rangle\in S_i\times S_i\subseteq R$，即 bRa，故 R 是 A 上的对称关系。

这就证明了 R 是 A 上的相容关系。证毕。

例 1.3.8 设 $A=\{1,2,3,4\}$，则

(1) 覆盖 $\{\{1,2,3\},\{3,4\}\}$，确定 A 上的相容关系

$\{\langle 1,2\rangle,\langle 1,3\rangle,\langle 2,1\rangle,\langle 2,3\rangle,\langle 3,1\rangle,\langle 3,2\rangle,\langle 3,4\rangle,\langle 4,3\rangle\}\cup I_A$

(2) 覆盖 $\{\{1,2,3\},\{2,3\},\{3,4\}\}$，确定 A 上的相容关系

$\{\langle 1,2\rangle,\langle 1,3\rangle,\langle 2,1\rangle,\langle 2,3\rangle,\langle 3,1\rangle,\langle 3,2\rangle,\langle 3,4\rangle,\langle 4,3\rangle\}\cup I_A$

(3) 覆盖 $\{\{1,2,3\},\{1,3\},\{3,4\}\}$，确定 A 上的相容关系

$\{\langle 1,2\rangle,\langle 1,3\rangle,\langle 2,1\rangle,\langle 2,3\rangle,\langle 3,1\rangle,\langle 3,2\rangle,\langle 3,4\rangle,\langle 4,3\rangle\}\cup I_A$

本例说明，集合 A 的任意一个覆盖，必确定 A 上的一个相容关系。同时，集合 A 的互不相同的覆盖，却能确定 A 上的同一个相容关系。

定理 1.3.6 集合 A 上的相容关系 R，唯一确定集合 A 的一个覆盖，且该覆盖为其全部极大相容类组成的集合。

例 1.3.9 设 $A=\{1,2,3,4,5,6\}$，R 与 S 均为 A 上的相容关系，且

$$R=\{<1,2>,<1,3>,<2,1>,<2,3>,<2,4>,<2,5>,<3,1>,<3,2>,<3,4>,<3,5>,<4,2>,<4,3>,<4,5>,<4,6>,<5,2>,<5,3>,<5,4>,<5,6>,<6,4>,<6,5>\}\cup I_A;$$

$$S=\{<1,2>,<1,3>,<2,1>,<2,3>,<2,4>,<3,1>,<3,2>,<3,5>,<4,2>,<4,5>,<4,6>,<5,3>,<5,4>,<6,4>\}\cup I_A$$

分别求其确定的 A 的覆盖。

解 相容关系 R 与 S 的关系图分别如图 1.3.3 与图 1.3.4 所示。

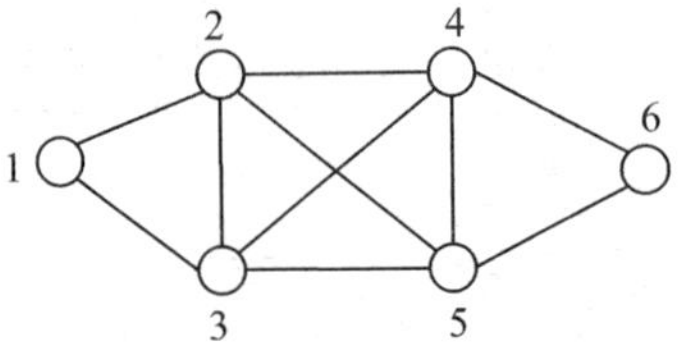

图 1.3.3

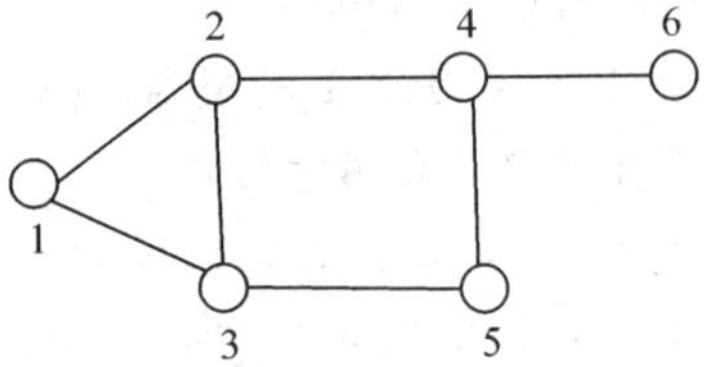

图 1.3.4

所以 R 唯一确定集合 A 的一个覆盖为$\{\{1,2,3\},\{2,3,4,5\},\{4,5,6\}\}$，$S$ 唯一确定集合 A 的一个覆盖为$\{\{1,2,3\},\{2,4\},\{3,5\},\{4,5\},\{4,6\}\}$。

习题 1.3

1. 设 R 是 A 上的等价关系，$[a]_R=[b]_R$ 当且仅当__________；$[a]_R\cap[b]_R=\varnothing$ 当且仅当__________。

2. 设 I 是整数集，$R=\{<x,y>\mid x,y\in I$ 且 $\frac{x-y}{3}$ 是整数$\}$是 I 上的__________关系，由 R 确定 I 的划分为____________________。

3. 设 $A=\{1,2,3,4\}$，则 A 上有__________个关系，A 上有__________个等价关系。

4. 设 C^* 是实数部分非零的全体复数组成的集合，C^* 上的关系 R 定义为：$(a+bi)R(c+di)$ 当且仅当 $ac>0$，证明 R 是等价关系，并给出关于 R 的等价类的几何说明。

5. 设 R 是集合 A 上的自反关系和传递关系，证明 $R\cap R^{-1}$ 是 A 上的等价关系。

6. 设 R 与 S 均是集合 A 上的等价关系，证明 $R\cap S$ 是 A 上的等价关系，并用 R 与 S 的等价类描述其等价类。

7. 设 R 是集合 A 上的等价关系，问 R^{-1} 一定是 A 上的等价关系吗？

8. 设 $\mathbf{R}$ 是实数集，下列关系中（　　）是 $\mathbf{R}$ 上的等价关系。

   A. $\{<x,y>\mid x,y\in\mathbf{R},x^2+y^2=1\}$

   B. $\{<x,y>\mid x,y\in\mathbf{R},y=3x\}$

C. $\{<x,y>|x,y\in\mathbf{R},y=(x+1)^2\}$

D. $\{<x,y>|x,y\in\mathbf{R},y=x\}$

9. 设 $A=\{1,2,3,4,5,6\}$，下列关系中（　　）不是 A 上的等价关系。

A. $\{<1,2>,<1,3>,<2,1>,<2,3>,<3,1>,<3,2>\}\cup I_A$

B. $\{<2,5>,<2,6>,<4,2>,<4,6>,<6,2>,<6,4>\}\cup I_A$

C. $\{<1,3>,<1,5>,<3,1>,<3,5>,<5,1>,<5,3>\}\cup I_A$

D. $\{<2,3>,<3,2>,<4,5>,<5,4>,<5,6>,<6,5>\}\cup I_A$

10. 下列关系中（　　）不是等价关系。

A. 实数集上的等于关系

B. 平面三角形集合上的全等关系

C. 幂集上的包含于关系

D. 北大学生集合上住在同公寓的关系

11. 设 R 与 S 均是集合 A 上的相容关系，下列关系中（　　）不是相容关系。

A. $R-S$　　B. $R\cap S$　　C. $R\cup S$　　D. $R\circ S$

12. 设 R 与 S 均是集合 A 上的等价关系，下列关系中（　　）是等价关系。

A. $(A\times A)-R$　　B. $R-S$　　C. $R\circ R$　　D. $r(R-S)$

13. 设 R 与 S 是集合 A 的两个不同划分，下列式子中（　　）是 A 的划分。

A. $R-S$　　B. $R\cap S$　　C. $R\cup S$　　D. R

14. 设 R 与 S 均是集合 A 上的等价关系，下列关系中（　　）是等价关系。

A. $R-S$　　B. $R\cap S$　　C. $R\cup S$　　D. $R\circ S$

15. 下列语句中（　　）不正确。

A. 集合 A 上的等价关系一定是 A 上的相容关系

B. 集合 A 的划分一定是 A 的覆盖

C. 集合 A 上的等价关系一一对应 A 的划分

D. 集合 A 上的相容关系一一对应 A 的覆盖

16. 设 $A=\{1,2,3,4,5\}$，给定 A 上的关系 $R=$________________，使 R 是 A 上的相容关系；给定 A 上的关系 $R=$________________，使 R 是 A 上的等价关系；给定 A 上的关系 $R=$________________，使 R 是 A 上的偏序关系；给定 A 上的关系 $R=$________________，使 R 是 A 上的拟序关系。

1.4 偏序关系

1.4.1 偏序关系与哈斯图

定义 1.4.1 设 A 为任意集合，$R\subseteq A\times A$，若 R 是自反关系、反对称关系和传递关系，则称 R 为 A 上的偏序关系(partial ordering relation)，记作$\preccurlyeq$。序偶$<A,\preccurlyeq>$

称作偏序集(poset)。

注意:

(1) $<a,b>\in\preccurlyeq$,习惯记作 $a\preccurlyeq b$;

(2) 偏序关系的符号$\preccurlyeq$不同于数的不大于符号$\leqslant$,$a\preccurlyeq b$ 的含义是指按某种顺序 a 排在 b 的前面。

定义 1.4.2 设 A 为任意集合,$R\subseteq A\times A$,若 R 是反自反关系和传递关系,则称 R 为 A 上的拟序关系(quasi ordering relation),记作$\prec$。序偶$<A,\prec>$称作拟序集(quasi ordering set)。

注意: 集合 A 上的拟序关系$\prec$,一定是集合 A 上的反对称关系。否则,任取 a,$b\in A$ 且 $a\neq b$,则每当 $a\prec b$ 时,就有 $b\prec a$,再由$\prec$的传递性可知 $a\prec a$,这与$\prec$是反自反关系相矛盾。

容易证明 A 上的偏序关系$\preccurlyeq$与拟序关系$\prec$有如下联系:

(1) $\preccurlyeq - I_A$是 A 上的拟序关系;

(2) $\prec\cup I_A$是 A 上的偏序关系。

定义 1.4.3 设偏序集$<A,\preccurlyeq>$,任取 $a,b\in A$,若 $a\preccurlyeq b$ 或 $b\preccurlyeq a$,则称 a 与 b 可比(comparable);若$<a,b>\notin\preccurlyeq$且$<b,a>\notin\preccurlyeq$,则称 a 与 b 不可比。

定义 1.4.4 设偏序集$<A,\preccurlyeq>$,$B\subseteq A$,$B\neq\varnothing$,任取 $a,b\in B$,若 a 与 b 可比,则称 B 为链(chain);若 a 与 b 不可比,则称 B 为反链(antichain)。约定 A 的单元素子集既是链又是反链。

定义 1.4.5 在偏序集$<A,\preccurlyeq>$中,若 A 是一个链,则称$<A,\preccurlyeq>$为全序集或线序集(linear ordering set),此时偏序关系还称为全序关系或线序关系。

例如,实数集上的不大于关系与不小于关系均是线序关系,因为任意两个实数都能比较大小。

定义 1.4.6 设偏序集$<A,\preccurlyeq>$,若 $a,b\in A$,$a\preccurlyeq b$,$a\neq b$,且不存在其他元素 $z\in A$,使得 $a\preccurlyeq z$ 且 $z\preccurlyeq b$,则称元素 b 盖住 a,记盖住关系 $\mathrm{cov}(A)=\{<a,b>\mid a,b\in A,b$ 盖住 $a\}$。

例 1.4.1 设 $A=\{1,2,3,4,6,8,12\}$,偏序关系$\preccurlyeq=\{<x,y>\mid x,y\in A,x$ 整除 $y\}$,试求 $\mathrm{cov}(A)$。

解
$$\begin{aligned}\preccurlyeq&=\{<x,y>\mid x,y\in A,x\text{ 整除 }y\}\\&=\{<1,1>,<1,2>,<1,3>,<1,4>,<1,6>,<1,8>,<1,12>,\\&\quad<2,2>,<2,4>,<2,6>,<2,8>,<2,12>,<3,3>,<3,6>,\\&\quad<3,12>,<4,4>,<4,8>,<4,12>,<6,6>,<6,12>,<8,8>,\\&\quad<12,12>\}\end{aligned}$$

所以
$$\begin{aligned}\mathrm{cov}(A)=\{&<1,2>,<1,3>,<2,4>,<2,6>,<3,6>,<4,8>,\\&<4,12>,<6,12>\}\end{aligned}$$

例 1.4.2 设 $B=\{1,2,3,4,5,6,7,8\}$,且偏序关系

$\leqslant=\{\langle 8,8\rangle,\langle 8,7\rangle,\langle 8,6\rangle,\langle 8,5\rangle,\langle 8,4\rangle,\langle 8,3\rangle,\langle 8,2\rangle,$
$\langle 8,1\rangle,\langle 7,7\rangle,\langle 7,4\rangle,\langle 7,3\rangle,\langle 7,1\rangle,\langle 6,6\rangle,\langle 6,4\rangle,$
$\langle 6,2\rangle,\langle 6,1\rangle,\langle 5,5\rangle,\langle 5,3\rangle,\langle 5,2\rangle,\langle 5,1\rangle,\langle 4,4\rangle,$
$\langle 4,1\rangle,\langle 3,3\rangle,\langle 3,1\rangle,\langle 2,2\rangle,\langle 2,1\rangle,\langle 1,1\rangle\}$

试求 $\mathrm{cov}(B)$。

解　所求 $\mathrm{cov}(B)=\{\langle 8,7\rangle,\langle 8,6\rangle,\langle 8,5\rangle,\langle 7,4\rangle,\langle 7,3\rangle,\langle 6,4\rangle,$
$\langle 6,2\rangle,\langle 5,3\rangle,\langle 5,2\rangle,\langle 4,1\rangle,\langle 3,1\rangle,\langle 2,1\rangle\}$。

对于给定的偏序集 $\langle A,\leqslant\rangle$，它的盖住关系 $\mathrm{cov}(A)$ 是唯一的，所以可用盖住的性质画偏序集 $\langle A,\leqslant\rangle$ 的哈斯图(Hasse graph)，其作图规则为

(1) 用小圆圈代表 A 中的元素；

(2) 如果 $a\leqslant b$ 且 $a\neq b$，则将代表 b 的小圆圈画在代表 a 的小圆圈之上；

(3) 如果 $\langle a,b\rangle\in\mathrm{cov}(A)$，则在 a 与 b 之间用一边联结。

例 1.4.3　图 1.4.1 为例 1.4.1 中偏序集 $\langle A,\leqslant\rangle$ 的哈斯图，图 1.4.2 为例 1.4.2 中偏序集 $\langle B,\leqslant\rangle$ 的哈斯图。

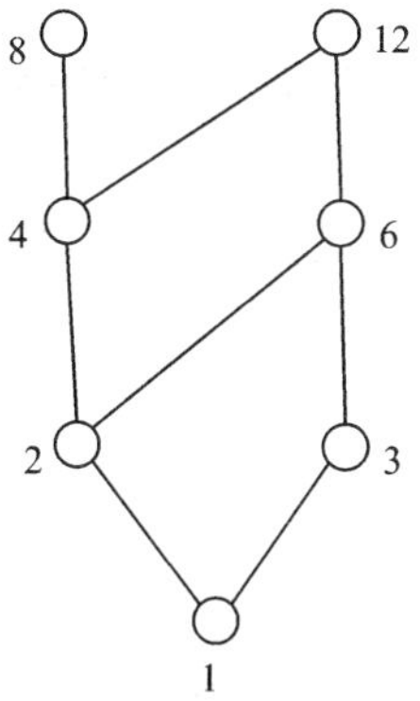

图 1.4.1

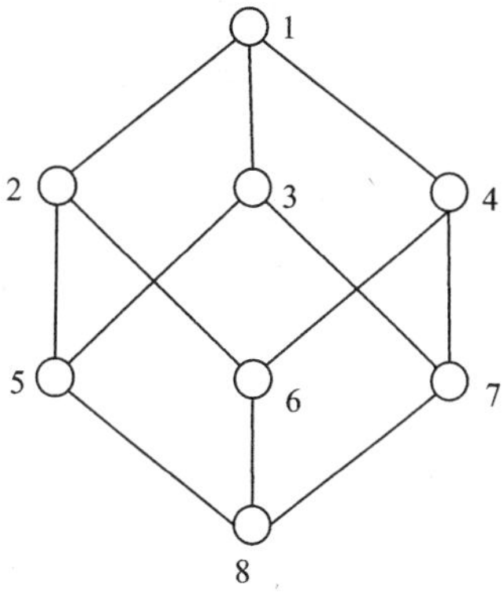

图 1.4.2

偏序集的哈斯图是以德国数学家哈斯(Hasse，1898—1979 年)的名字命名的。哈斯图是偏序关系的关系图的简化，即省略其关系图中由于自反性与传递性必须出现的边，以便清晰地突出由偏序关系刻画的集合中各元素间的某种层次，方便分析偏序集的各种性质如极大(小)元、最大(小)元等。

例 1.4.4　来自某家族的 9 人组成的集合为 $A=\{1,2,\cdots,9\}$，把这 9 人按辈分排序，可得 A 上的一个偏序关系 $\leqslant=\{\langle x,y\rangle \mid x,y\in A, x$ 为 y 的长辈$\}$，且 $\langle A,\leqslant\rangle$ 的哈斯图如图 1.4.3 所示。$\langle A,\leqslant\rangle$ 的哈斯图把

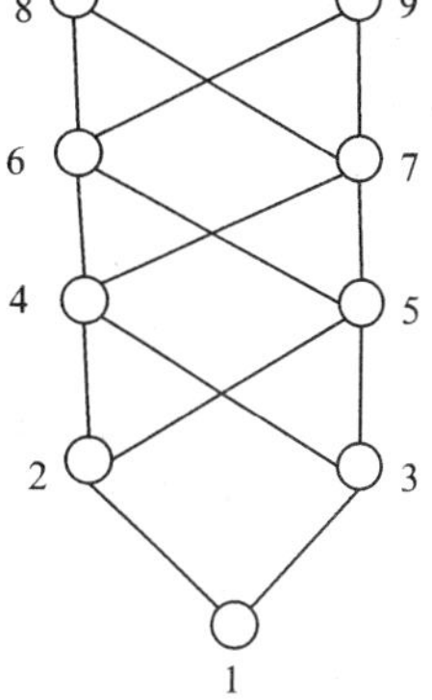

图 1.4.3

1,2,…,9 这 9 人按辈分清晰地进行了分层，其中 8 与 9 为第一代，6 与 7 为第二代，4 与 5 为第三代，2 与 3 为第四代，1 为第五代。

1.4.2 最大元与极大元

定义 1.4.7 设偏序集 $\langle A, \leqslant \rangle$，若存在 $a \in A$，

(1) 对于每个 $x \in A$ 均有 $x \leqslant a$，则 a 称为 $\langle A, \leqslant \rangle$ 的最大元(greatest element)。

(2) 对于每个 $x \in A$ 均有 $a \leqslant x$，则 a 称为 $\langle A, \leqslant \rangle$ 的最小元(least element)。

例 1.4.5

(1) 求例 1.4.1 中偏序集 $\langle A, \leqslant \rangle$ 的最大元与最小元。

(2) 求例 1.4.2 中偏序集 $\langle B, \leqslant \rangle$ 的最大元与最小元。

解

(1) 由于对 A 的所有元素 1,2,3,4,6,8,12 均有

$$1 \leqslant 1, 1 \leqslant 2, 1 \leqslant 3, 1 \leqslant 4, 1 \leqslant 6, 1 \leqslant 8, 1 \leqslant 12$$

所以 1 为 $\langle A, \leqslant \rangle$ 的最小元。

但是，在集合 A 中找不到元素 a，使得对 A 的所有元素 1,2,3,4,6,8,12 均有

$$1 \leqslant a, 2 \leqslant a, 3 \leqslant a, 4 \leqslant a, 6 \leqslant a, 8 \leqslant a, 12 \leqslant a$$

所以 $\langle A, \leqslant \rangle$ 无最大元。

(2) 由于对 B 的所有元素 1,2,3,4,5,6,7,8 均有

$$8 \leqslant 1, 8 \leqslant 2, 8 \leqslant 3, 8 \leqslant 4, 8 \leqslant 5, 8 \leqslant 6, 8 \leqslant 7, 8 \leqslant 8$$

所以 8 为 $\langle B, \leqslant \rangle$ 的最小元。

由于对 B 的所有元素 1,2,3,4,5,6,7,8 均有

$$8 \leqslant 1, 7 \leqslant 1, 6 \leqslant 1, 5 \leqslant 1, 4 \leqslant 1, 3 \leqslant 1, 2 \leqslant 1, 1 \leqslant 1$$

所以 1 为 $\langle B, \leqslant \rangle$ 的最大元。

从哈斯图上看，偏序集的最大元总处在其哈斯图的最上端，最小元总处在其哈斯图的最下端。

定理 1.4.1 若偏序集 $\langle A, \leqslant \rangle$ 有最大元或最小元，则一定只有唯一一个最大元或最小元。

证明 假设 a 和 b 均是 $\langle A, \leqslant \rangle$ 的最大元，则 $a \leqslant b$ 且 $b \leqslant a$，又由于 $\leqslant$ 是反对称关系，所以必有 $a = b$。即偏序集的最大元唯一。

同理可证，偏序集的最小元唯一。证毕。

定义 1.4.8 设偏序集 $\langle A, \leqslant \rangle$，对任意 $B \subseteq A$ 且 $B \neq \varnothing$，若 B 有最小元，则称 $\langle A, \leqslant \rangle$ 为良序集(well ordering set)。

定理 1.4.2 良序集是线序集。

证明 设 $\langle A, \leqslant \rangle$ 是良序集，任取 $a, b \in A$，则集合 $\{a, b\}$ 有最小元，因此 $a \leqslant b$ 或 $b \leqslant a$，即 A 中任两个元素都可比，故 $\langle A, \leqslant \rangle$ 是线序集。证毕。

定理 1.4.3　有限线序集是良序集。

证明　设$<A,\leqslant>$是线序集且 A 是有限集。假设$<A,\leqslant>$不是良序集，则存在 A 的非空子集 B 使得 B 无最小元。由于 B 是有限集，则至少存在 $a,b\in B$ 使得 a 与 b 不可比。而 $B\subseteq A$，这与$<A,\leqslant>$是线序集相矛盾，故假设错误，即$<A,\leqslant>$是良序集。证毕。

例 1.4.6　设 $A=\{x\mid x$ 为不大于 1 的实数$\}$，$\leqslant=\{<x,y>\mid x,y\in A,x\leqslant y\}$，则$<A,\leqslant>$是线序集。但$<A,\leqslant>$不是良序集，因为集合 A 本身就不存在最小元。

这说明，无限线序集不一定是良序集。

定义 1.4.9　设偏序集$<A,\leqslant>$，$a\in A$，

(1) 若不存在其他元素 $x\in A$ 使得 $a\leqslant x$，则 a 称为$<A,\leqslant>$的极大元(maximal element)。

(2) 若不存在其他元素 $x\in A$ 使得 $x\leqslant a$，则 a 称为$<A,\leqslant>$的极小元(minimal element)。

显然，最大元一定是极大元，最小元一定是极小元。

例 1.4.7　求例 1.4.1 中偏序集$<A,\leqslant>$的极大元与极小元。

解　由于 A 中 1 以外的所有其他元素 2,3,4,6,8,12 中没有元素 x 使得 $x\leqslant 1$，故 1 是偏序集$<A,\leqslant>$的极小元。

由于 A 中 8 以外的所有其他元素 1,2,3,4,6,12 中没有元素 x 使得 $8\leqslant x$，所以 8 是偏序集$<A,\leqslant>$的极大元。

由于 A 中 12 以外的所有其他元素 1,2,3,4,6,8 中没有元素 x 使得 $12\leqslant x$，所以 12 是偏序集$<A,\leqslant>$的极大元。

习题 1.4

1. 设 I 是整数集，$R=\{<x,y>\mid x,y\in I,x$ 与 y 互质$\}$，则 R 是 I 上的(　　)关系。
   A. 相容　　B. 拟序　　C. 反自反　　D. 对称且传递
2. 设 R 为集合 A 上的偏序关系，则 $R\cup R^{-1}$是(　　)关系。
   A. 相容且不等价　B. 等价　　C. 偏序　　D. 拟序
3. 设 R 为集合 A 上的自反关系和传递关系，则 $R\cap R^{-1}$是(　　)关系。
   A. 相容且不等价　B. 等价　　C. 偏序　　D. 拟序
4. 设 $A=\{1,2,3\}$，则 A 上有(　　)个偏序关系。
   A. 2　　B. 3　　C. 4　　D. 5
5. 已知偏序集$<A,\leqslant>$的哈斯图如图 1.4.4 所示，求其最大元与最小元、极大元与极小元。
6. 已知偏序集$<A,\leqslant>$的哈斯图如图 1.4.5 所示，求其最大元与最小元、极大元与极小元。

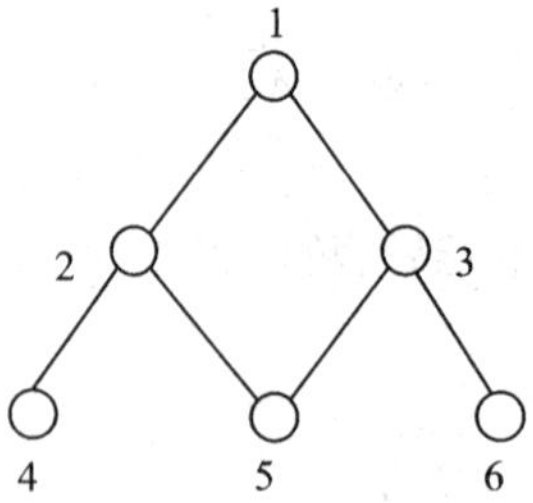

图 1.4.4

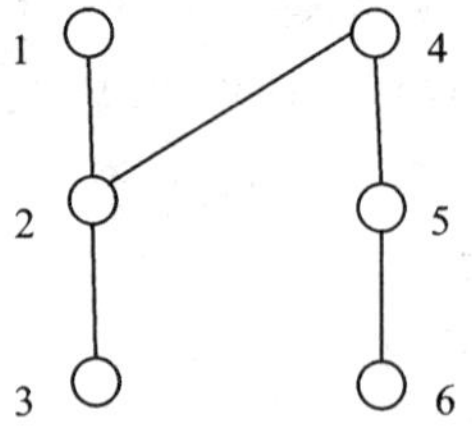

图 1.4.5

7. 设偏序集$<A,\leqslant>$，$B\subseteq A$，$B\neq\varnothing$。若存在 $a\in A$，对于每个 $b\in B$ 均有 $b\leqslant a$，则称 a 为集合 B 的上界(upper bound)。若 a 为集合 B 的上界，且对集合 B 的每个上界 x 均有 $a\leqslant x$，则称 a 为集合 B 的上确界(supsmum)或最小上界(least upper bound)，记作 $\mathrm{LUB}(B)$。若存在 $a\in A$，对于每个 $b\in B$ 均有 $a\leqslant b$，则称 a 为集合 B 的下界(lower bound)。若 a 为集合 B 的下界，且对集合 B 的每个下界 x 均有 $x\leqslant a$，则称 a 为集合 B 的下确界(infitmum)或最大下界(greatest lower bound)，记作 $\mathrm{GLB}(B)$。

(1) 已知偏序集$<A,\leqslant>$的哈斯图如图 1.4.6 所示，分析集合 $B=\{3,4\}$的上、下界。

(2) 已知偏序集$<A,\leqslant>$的哈斯图如图 1.4.7 所示，分析集合 $B=\{1,2,3,4,5,6,7\}$与集合 $E=\{8,9,10,11\}$的上、下界。

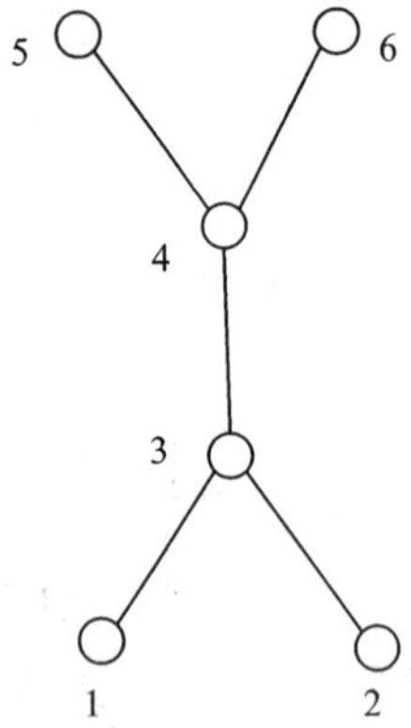

图 1.4.6

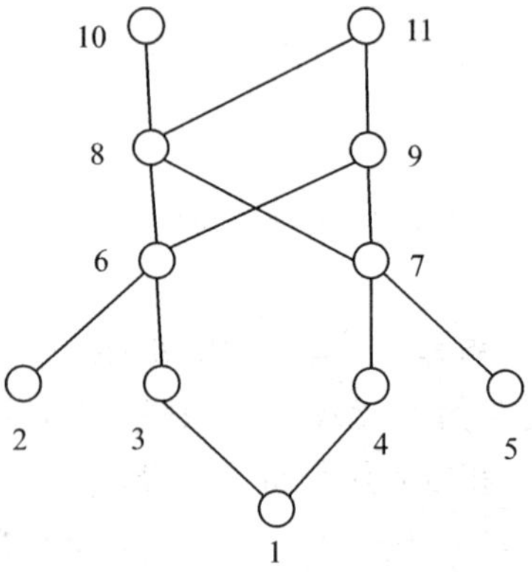

图 1.4.7

8. 已知偏序集$<A,\leqslant>$，$R=\{<x,y>\mid x,y\in A,\{x,y\}$的上确界为 $x\}$，试证明 R 为集合 A 上的偏序关系。

9. 已知偏序集$<A,H>$与$<B,S>$，在 $A\times B$ 上定义字典序 R：任取$<a,b>$，$<c,d>\in A\times B$ 且$<a,b>\neq<c,d>$，$<a,b>R<c,d>$当且仅当 aHc 或 $a=c$，bSd。证明 R 为 $A\times B$ 上拟序关系。

10. 设 R 为集合 A 上的自反关系和传递关系，B 为等价关系 $R\cap R^{-1}$ 决定的划分，定义 B 上的关系 S：XSY 当且仅当存在 $x\in X$ 且 $y\in Y$ 使得 $<x,y>\in R$，证明 S 为 B 上的偏序关系。

1.5　复合关系与逆关系

1.5.1　复合关系

定义 1.5.1　设 R 为集合 A 到集合 B 的关系，S 是集合 B 到集合 D 的关系，则 R 与 S 的复合关系(composite relation)记作 $R\circ S$，且 $R\circ S=\{<a,d>|a\in A,d\in D,(\exists b\in B)(aRb,bSd)\}$。

由 R 与 S 求得复合关系 $R\circ S$ 的过程称为关系 R 与 S 的复合运算(composite operation)。

例 1.5.1　设 $A=\{1,2,3,4\}$，$B=\{a,b,c,d\}$，且

$R=\{<1,1>,<1,2>,<2,3>,<3,4>,<4,2>,<4,3>,<4,4>\}$，

$S=\{<1,a>,<2,b>,<3,c>,<3,d>,<4,a>,<4,d>\}$，

$H=\{<a,2>,<b,3>,<b,4>,<d,1>,<d,2>,<d,3>\}$，

求 $R\circ S$，$R\circ R$，$S\circ H$，$H\circ S$，$H\circ R$。

解

$R\circ S=\{<1,a>,<1,b>,<2,c>,<2,d>,<3,a>,<3,d>,<4,b>,<4,c>,<4,d>,<4,a>\}$

$R\circ R=\{<1,1>,<1,2>,<1,3>,<2,4>,<3,2>,<3,3>,<3,4>,<4,2>,<4,3>,<4,4>\}$

$S\circ H=\{<1,2>,<2,3>,<2,4>,<3,1>,<3,2>,<3,3>,<4,1>,<4,2>,<4,3>\}$

$H\circ S=\{<a,b>,<b,a>,<b,c>,<b,d>,<d,a>,<d,b>,<d,c>,<d,d>\}$

$H\circ R=\{<a,3>,<b,2>,<b,3>,<b,4>,<d,1>,<d,2>,<d,3>,<d,4>\}$

注意：$S\circ H\neq H\circ S$，即关系的复合运算不满足交换律。但是，若设 R 为集合 A 到集合 B 的关系，S 是集合 B 到集合 D 的关系，H 是集合 D 到集合 E 的关系，则 $(R\circ S)\circ H=R\circ(S\circ H)$，即关系的复合运算满足结合律。

一般地，设 R 为集合 A 上的关系，即 $R\subseteq A\times A$，定义 R 的 n 次幂(记作 R^n，这里 n 为非负整数)为

$$R^n=\underbrace{R\circ R\circ\cdots\circ R}_{n\text{个}R}$$

并约定 $R^0=I_A$。

容易证明：

(1) $R^m\circ R^n=R^{m+n}$ （m 与 n 均为非负整数）。

(2) $(R^m)^n=R^{mn}$ （m 与 n 均为非负整数）。

另外，若 $xRx_1, x_1Rx_2, \cdots, x_{n-1}Ry$，则 xR^ny。即在 R 的关系图中，若有一条从结点 x 到结点 y 且边数为 n 的有向路，则 R^n 的关系图中一定有一条从结点 x 到结点 y 的有向边。

例 1.5.2 设 $A=\{1,2,3,4\}$，$R=\{<1,1>,<1,2>,<2,3>,<3,4>,<4,3>\}$，求 R^5。

解法一

$R^2=R\circ R=\{<1,1>,<1,2>,<1,3>,<2,4>,<3,3>,<4,4>\}$

$R^3=R^2\circ R=\{<1,1>,<1,2>,<1,3>,<1,4>,<2,3>,<3,4>,<4,3>\}$

$R^5=R^3\circ R^2=\{<1,1>,<1,2>,<1,3>,<1,4>,<2,3>,<3,4>,<4,3>\}$

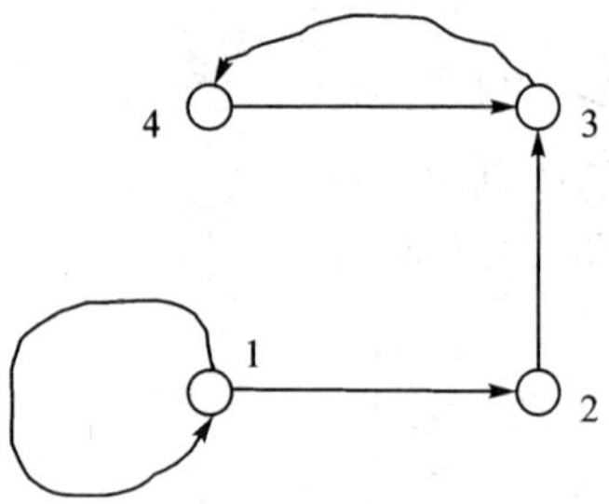

图 1.5.1

解法二

画 R 的关系图，如图 1.5.1 所示。

由 R 的关系图观察得 $R^5=\{<1,1>,<1,2>,<1,3>,<1,4>,<2,3>,<3,4>,<4,3>\}$。

例 1.5.3 设 R 为集合 A 上的关系，证明 $(I_A\cup R)^n=I_A\cup\bigcup_{k=1}^{n}R^k$。

证明 $n=1$ 时，左边 $=I_A\cup R=$ 右边。

假设 $n=r$ 时，结论成立，即 $(I_A\cup R)^r=I_A\cup\bigcup_{k=1}^{r}R^k$。

当 $n=r+1$ 时，有

$$
\begin{aligned}
&(I_A\cup R)^n\\
&=(I_A\cup R)^{r+1}\\
&=(I_A\cup R)^r\circ(I_A\cup R)\\
&=(I_A\cup\bigcup_{k=1}^{r}R^k)\circ(I_A\cup R)\\
&=((I_A\cup\bigcup_{k=1}^{r}R^k)\circ I_A)\cup((I_A\cup\bigcup_{k=1}^{r}R^k)\circ R)\\
&=(I_A\cup\bigcup_{k=1}^{r}R^k)\cup((I_A\circ R)\cup\bigcup_{k=2}^{r+1}R^k)\\
&=(I_A\cup\bigcup_{k=1}^{r}R^k)\cup(R\cup\bigcup_{k=2}^{r+1}R^k)\\
&=I_A\cup\bigcup_{k=1}^{r}R^k\cup\bigcup_{k=1}^{r+1}R^k\\
&=I_A\cup\bigcup_{k=1}^{r+1}R^k\\
&=I_A\cup\bigcup_{k=1}^{n}R^k
\end{aligned}
$$

由数学归纳得证结论成立。

定理 1.5.1　设 A 为 n 个元素的有限集，$R\subseteq A\times A$，则存在非负整数 s 与 t 使得 $R^s=R^t$，其中 $0\leqslant s<t\leqslant 2^{n^2}$。

证明　由于 A 为 n 个元素的有限集，所以 A 上有 2^{n^2} 个不同关系。而 $R^0=I_A$，$R^1,R^2,\cdots,R^{2^{n^2}},\cdots$，等都是 A 上的关系，所以存在非负整数 $s<t$，使得 $R^s=R^t$。

定理 1.5.2　设 A 为任意集合，$R\subseteq A\times A$，若存在非负整数 s 与 $t(s<t)$ 使得 $R^s=R^t$，则

(1) 对任意非负整数 k，有 $R^{s+k}=R^{t+k}$。

(2) 对任意非负整数 n，均有 $R^n\in\{R^0,R^1,R^2,\cdots,R^t\}$。

证明

(1) 对任意非负整数 k，有 $R^{t+k}=R^t\circ R^k=R^s\circ R^k=R^{s+k}$。

(2) 当 $n<t$ 时，显然有 $R^n\in\{R^0,R^1,R^2,\cdots,R^t\}$。

当 $n\geqslant t$ 时，令 $n=t+md+r(d=t-s$ 且 $0\leqslant r<d)$，于是

$$\begin{aligned}R^n&=R^{t+md+r}\\&=R^{s+md+r}\\&=R^{s+(t-s)+(m-1)d+r}\\&=R^{t+(m-1)d+r}\\&=R^{s+(m-1)d+r}\\&=R^{s+(t-s)+(m-2)d+r}\\&=R^{t+(m-2)d+r}\\&\ \ \vdots\\&=R^{t+r}\\&=R^{s+r}\end{aligned}$$

而 $s+r<s+d=s+t-s=t$，所以 $R^n\in\{R^0,R^1,R^2,\cdots,R^t\}$。
证毕。

定理 1.5.3　设 A 为任意集合，$R\subseteq A\times A$，则 R 为 A 上的传递关系当且仅当 $R^2\subseteq R$。

证明

(必要性)已知 R 为 A 上的传递关系。

任取 $<a,b>\in R^2$，则 $\exists x\in A$ 使得 $<a,x>\in R$ 且 $<x,b>\in R$。又因为 R 为 A 上的传递关系，所以 $<a,b>\in R$，故 $R^2\subseteq R$。

(充分性)已知 $R^2\subseteq R$。设 $<a,x>\in R$ 且 $<x,b>\in R$，则 $<a,b>\in R^2$，从而 $<a,b>\in R$，所以 R 为 A 上的传递关系。证毕。

设 $A=\{a_1,a_2,\cdots,a_n\}$，$B=\{b_1,b_2,\cdots,b_p\}$，$C=\{c_1,c_2,\cdots,c_m\}$，R 是集合 A 到 B 的关系，S 是集合 B 到 C 的关系，关系 R、S 与复合关系 $R\circ S$ 的关系矩阵分别记作 $\boldsymbol{M}_R=(x_{ij})_{np}$，$\boldsymbol{M}_S=(y_{ij})_{pm}$，$\boldsymbol{M}_{R\circ S}=(z_{ij})_{nm}$。

当且仅当至少存在某个 $b_k\in B(k=1,2,\cdots,p)$使得$<a_i,b_k>\in R$ 且$<b_k,c_j>\in S$时，才有$<a_i,c_j>\in R\circ S$。而$<a_i,b_k>\in R$，$<b_k,c_j>\in S$，$<a_i,c_j>\in R\circ S$ 分别对应 $x_{ik}=1$，$y_{kj}=1$，$z_{ij}=1$，也就是说，当且仅当至少存在某个 $k(k=1,2,\cdots,p)$使得 $x_{ik}=1$ 且 $y_{kj}=1$ 时，才有 $z_{ij}=1$；反之亦然。

另一方面，作矩阵 $\boldsymbol{M}_R$ 与 $\boldsymbol{M}_S$ 的逻辑乘 $\boldsymbol{M}_R\circ\boldsymbol{M}_S=(r_{ij})_{nm}$，其中

$$r_{ij}=\bigvee_{k=1}^{P}(x_{ik}\wedge y_{kj})=(x_{i1}\wedge y_{1j})\vee(x_{i2}\wedge y_{2j})\vee\cdots\vee(x_{ip}\wedge y_{pj})$$

式中：$\wedge$ 表示布尔乘运算，满足 $0\wedge 0=0\wedge 1=1\wedge 0=0$，$1\wedge 1=1$；

$\vee$ 表示布尔加运算，满足 $0\vee 0=0$，$0\vee 1=1\vee 0=1\vee 1=1$。

同时，$\wedge$ 与 $\vee$ 运算均满足交换律与结合律，且 $\wedge$ 与 $\vee$ 还相互可分配等。

显然，当且仅当至少存在某个 $k(k=1,2,\cdots,p)$使得 $x_{ik}=1$ 且 $y_{kj}=1$ 时，才有 $r_{ij}=1$；反之亦然。故$(z_{ij})_{nm}=(r_{ij})_{nm}$，因此

$$\boldsymbol{M}_{R\circ S}=\boldsymbol{M}_R\circ\boldsymbol{M}_S$$

例 1.5.4 设 $A=\{1,2,3,4,5\}$，$B=\{a,b,c,d\}$，$R\subseteq A\times A$，$S\subseteq A\times B$，且 R 与 S 的关系矩阵分别为

$$\boldsymbol{M}_R=\begin{pmatrix}0&1&0&1&1\\0&0&0&1&1\\1&1&1&1&1\\1&0&1&1&1\\1&1&1&1&0\end{pmatrix}\qquad \boldsymbol{M}_S=\begin{pmatrix}1&1&1&1\\1&1&1&1\\1&0&1&0\\0&0&0&0\\0&0&0&1\end{pmatrix}$$

求复合关系 $R\circ S$ 的关系矩阵 $\boldsymbol{M}_{R\circ S}$。

解 $\boldsymbol{M}_{R\circ S}=\boldsymbol{M}_R\circ\boldsymbol{M}_S$

$$=\begin{pmatrix}0&1&0&1&1\\0&0&0&1&1\\1&1&1&1&1\\1&0&1&1&1\\1&1&1&1&0\end{pmatrix}\circ\begin{pmatrix}1&1&1&1\\1&1&1&1\\1&0&1&0\\0&0&0&0\\0&0&0&1\end{pmatrix}=\begin{pmatrix}1&1&1&1\\0&0&0&1\\1&1&1&1\\1&1&1&1\\1&1&1&1\end{pmatrix}$$

矩阵的逻辑乘本质上同矩阵的乘法，只是乘时用布尔乘，加时用布尔加。

1.5.2 逆关系

定义 1.5.2 设 R 为集合 A 到集合 B 的关系，将 R 中每个序偶的第一元素与第二元素的顺序互换，所得的关系称为 R 的逆关系(converse relation)，记作 R^{-1}。即

$$R^{-1}=\{<y,x>\mid y\in B,x\in A,<x,y>\in R\}$$

由关系 R 求得逆关系 R^{-1}的过程称为关系的逆运算(converse operation)。

注意：记逆关系 R^{-1}的关系矩阵为$\boldsymbol{M}_{R^{-1}}$，则$\boldsymbol{M}_{R^{-1}}$等于 R 的关系矩阵 $\boldsymbol{M}_R$ 的转置矩阵，即$\boldsymbol{M}_{R^{-1}}=\boldsymbol{M}_R^{\mathrm{T}}$。

例 1.5.5 设 $A=\{1,2,3,4\}$，$B=\{a,b,c,d\}$，试求 R^{-1} 与 S^{-1}，其中

$$R=\{<1,1>,<1,2>,<2,1>,<3,4>,<4,1>,<4,2>,<4,3>\}$$

$$S=\{<1,a>,<1,b>,<2,c>,<3,a>,<3,b>,<3,c>,<4,d>\}$$

解

$$R^{-1}=\{<1,1>,<2,1>,<1,2>,<4,3>,<1,4>,<2,4>,<3,4>\}$$

$$S^{-1}=\{<a,1>,<b,1>,<c,2>,<a,3>,<b,3>,<c,3>,<d,4>\}$$

例 1.5.6 设 R 与 S 均为集合 A 上的关系，且 $R\subseteq S$，则 $R^{-1}\subseteq S^{-1}$。

证明 任取 $<a,b>\in R^{-1}$，则 $<b,a>\in R$。又因为 $R\subseteq S$，所以 $<b,a>\in S$，从而 $<a,b>\in S^{-1}$，故 $R^{-1}\subseteq S^{-1}$。

例 1.5.7 设 R 为集合 A 上的关系，证明

(1) R 为集合 A 上的对称关系，当且仅当 $R=R^{-1}$。

(2) R 为集合 A 上的反对称关系，当且仅当 $R\cap R^{-1}\subseteq I_A$。

证明

(1) (必要性)已知 R 为集合 A 上的对称关系。

任取 $<a,b>\in R$，则 $<b,a>\in R \Leftrightarrow <a,b>\in R \Leftrightarrow <b,a>\in R^{-1}$，所以 $R=R^{-1}$。

(充分性)已知 $R=R^{-1}$。设 $<a,b>\in R$，由 $R=R^{-1}$ 知必有 $<a,b>\in R^{-1}$，于是 $<b,a>\in R$，故 R 为 A 上的对称关系。

(2) (必要性)已知 R 为集合 A 上的反对称关系。任取 $<a,b>\in R\cap R^{-1}$，则 $<a,b>\in R$ 且 $<a,b>\in R^{-1}$，从而 $<a,b>\in R$ 且 $<b,a>\in R$，所以 $a=b$，于是 $<a,b>\in I_A$，即 $R\cap R^{-1}\subseteq I_A$。

(充分性)已知 $R\cap R^{-1}\subseteq I_A$。任取 $<a,b>\in R$ 且 $<b,a>\in R$，则 $<a,b>\in R$ 且 $<a,b>\in R^{-1}$，从而 $<a,b>\in R\cap R^{-1}$，于是 $<a,b>\in I_A$，故 $a=b$，即 R 为 A 上的反对称关系。

定理 1.5.4 设 R 与 S 均为集合 A 到集合 B 的关系，则

(1) $(R^{-1})^{-1}=R$；

(2) $(R\cap S)^{-1}=R^{-1}\cap S^{-1}$；

(3) $(R\cup S)^{-1}=R^{-1}\cup S^{-1}$；

(4) $(R-S)^{-1}=R^{-1}-S^{-1}$；

(5) $(A\times B)^{-1}=B\times A$。

证明

(1) 任取 $<a,b>\in(R^{-1})^{-1}\Leftrightarrow<b,a>\in R^{-1}\Leftrightarrow<a,b>\in R$，所以 $(R^{-1})^{-1}=R$。

(2) 任取 $<a,b>\in(R\cap S)^{-1}\Leftrightarrow<b,a>\in R\cap S$

$\Leftrightarrow<b,a>\in R$ 且 $<b,a>\in S$

$\Leftrightarrow<a,b>\in R^{-1}$ 且 $<a,b>\in S^{-1}$

$\Leftrightarrow<a,b>\in R^{-1}\cap S^{-1}$，

所以$(R\cap S)^{-1}=R^{-1}\cap S^{-1}$。

(3) 任取$\langle a,b\rangle\in(R\cup S)^{-1}\Leftrightarrow\langle b,a\rangle\in R\cup S$

$\Leftrightarrow\langle b,a\rangle\in R$ 或$\langle b,a\rangle\in S$

$\Leftrightarrow\langle a,b\rangle\in R^{-1}$或$\langle a,b\rangle\in S^{-1}$

$\Leftrightarrow\langle a,b\rangle\in R^{-1}\cup S^{-1}$，

所以$(R\cup S)^{-1}=R^{-1}\cup S^{-1}$。

(4) 任取$\langle a,b\rangle\in(R-S)^{-1}\Leftrightarrow\langle b,a\rangle\in R-S$

$\Leftrightarrow\langle b,a\rangle\in R$ 且$\langle b,a\rangle\notin S$

$\Leftrightarrow\langle a,b\rangle\in R^{-1}$且$\langle a,b\rangle\notin S^{-1}$

$\Leftrightarrow\langle a,b\rangle\in R^{-1}-S^{-1}$，

所以$(R-S)^{-1}=R^{-1}-S^{-1}$。

(5) 任取$\langle a,b\rangle\in(A\times B)^{-1}\Leftrightarrow\langle b,a\rangle\in A\times B\Leftrightarrow\langle a,b\rangle\in B\times A$。

所以$(A\times B)^{-1}=B\times A$。

证毕。

定理 1.5.5 设 R 为集合 A 到 B 的关系，S 为集合 B 到 D 的关系，则$(R\circ S)^{-1}=S^{-1}\circ R^{-1}$

证明

任取$\langle a,d\rangle\in(R\circ S)^{-1}\Leftrightarrow\langle d,a\rangle\in R\circ S$

$\Leftrightarrow\exists b\in B$ 使得$\langle d,b\rangle\in R$ 且$\langle b,a\rangle\in S$

$\Leftrightarrow\exists b\in B$ 使得$\langle b,d\rangle\in R^{-1}$且$\langle a,b\rangle\in S^{-1}$

$\Leftrightarrow\langle a,d\rangle\in S^{-1}\circ R^{-1}$，

所以$(R\circ S)^{-1}=S^{-1}\circ R^{-1}$。

证毕。

例 1.5.8 设 R 为集合 A 上的关系，n 为正整数，则$(R^n)^{-1}=(R^{-1})^n$。

证明 $n=1$ 时，左边$=R^{-1}=$右边。

假设 $n=k$ 时，结论成立，即$(R^k)^{-1}=(R^{-1})^k$。

当 $n=k+1$ 时，$(R^n)^{-1}=(R^{k+1})^{-1}=(R^k\circ R)^{-1}=R^{-1}\circ(R^k)^{-1}=R^{-1}\circ(R^{-1})^k=(R^{-1})^{k+1}=(R^{-1})^n$。

由数学归纳法得证，结论成立。

习题 1.5

1. 设 A 为任意集合，$R\subseteq A\times A$，证明 $I_A\circ R=R=I_A\circ R$。
2. 设 R 为集合 A 到集合 B 的关系，S 与 H 都是集合 B 到集合 D 的关系，证明
   (1) $R\circ(S\cup H)=(R\circ S)\cup(R\circ H)$；
   (2) $R\circ(S\cap H)\subseteq(R\circ S)\cap(R\circ H)$。
3. 设拟序集$\langle A,R\rangle$，证明 $\mathrm{cov}(A)=R-R^2$。

4. 设 R 为集合 A 上的关系，对正整数 n，记 R 的 n 次幂为 $R^n=\underbrace{R\circ R\circ\cdots\circ R}_{n个R}$，$R^{-n}=(R^{-1})^n$，并记 $R^0=I_A$，当整数 m 与 n 满足条件(　　)时，有(1) $R^m\circ R^n=R^{m+n}$，(2) $(R^m)^n=R^{mn}$。

A. $m=0$ 或 $n=0$　　B. m 与 n 均为正整数

C. m 与 n 均为负整数　　D. m 与 n 均为任意整数

5. 设 R 与 S 均为集合 A 上的关系，下列论断中(　　)正确。

A. 若 R 与 S 均为 A 上的自反关系，则 $R\circ S$ 为 A 上的自反关系

B. 若 R 与 S 均为 A 上的对称关系，则 $R\circ S$ 为 A 上的对称关系

C. 若 R 与 S 均为 A 上的反对称关系，则 $R\circ S$ 为 A 上的反对称关系

D. 若 R 与 S 均为 A 上的传递关系，则 $R\circ S$ 为 A 上的传递关系

6. 设 $A=\{1,2,3,4\}$，$R=\{<1,2>,<2,3>,<4,1>,<4,3>\}$，下列式子中(　　)正确。

A. $R^4=R$　　B. $R^4=R^2$　　C. $R^4=R^3$　　D. $R^4=\varnothing$

7. 设 $A=\{1,2,3,4\}$，$R=\{<1,2>,<2,3>,<3,4>,<4,3>\}$，下列式子中(　　)正确。

A. $R^5=R$　　B. $R^5=R^2$　　C. $R^5=R^3$　　D. $R^5=R^4$

8. 设 $A=\{1,2,3,4\}$，$R=\{<1,2>,<2,3>,<3,4>,<4,1>\}$，下列式子中(　　)不正确。

A. $R^6=R^2$　　B. $R^6=R^5$　　C. $R^9=R^5$　　D. $R^4=I_A$

9. 设 $A=\{1,2,3,4\}$，$R=\{<1,2>,<2,3>,<3,4>,<1,1>\}$，则 R^{100} 的值等于(　　)。

A. $\{<4,3>,<2,3>,<3,4>,<1,1>\}$　　B. R

C. $\{<3,2>,<2,3>,<3,4>,<1,1>\}$　　D. 不确定

10. 设 $A=\{1,2,3,4\}$，$R=\{<4,3>,<3,4>,<1,1>\}$，则 R^{100} 的值等于(　　)。

A. $\{<3,3>,<4,4>,<1,1>\}$　　B. R

C. $\{<1,2>,<2,4>,<1,1>\}$　　D. 不确定

11. 设 $A=\{1,2,3,4\}$，$R=\{<1,2>,<1,1>\}$，则 R^{-100} 的值等于(　　)

A. R　　B. R^{-1}　　C. $\sim R$　　D. 不确定

12. 设 R 为集合 A 上的关系，其关系矩阵为 $\boldsymbol{M}_R=\begin{pmatrix}1&1&1&0\\0&1&1&1\\1&1&0&0\\1&0&0&1\end{pmatrix}$，试分别求 R^{-1}，$\sim R$，R^2 与 R^5 的关系矩阵。

13. 设 R 与 S 均为集合 A 上的关系，其关系矩阵分别为

$$M_R=\begin{pmatrix}1&0&0&1\\1&1&1&1\\0&1&1&1\\1&1&0&0\end{pmatrix},\qquad M_S=\begin{pmatrix}1&1&1&1\\0&0&0&0\\1&0&1&0\\0&1&1&1\end{pmatrix}$$

分别求 $R\cap S, R\cup S, R-S, R\oplus S, R\circ S, S\circ R$ 的关系矩阵。

14. 设 R 与 S 均为集合 A 上的对称关系，则复合关系 $R\circ S$ 是对称关系当且仅当 $R\circ S=S\circ R$ 时。

15. 设 H 与 S 均为实数集 $\mathbf{R}$ 上的关系，计算复合关系 $H\circ S$。

    (1) $H=\{<x,y>|x,y\in\mathbf{R}, y=2x-1\}$，$S=\{<x,y>|x,y\in\mathbf{R}, y=x+3\}$；

    (2) $H=\{<x,y>|x,y\in\mathbf{R}, y=x-4\}$，$S=\{<x,y>|x,y\in\mathbf{R}, y=x^2+3x+1\}$；

    (3) $H=\{<x,y>|x,y\in\mathbf{R}, y=2^x\}$，$S=\{<x,y>|x,y\in\mathbf{R}, y=2^x\}$；

    (4) $H=\{<x,y>|x,y\in\mathbf{R}, y=2^x\}$，$S=\{<x,y>|x,y\in\mathbf{R}, y=x^2\}$。

16. 设 R 为集合 A 上的关系，若 $\forall x,y,z\in A$，每当 $<x,y>\in R$ 且 $<y,z>\in R$ 时，一定有 $<x,z>\notin R$，则称 R 为集合 A 上的反传递关系。证明 R 是反传递关系当且仅当 $R^2\cap R=\varnothing$ 时。

17. 设 $A=\{1,2,3,4\}$，$R=\{<1,2>,<2,3>,<3,2>,<3,4>\}$，试用关系矩阵求最小自然数 s 与 t，使 $s<t$ 且 $R^s=R^t$。

18. 设 R 与 S 均为集合 A 上的关系，证明 $(R\cap S)^n\subseteq R^n\cap S^n$。

19. 设 R 为集合 A 上的关系，n 为任意正整数。证明

    (1) 若 R 为自反关系，则 R^n 也是自反关系。

    (2) 若 R 为对称关系，则 R^n 也是对称关系。

    (3) 若 R 为自反和传递关系，则 $R^n=R$。

20. 设 R 为集合 A 到 B 的关系，S 与 H 都是集合 B 到 D 的关系，下列各式中(　　)正确。

    A. $R\circ(S\cup H)=(R\circ S)\cup(R\circ H)$

    B. $R\circ(S\cap H)=(R\circ S)\cap(R\circ H)$

    C. $R\circ(S-H)=(R\circ S)-(R\circ H)$

    D. $R\circ(S\oplus H)=(R\circ S)\oplus(R\circ H)$

21. 设 R 与 S 均为集合 A 到集合 B 的关系，则下列各式中(　　)不正确。

    A. $(R\circ S)^{-1}=R^{-1}\circ S^{-1}$

    B. $(R\cap S)^{-1}=R^{-1}\cap S^{-1}$

    C. $(R\cup S)^{-1}=R^{-1}\cup S^{-1}$

    D. $(R-S)^{-1}=R^{-1}-S^{-1}$

22. 设 $A=\{1,2,3,4\}$，$R=\{<1,1>,<1,2>,<2,3>,<3,2>,<4,1>\}$，则 $R^{-1}=$ ________，$R^{-5}\circ R^4=$ ________，$(R^4)^3=$ ________，$R^3\circ R^4=$ ________。

23. 设 $A=\{1,2,3,4\}$，$R=\{<1,1>,<1,2>,<2,3>,<3,2>,<4,1>\}$，则 $\sim R=$ ______，$R^{-7}\circ R^{-5}=$ ______，$(R^{-4})^3=$ ______，$(R^{-4})^{-3}=$ ______。

24. 设 R 为集合 A 上的关系，证明 $R\cup R^2\cup R^3\cup\cdots$ 是 A 上的传递关系。

1.6 关系的闭包运算

对于集合上的一个二元关系，有时对其添加一些新的序偶，会得到一个具有自反性、对称性或传递性等特殊性质的新关系，但总希望添加的元素尽可能少。本节所讨论的关系的闭包运算(closure operation)正好可以解决这一问题。

1.6.1 闭包的定义

定义 1.6.1 设 R 为集合 A 上的关系，如果另有一个 A 上的关系 R' 满足：

(1) $R'\supseteq R$；

(2) R' 是自反关系；

(3) 对于集合 A 上的任意关系 R''，若 $R''\supseteq R$ 且 R'' 是自反关系，就必有 $R''\supseteq R'$。

则称 R' 为 R 的自反闭包(reflexive closure)，记作 $r(R)$。

定义 1.6.2 设 R 为集合 A 上的关系，如果另有一个 A 上的关系 R' 满足：

(1) $R'\supseteq R$；

(2) R' 是对称关系；

(3) 对于集合 A 上的任意关系 R''，若 $R''\supseteq R$ 且 R'' 是对称关系，就必有 $R''\supseteq R'$。

则称 R' 为 R 的对称闭包(symmetric closure)，记作是 $s(R)$。

定义 1.6.3 设 R 为集合 A 上的关系，如果另有一个 A 上的关系 R' 满足：

(1) $R'\supseteq R$；

(2) R' 是传递关系；

(3) 对于集合 A 上的任意关系 R''，若 $R''\supseteq R$ 且 R'' 是传递关系，就必有 $R''\supseteq R'$。

则称 R' 为 R 的传递闭包(transitive closure)，记作 $t(R)$。

关于闭包定义的几点说明：

(1) R' 是在 R 的基础上添加元素或序偶；

(2) R 添加元素其目标是使 R' 具有自反性(对称性、传递性)；

(3) 在添加后使之具有自反性(对称性、传递性)的所有关系中，R' 是元素个数最少的一个，即要在保证其具有自反性(对称性、传递性)的前提下，添加最少元素。

例 1.6.1 设集合 $A=\{1,2,3,4\}$，$R=\{<1,1>,<2,3>,<3,2>,<4,3>\}$ 为集合 A 上的关系，试求 $r(R)$、$s(R)$、$t(R)$。

解 $r(R)=\{<1,1>,<2,3>,<3,2>,<4,3>,<2,2>,<3,3>,<4,4>\}$；

$s(R)=\{<1,1>,<2,3>,<3,2>,<4,3>,<3,4>\}$；

$t(R)=\{<1,1>,<2,3>,<3,2>,<4,3>,<2,2>,<3,3>,<4,2>\}$。

1.6.2 闭包的构造

定理 1.6.1 设 R 为集合 A 上的关系，则

(1) $r(R)=R\cup I_A$；

(2) $s(R)=R\cup R^{-1}$；

(3) $t(R)=R\cup R^2\cup R^3\cup\cdots$。

证明 (1) 显然 $R\cup I_A\supseteq R$；任取 $a\in A$，则 $<a,a>\in I_A$，从而 $<a,a>\in R\cup I_A$，故 $R\cup I_A$ 是 A 上的自反关系；设 R' 是集合 A 上的自反关系且 $R'\supseteq R$，则 $R'\supseteq I_A$ 且 $R'\supseteq R$，于是 $R'\supseteq R\cup I_A$。所以 $R\cup I_A$ 为 R 的自反闭包，即 $r(R)=R\cup I_A$。

(2) 显然 $R\cup R^{-1}\supseteq R$；设 $<a,b>\in R\cup R^{-1}$，则 $<a,b>\in R$ 或 $<a,b>\in R^{-1}$，于是 $<b,a>\in R^{-1}$ 或 $<b,a>\in R$，从而 $<b,a>\in R\cup R^{-1}$，所以 $R\cup R^{-1}$ 为 A 上的对称关系；设 R' 是 A 上的对称关系且 $R'\supseteq R$，则 $(R')^{-1}=R'$ 且 $(R')^{-1}\supseteq R^{-1}$，于是 $R'\cup(R')^{-1}\supseteq R\cup R^{-1}$，从而 $R'\supseteq R\cup R^{-1}$。所以 $R\cup R^{-1}$ 为 R 的对称闭包，即 $s(R)=R\cup R^{-1}$。

(3) 先证 $t(R)\subseteq R\cup R^2\cup R^3\cup\cdots$；设 $<a,b>$、$<b,c>\in R\cup R^2\cup R^3\cup\cdots$，则必存在正整数 s 与 t 使得 $<a,b>\in R^s$ 且 $<b,c>\in R^t$，从而 $<a,c>\in R^s\circ R^t$，而 $R^s\circ R^t=R^{s+t}$，所以 $<a,c>\in R\cup R^2\cup R^3\cup\cdots$，故 $R\cup R^2\cup R^3\cup\cdots$ 是 A 上的传递关系。而 A 上的任何传递关系都包含 $t(R)$，因此 $t(R)\subseteq R\cup R^2\cup R^3\cup\cdots$。

再证 $R\cup R^2\cup R^3\cup\cdots\subseteq t(R)$，为此证明对任意正整数 n 均有 $R^n\subseteq t(R)$。

显然 $R\subseteq t(R)$；假设 $n\geqslant 1$ 时，$R^n\subseteq t(R)$；任取 $<a,b>\in R^{n+1}$，而 $R^{n+1}=R^n\circ R$，所以存在 $x\in A$ 使得 $<a,x>\in R^n$ 且 $<x,b>\in R$，从而 $<a,x>\in t(R)$ 且 $<x,b>\in t(R)$，于是 $<a,b>\in t(R)$，因此 $R^{n+1}\subseteq t(R)$。由归纳法得证，对任意正整数 n 均有 $R^n\subseteq t(R)$，故 $R\cup R^2\cup R^3\cup\cdots\subseteq t(R)$。

这样，就证明了 $t(R)=R\cup R^2\cup R^3\cup\cdots$。

推论 1.6.1 设 A 是 n 个元素的集合，$R\subseteq A\times A$，则存在一个正整数 $k\leqslant n$，使得

$$t(R)=R\cup R^2\cup R^3\cup\cdots\cup R^k$$

证明 任取 $<a,b>\in t(R)$，由 $t(R)=R\cup R^2\cup R^3\cup\cdots$ 知，必存在最小正整数 t 使得 $<a,b>\in R^t$，即有 $a_0Ra_1,a_1Ra_2,\cdots,a_{t-1}Ra_t$（其中 $a_0=a,a_t=b$）。

假设满足上述条件的最小正整数 t 大于 n，由于集合 A 有 n 个元素，故 $a_0,a_1,a_2,\cdots,a_{t-1},a_t$ 中必有相同元素，即存在 $0\leqslant p<q\leqslant t$ 使得 $a_p=a_q$，因此有

$$\underbrace{a_0Ra_1,a_1Ra_2,\cdots,a_{p-1}Ra_p}_{p\text{个}},\underbrace{a_pRa_{q+1},a_{q+1}Ra_{q+2},\cdots,a_{t-1}Ra_t}_{(t-q)\text{个}}$$

这表明 $<a,b>\in R^s$，其中 $s=p+(t-q)=t-(q-p)<t$。这与 t 是最小正整数矛盾，故 $t\leqslant n$。

另外，由于对任意正整数 n 均有 $R^n \subseteq t(R)$，故本推论中的结论不妨写为

$$t(R)=R\cup R^2\cup R^3\cup\cdots\cup R^n$$

例 1.6.2 设 $A=\{1,2,3,4\}$，$R=\{<1,2>,<2,1>,<2,3>,<3,4>\}$，求 $r(R)$、$s(R)$ 及 $t(R)$。

解 (1) $r(R)=R\cup I_A=\{<1,2>,<2,1>,<2,3>,<3,4>,<1,1>,<2,2>,<3,3>,<4,4>\}$；

(2) $s(R)=R\cup R^{-1}=\{<1,2>,<2,1>,<2,3>,<3,4>,<3,2>,<4,3>\}$；

(3) $R^2=\{<1,1>,<1,3>,<2,2>,<2,4>\}$，

$R^3=\{<1,2>,<1,4>,<2,1>,<2,3>\}$，

$R^4=\{<1,1>,<1,3>,<2,2>,<2,4>\}$，

所以 $t(R)=R\cup R^2\cup R^3\cup R^4$

$=\{<1,1>,<1,2>,<1,3>,<1,4>,<2,1>,<2,2>,<2,3>,<2,4>,<3,4>\}$。

1.6.3 Warshall 算法

1962 年，美国计算机科学家 Warshall(1935—)提出了求关系 R 的传递闭包 $t(R)$ 的有效算法，其伪代码描述如下：

算法 1.6.1 计算传递闭包的 Warshall 算法

```
procedure Warshall{M_R 为 R 的关系矩阵}
    M = M_R
    for i = 1 to n
    begin
      for j = 1 to n
        if m_ji = 1 then
          for k = 1 to n
            m_jk = m_jk ∨ m_ik
        end {M = (m_ji)为 t(R)的关系矩阵}
```

例 1.6.3 已知 R 的关系矩阵 $\boldsymbol{M}_R=\begin{pmatrix}1&1&1&0&0&0&0\\1&0&1&0&1&0&1\\0&0&1&1&0&0&1\\0&0&0&1&1&1&0\\1&1&0&0&1&1&0\\0&0&1&1&1&0&0\\1&0&0&1&0&1&1\end{pmatrix}$，求 $t(R)$ 的关系矩阵。

解 (1) $i=1$ 时,将第一行元素对应逻辑加到第一、二、五、七行。

$$\boldsymbol{M}=\begin{pmatrix}1&1&1&0&0&0&0\\1&1&1&0&1&0&1\\0&0&1&1&0&0&1\\0&0&0&1&1&1&0\\1&1&1&0&1&1&0\\0&0&1&1&1&0&0\\1&1&1&1&0&1&1\end{pmatrix}$$

(2) $i=2$ 时,将第二行元素对应逻辑加到第一、二、五、七行。

$$\boldsymbol{M}=\begin{pmatrix}1&1&1&0&1&0&1\\1&1&1&0&1&0&1\\0&0&1&1&0&0&1\\0&0&0&1&1&1&0\\1&1&1&0&1&1&1\\0&0&1&1&1&0&0\\1&1&1&1&1&1&1\end{pmatrix}$$

(3) $i=3$ 时,将第三行元素对应逻辑加到第一、二、三、五、六、七行。

$$\boldsymbol{M}=\begin{pmatrix}1&1&1&1&1&0&1\\1&1&1&1&1&0&1\\0&0&1&1&0&0&1\\0&0&0&1&1&1&0\\1&1&1&1&1&1&1\\0&0&1&1&1&0&1\\1&1&1&1&1&1&1\end{pmatrix}$$

(4) $i=4$ 时,将第四行元素对应逻辑加到第一、二、三、四、五、六、七行。

$$\boldsymbol{M}=\begin{pmatrix}1&1&1&1&1&1&1\\1&1&1&1&1&1&1\\0&0&1&1&1&1&1\\0&0&0&1&1&1&0\\1&1&1&1&1&1&1\\0&0&1&1&1&1&1\\1&1&1&1&1&1&1\end{pmatrix}$$

(5) $i=5$ 时,将第五行元素对应逻辑加到第一、二、三、四、五、六、七行。

$$M=\begin{pmatrix}1&1&1&1&1&1&1\\1&1&1&1&1&1&1\\1&1&1&1&1&1&1\\1&1&1&1&1&1&1\\1&1&1&1&1&1&1\\1&1&1&1&1&1&1\\1&1&1&1&1&1&1\end{pmatrix}$$

(6) $i=6$,$i=7$ 时,矩阵 $\boldsymbol{M}$ 的赋值不变。

$$M_{t(R)}=\begin{pmatrix}1&1&1&1&1&1&1\\1&1&1&1&1&1&1\\1&1&1&1&1&1&1\\1&1&1&1&1&1&1\\1&1&1&1&1&1&1\\1&1&1&1&1&1&1\\1&1&1&1&1&1&1\end{pmatrix}$$

1.6.4 闭包的性质

定理 1.6.2 设 R 为集合 A 上的关系,则

(1) R 为集合 A 上的自反关系,当且仅当 $r(R)=R$;

(2) R 为集合 A 上的对称关系,当且仅当 $s(R)=R$;

(3) R 为集合 A 上的传递关系,当且仅当 $t(R)=R$。

证明

(1)(必要性)已知 R 为集合 A 上的自反关系。显然 $r(R)\subseteq R$;又因为 $r(R)$ 是包含 R 的自反关系,所以 $R\subseteq r(R)$。故 $r(R)=R$。

(充分性)已知 $r(R)=R$。任取 $a\in A$,则 $<a,a>\in r(R)$,而 $r(R)=R$,所以 $<a,a>\in R$,即 R 为集合 A 上的自反关系。

(2)(必要性)已知 R 为集合 A 上的对称关系。显然 $s(R)\subseteq R$;又因为 $s(R)$ 是包含 R 的对称关系,所以 $R\subseteq s(R)$。故 $s(R)=R$。

(充分性)已知 $s(R)=R$。任取 $<a,b>\in R$,由 $s(R)=R$ 知 $<a,b>\in s(R)$,从而 $<b,a>\in s(R)$,再由 $s(R)=R$ 知 $<b,a>\in R$,所以 R 为集合 A 上的对称关系。

(3)(必要性)已知 R 为集合 A 上的传递关系。显然 $t(R)\subseteq R$;又因为 $t(R)$ 是包含 R 的传递关系,所以 $R\subseteq t(R)$。故 $t(R)=R$。

(充分性)已知 $t(R)=R$。任取 $<a,b>$、$<b,c>\in R$,由 $t(R)=R$ 知 $<a,b>$、$<b,c>\in t(R)$,从而 $<a,c>\in t(R)$,再由 $t(R)=R$ 知 $<a,c>\in R$,所以 R 为集合 A 上的传递关系。

定理 1.6.3 设 R 与 H 均为集合 A 上的关系,且 $R\subseteq H$,则

(1) $r(R)\subseteq r(H)$；

(2) $s(R)\subseteq s(H)$；

(3) $t(R)\subseteq t(H)$。

证明

(1) 由于 $R\subseteq H$，所以 $R\cup I_A\subseteq H\cup I_A$，即 $r(R)\subseteq r(H)$。

(2) 由于 $R\subseteq H$，所以 $R^{-1}\subseteq H^{-1}$，于是 $R\cup R^{-1}\subseteq H\cup H^{-1}$，即 $s(R)\subseteq s(H)$。

(3) 由 $R\subseteq H\subseteq t(H)$知，$t(H)$是包含 R 的传递关系。而 $t(R)$是包含 R 的，且是元素个数最少的传递关系，所以 $t(R)\subseteq t(H)$。

例 1.6.4 设 R 为集合 A 上的关系，证明

(1) 若 R 为集合 A 上的自反关系，则 $s(R)$与 $t(R)$都是自反关系；

(2) 若 R 为集合 A 上的对称关系，则 $t(R)$与 $r(R)$都是对称关系；

(3) 若 R 为集合 A 上的传递关系，则 $r(R)$是传递关系。

证明

(1) 由于 R 为集合 A 上的自反关系，所以 $I_A\subseteq R$，因此 $I_A\subseteq R\subseteq s(R)$，即证明了 $s(R)$是自反关系；同理可证 $t(R)$也是自反关系。

(2) 先考虑 $r(R)$。因为 R 是 A 上的对称关系。故 $R=R^{-1}$，同时 $I_A=I_A^{-1}$，于是$(R\cup I_A)^{-1}=R^{-1}\cup I_A^{-1}=R\cup I_A$，从而 $r(R)^{-1}=(R\cup I_A)^{-1}=R^{-1}\cup I_A^{-1}=R\cup I_A=r(R)$，即 $r(R)$是对称的。

下面证明 $t(R)$的对称性。

设$<a,b>\in t(R)$，由 $t(R)=R\cup R^2\cup R^3\cup\cdots$知，必存在正整数 n 使得$<a,b>\in R^n$，即 $aRa_1,a_1Ra_2,\cdots,a_{n-1}Rb$。再由 R 是对称关系知 $bRa_{n-1},\cdots,a_2Ra_1,a_1Ra$，于是$<b,a>\in R^n$。而 $R^n\subseteq t(R)$，所以$<b,a>\in t(R)$，故证得 $t(R)$是 A 上的对称关系。

(3) 因为 R 为集合 A 上的传递关系，所以由定理 1.5.3 知 $R^2\subseteq R$。于是 $r(R)\circ r(R)=(R\cup I_A)\circ(R\cup I_A)=(R\circ R)\cup(I_A\circ R)\cup(R\circ I_A)\cup(I_A\circ I_A)=R^2\cup R\cup R\cup I_A=R^2\cup R\cup I_A\subseteq R\cup R\cup I_A=R\cup I_A=r(R)$，从而再由定理 1.5.3 知 $r(R)$是传递关系。

定理 1.6.4 设 R_1和 R_2是非空集合 A 上的二元关系，则：

(1) $r(R_1)\cup r(R_2)=r(R_1\cup R_2)$；

(2) $s(R_1)\cup s(R_2)=s(R_1\cup R_2)$；

(3) $t(R_1)\cup t(R_2)\subseteq t(R_1\cup R_2)$。

证明

(1) $r(R_1)\cup r(R_2)=R_1\cup I_A\cup R_2\cup I_A=(R_1\cup R_2)\cup I_A=r(R_1\cup R_2)$；

(2) $s(R_1)\cup s(R_2)=(R_1\cup R_1^{-1})\cup(R_2\cup R_2^{-1})=(R_1\cup R_2)\cup(R_1^{-1}\cup R_2^{-1})=(R_1\cup R_2)\cup(R_1\cup R_2)^{-1}=s(R_1\cup R_2)$；

(3) 因为 $R_1\subseteq R_1\cup R_2$，由定理 1.6.3(3)知 $t(R_1)\subseteq t(R_1\cup R_2)$，同理可得 $t(R_2)\subseteq t(R_1\cup R_2)$，故 $t(R_1)\cup t(R_2)\subseteq t(R_1\cup R_2)$。

定理 1.6.5 设 R 为集合 A 上的关系，则

(1) $r(s(R))=s(r(R))$；

(2) $r(t(R))=t(r(R))$；

(3) $s(t(R)\subseteq t(s(R))$。

证明

(1)
$$\begin{aligned} r(s(R)) &= s(R)\cup I_A \\ &= R\cup R^{-1}\cup I_A \\ &= (R\cup I_A)\cup(R^{-1}\cup I_A) \\ &= (R\cup I_A)\cup(R\cup I_A)^{-1} \\ &= s(R\cup I_A)=s(r(R)) \end{aligned}$$

(2)
$$\begin{aligned} t(r(R)) &= t(I_A\cup R) \\ &= \bigcup_{i=1}^{\infty}(I_A\cup R)^i \\ &= \bigcup_{i=1}^{\infty}(I_A\cup \bigcup_{t=1}^{i}R^t) \\ &= I_A\cup\bigcup_{i=1}^{\infty}R^i \\ &= I_A\cup t(R)=r(t(R)) \end{aligned}$$

(3) 因为 $R\subseteq s(R)$，所以 $t(R)\subseteq t(s(R))$，从而 $s(t(R))\subseteq s(t(s(R)))$，由例 1.6.4 知 $t(s(R))$ 是集合 A 上的对称关系，于是 $s(t(s(R)))=t(s(R))$，所以 $s(t(R))\subseteq t(s(R))$。证毕。

注意：$r(s(R))$ 通常简记为 $rs(R)$。

例 1.6.5 设 $A=\{1,2,3,4\}$，$R=\{<1,1>,<2,3>,<3,2>,<3,4>\}$，试求 $ts(R)$，$st(R)$，$rts(R)$。

解 $s(R)=\{<1,1>,<2,3>,<3,2>,<3,4>,<4,3>\}$；

$t(R)=\{<1,1>,<2,3>,<3,2>,<3,4>,<2,2>,<2,4>,<3,3>\}$；

$ts(R)=\{<1,1>,<2,3>,<3,2>,<3,4>,<4,3>,<2,2>,<2,4>,<3,3>,<4,2>,<4,4>\}$；

$st(R)=\{<1,1>,<2,3>,<3,2>,<3,4>,<2,2>,<2,4>,<3,3>,<4,2>,<4,3>\}$；

$rts(R)=\{<1,1>,<2,3>,<3,2>,<3,4>,<4,3>,<2,2>,<2,4>,<3,3>,<4,2>,<4,4>\}$。

习题 1.6

1. 设 $A=\{1,2,3,4\}$，R 为划分 $\{\{1,2\},\{3,4\}\}$ 所确定的等价关系，则 $st(R)$ 的值为（ ）。

A. $\{<1,2>,<2,1>,<3,4>,<4,3>\}$

B. $A\times A$

C. $\{<1,2>,<2,1>,<3,4>,<4,3>\}\cup I_A$

D. I_A

2. 设集合 $A=\{1,2,3,4\}$，关系 $R=\{<1,2>,<2,1>,<3,4>,<4,3>\}$，则 $rst(R)$ 的值为（　　）。

A. I_A　　B. $A\times A$　　C. $R\cup I_A$　　D. $R\cup I_A$

3. 设 $A=\{1,2,3,4\}$，$R=\{<1,2>,<1,1>\}$，则 $t(I_A\circ R^{-1})$ 的值为（　　）。

A. R　　B. R^{-1}　　C. $\sim R$　　D. 不确定

4. 设集合 $A=\{1,2,3,4\}$，A 上的关系 $H=\{<x,y>|x、y\in A$ 且 $\frac{x-y}{2}$ 是正整数$\}$，则 H 的等价闭包为__________。

5. 设 $A=\{1,2,3,4\}$，$R=\{<x,y>|x、y\in A,y=2x\}$，则 $t(R\circ R)=$__________，$s(R\circ R)=$__________，$tsr(R)=$__________。

6. 设 R 为集合 A 上的关系，证明 $tsr(R)$ 是 R 的等价闭包。

7. 设 R 与 H 均为集合 A 上的关系，证明

(1) $r(R\cap H)=r(R)\cap r(H)$；

(2) $s(R\cap H)\subseteq s(R)\cap s(H)$；

(3) $t(R\cap H)\subseteq t(R)\cap t(H)$。

8. 设 $A=\{1,2,3,4\}$，$R=\{<1,1>,<1,2>,<2,3>,<3,4>\}$，求 $r(R)$、$s(R)$ 与 $t(R)$。

9. 设 $A=\{1,2,3,4\}$，$R=\{<1,2>,<2,3>,<2,4>,<3,2>,<3,4>\}$，用 Warshall 算法求 $t(R)$。

10. 设 $A=\{1,2,3,4\}$，$R=\{<1,2>,<1,4>,<3,3>,<4,1>\}$，求包含 R 且元素个数最少的 R'，使得 R' 是：

(1) 自反关系和传递关系；

(2) 对称关系和传递关系；

(3) 等价关系。

11. 设 $A=\{1,2,3,4\}$，$R=\{<1,2>,<2,2>,<2,3>,<3,4>,<4,2>\}$，求 R 的等价闭包。

12. 设 R 为集合 A 上的关系，则对任意正整数 n 均有 $R^n\subseteq t(R)$。

13. 设 $A=\{1,2,\cdots,7\}$，$R=\{<1,2>,<2,3>,<3,5>,<4,5>,<5,6>,<6,7>,<7,4>\}$，试求 R^2、R^3、…、R^7、R^8、R^9、…。

第 2 章　图的基本概念

2.1　图与结点度

图论中讨论的图，不是微积分、解析几何、几何学中讨论的图，而是客观世界中某些具体事物间联系的一种数学抽象。例如，已知 $A=\{1,2,3,4,5\}$ 为 5 人组成的集合，且 1 与 3、4 与 1、4 与 2均为父子，即 A 上的父子关系为 $R=\{<1,3>,<4,1>,<4,2>\}$，其关系图如图 2.1.1 所示。而 R 的关系图就不考虑点的位置及连线的长短曲直，只关心哪些点之间有连线。这种数学抽象就是图论中图的概念。

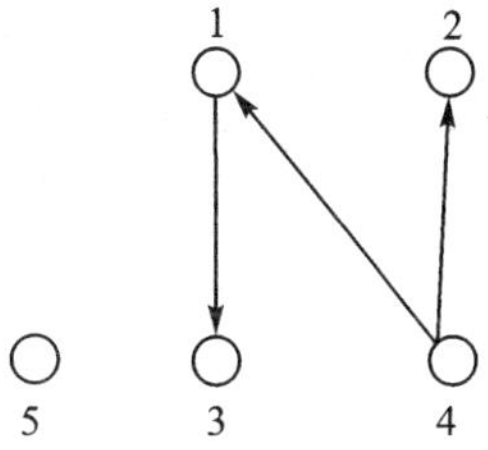

图 2.1.1

2.1.1　图的定义

图是由顶点集合与联结顶点的边集合构成。

定义 2.1.1　所谓图(graph)G 是一个三元组，记作 $G=<V(G),E(G),\varphi(G)>$，其中：

(1) 集合 $V(G)=\{v_1,v_2,\cdots,v_n\}$ $(V(G)\neq\varnothing)$ 称为图 G 的顶点集或结点集(vertex set)，且 $v_1,v_2,\cdots,v_n$ 称为图 G 的顶点或结点。

(2) 集合 $E(G)=\{e_1,e_2,\cdots,e_m\}$ 称为图 G 的边集(edge set)，且 $e_1,e_2,\cdots,e_m$ 称为图 G 的边，同时 e_i 为 (v_j,v_t) 或 $<v_j,v_t>$。若 $e_i=(v_j,v_t)$，则称 e_i 为以 v_j 和 v_t 为端点(end vertices)的无向边(undirected edge)；若 $e_i=<v_j,v_t>$，则称 e_i 为以 v_j 为起点(origin)以 v_t 为终点(terminus)的有向边(directed edge)。

(3) 函数 $\varphi(G):E\to V\times V$ 称为关联函数(incidence function)，表示图 G 的边与其结点对间的对应关系。

例 2.1.1　已知图 $G=<V(G),E(G),\varphi(G)>$，其中：

$V(G)=\{v_1,v_2,v_3,v_4,v_6\}$；

$E(G)=\{e_1,e_2,e_3,e_4,e_5,e_6,e_7,e_8,e_9,e_{10}\}$；

$\varphi(G):E\to V\times V$，且 $\varphi(e_1)=<v_1,v_2>$，$\varphi(e_2)=<v_3,v_2>$，$\varphi(e_3)=(v_3,v_3)$，$\varphi(e_4)=<v_4,v_3>$，$\varphi(e_5)=<v_4,v_2>$，$\varphi(e_6)=<v_4,v_2>$，$\varphi(e_7)=<v_5,v_2>$，$\varphi(e_8)=<v_2,v_5>$，$\varphi(e_9)=(v_3,v_5)$，$\varphi(e_{10})=(v_3,v_5)$。

图 G 的图形表示(diagrammatic presentation)，就是用平面上的小圆圈表示图 G

的结点,用点与点之间的连线表示图 G 中的边,且圆圈的大小位置、连线的长短曲直不限。图的图形表示使得抽象定义的图具有直观性,有助于进行思考和理解图的性质。当然,同一个图 G 可以由许多形状不同的图形来表示。

例如,图 2.1.2 即是例 2.1.1 中图 G 的一个图形表示。

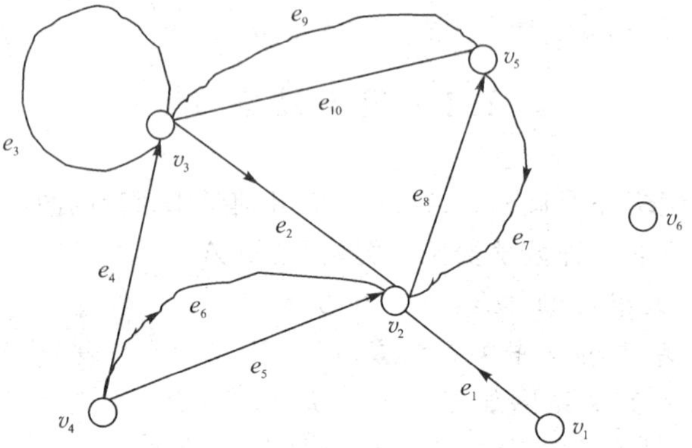

图 2.1.2

定义 2.1.2 关联于同一条边的两个结点称为邻接结点(adjacent vertics)。

不与任何结点相连接的结点(度数为零的结点)称为孤立结点(isolated vertex)。

关联于同一个结点的两条边称为邻接边(adjacent sides)。

两端点相同的边称为环(loop)。

两个结点间方向相同的若干条边称为平行边(parallel edges)或重边(multiple edges)。

两端点相同但方向互为相反的两条有向边称为对称边(symmetric edges)。

定义 2.1.3 每条边都是无向边的图称为无向图(undirected graph)。

每条边都是有向边的图称为有向图(directed graph)。

图中不全是有向边,也不全是无向边的图称为混合图(mixed graph)。

仅有一些孤立结点的图称为零图(null graph)或空图(empty graph)。

只有一个孤立结点的图称为平凡图(trivil graph)。

定义 2.1.4 含有平行边的图称为多重图(multigraph)。

无环且无平行边的图称为简单图(simple graph)。

任何不同两结点之间都有边相连的简单无向图称为完全图(compelet graph)。

注释:

(1) 在简单图 $G=<V(G),E(G),\varphi(G)>$ 中,以 x 为起点 y 为终点的边至多有一条,因此,图 G 中的边可以直接用顶点对表示,而关联函数 φ 就可以直接表示在其边集中,于是简单图 G 可以简记为 $G=<V(G),E(G)>$ 或 $G=<V,E>$。

(2) 对于无向图 G,将 G 中的每条边用两条与 e 有相同端点的对称边 e 和 e' 来代替后得到的有向图 D 称为 G 的对称有向图(symmetric digraph)。由此可见,无向图可以视为特殊的有向图。

(3) n 个结点的完全图记作 K_n，完全图 K_n 有 $C_n^2=\frac{1}{2}n(n-1)$ 条边。

(4) 图 G 的顶点个数还称为图 G 的阶(order)。

(5) 对于有向图 D，去掉边上的方向得到的无向图 G 称为 D 的基础图(underlying graph)。反之，任何一个无向图 G，将 G 的边指定一个方向得到的有向图 D 称为 G 的一个定向图(oriented graph)。

例 2.1.2　证明：在任意 6 人的聚会上，要么有 3 人曾相识，要么有 3 人不曾相识。

证明　用 a、b、c、d、e、f 这 6 个结点代表这 6 人，若 2 人曾相识，则在代表这 2 人的两结点间连一条实边；否则连一条虚边。于是原来的问题就等价于证明这样得到的图中必含有实边三角形或虚边三角形。考察某一结点，不妨设为 d，与 d 关联的 5 边中至少有 3 条同为实边或虚边，不妨设它们是 3 条实边 da、db 与 dc，如图 2.1.3 所示。

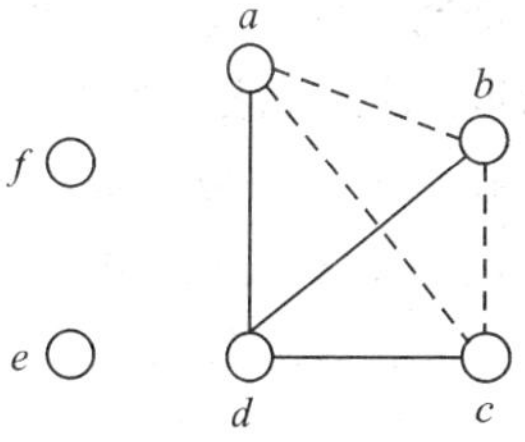

图 2.1.3

再看三角形 abc：如果它有一条实边，设为 ab，则 dab 是实边三角形；如果三角形 abc 没有实边，则他本身就是虚边三角形。

2.1.2　图的结点度

定义 2.1.5　设 G 是任意图，x 为 G 的任意结点，与结点 x 关联的边数(一条环要计算两次)称为 x 的度数(degree)。记作 $\deg(x)$ 或 $d(x)$。

设 D 是任意有向图，x 为 D 的任一结点，射入 x 的边数称为 x 的入度(in-degree)，记作 $\deg^+(x)$ 或 $d^+(x)$；射出 x 的边数称为 x 的出度(out-degree)，记作 $\deg^-(x)$ 或 $d^-(x)$。

注释：

(1) 有向图 D 中，任意结点 x 的度数 $\deg(x)=\deg^+(x)+\deg^-(x)$。

(2) 用 $\Delta(G)$ 和 $\delta(G)$ 分别表示图 G 的最大结点度和最小结点度，即

$\Delta(G)=\max\{d(x)\mid x\in V(G)\}$，

$\delta(G)=\min\{d(x)\mid x\in V(G)\}$。

(3) 设 D 是有向图，即

$\Delta^+(D)=\max\{d^+(x)\mid x\in V(D)\}$，

$\Delta^-(D)=\max\{d^-(x)\mid x\in V(D)\}$，

$\delta^+(D)=\min\{d^+(x)\mid x\in V(D)\}$，

$\delta^-(D)=\min\{d^-(x)\mid x\in V(D)\}$。

定理 2.1.1　每个图中，结点度数的总和等于边数的 2 倍，即 $\sum_{x\in V}\deg(x)=2\mathrm{card}(E)$。

证明 设图 G 有 m 条边，每条边均连接 2 个结点，即给 2 个结点的度数各加 1，m 条边总共提供 $2m$ 度数，即 $\sum_{x\in V}\deg(x)=2m$。证毕。

定理 2.1.2 每个图中，度数为奇数的结点必然是偶数个。

证明 设 V_1，V_2 分别是图 G 中奇数度数和偶数度数的结点集，则由定理 2.1.1 知

$$\sum_{x\in V_1}\deg(x)+\sum_{x\in V_2}\deg(x)=\sum_{x\in V}\deg(x)=2\text{card}(E)$$

由于 $\sum_{x\in V_2}\deg(x)$ 为偶数度数之和，必为偶数，而 $2\text{card}(E)$ 是偶数，故得 $\sum_{x\in V_1}\deg(x)$ 为偶数，即 $\text{card}(V_1)$ 是偶数。证毕。

定理 2.1.3 在任何有向图中，所有结点的入度之和等于所有结点的出度之和。

证明 因为每条有向边必对应一个入度和一个出度，若一个结点具有一个入度或出度，则必关联一条有向边，因此，有向图中各结点的入度之和等于边数，各结点出度之和也等于边数。证毕。

例 2.1.3 是否可以画一个简单无向图，使得各结点度数与下列序列一致。

(1) 2,2,3,4,5,6;

(2) 1,2,3,4,4,5;

(3) 2,2,2,2,2,2。

解

(1) 不可以。在 6 个结点的简单无向图中，其中每个结点最多与其余 5 个结点相邻，即 $\Delta(G)\leqslant 5$。

(2) 不可以。任何图中，度数为奇数的结点只能有偶数个。

(3) 可以，如图 2.1.4 的 G_1 或 G_2。

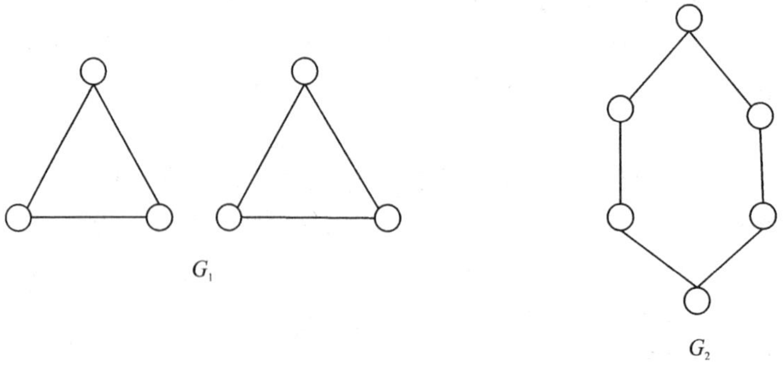

图 2.1.4

习题 2.1

1. 在平面上有 n 个点 $x_1,x_2,\cdots,x_n$，其中任两个点之间的距离至少是 1。证明在这 n 个点中，距离为 1 的点对数不超过 $3n$。

2. 某次会议有 n 人参加，其中有些人互相认识，但每两个互相认识的人，都没有共同的熟人，每两个互不认识的人都恰好有两个共同的熟人。证明每个参加者都有同样数目的熟人。
3. 证明每个碳氢化合物的分子所含氢原子数是偶数。
4. 在一次围棋擂台赛中，双方各出 n 名选手。比赛的规则是双方先各自排定一个次序，设甲方排定的次序为 $x_1, x_2, \cdots, x_n$，乙方排定的顺序为 $y_1, y_2, \cdots, y_n$。x_1 与 y_1 先比赛，胜的一位与对方输的下一位选手比赛。按这种方法进行比赛，直到有一方的最后一位选手出场比赛并输给对方，比赛就结束。问最多进行几场比赛可确定其胜负（假定无平局出现）。
5. 一化学实验室中有 n 个药箱，其中每两个不同的药箱恰有一种相同的化学品，而且每种化学品恰好在两个药箱中出现，问：
(1) 每个药箱有几种化学品？
(2) 这 n 个药箱中共有几种不同的化学品？
6. 无向图 G 有 21 条边，12 个 3 度数结点，其余结点的度数均为 2，求 G 的阶数 n。

2.2　图同构与子图

2.2.1　图的同构

对于同一个图 G，不同的人可能会给出不同的图形表示。例如，图 2.2.1 所示的 (a) 与 (b)，表面直观看来不同，实际上它们是同一个图。对于两个不同的图，可能又有相同的结构。例如，图 2.2.2 所示的 (a) 与 (b) 是两个不同的图，但却具有相同的结构。在许多实际问题中，往往要判断所得的图是否有相同的结构，这就是将要讨论的图的同构概念。

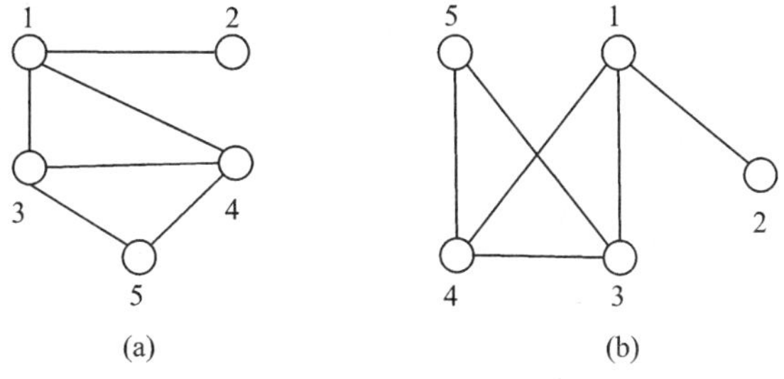

图 2.2.1

定义 2.2.1　设 $G_1 = <V_1, E_1>$ 和 $G_2 = <V_2, E_2>$ 都是简单图，若存在一个从 V_1 到 V_2 的双射 f，且 f 具有这样的性质，对 V_1 中的所有 x 和 y，x 和 y 在 G_1 中相邻，当且仅当 $f(x)$ 和 $f(y)$ 在 G_2 中相邻，则称 G_1 和 G_2 同构(isomorphic)，记作 $G_1 \cong G_2$。

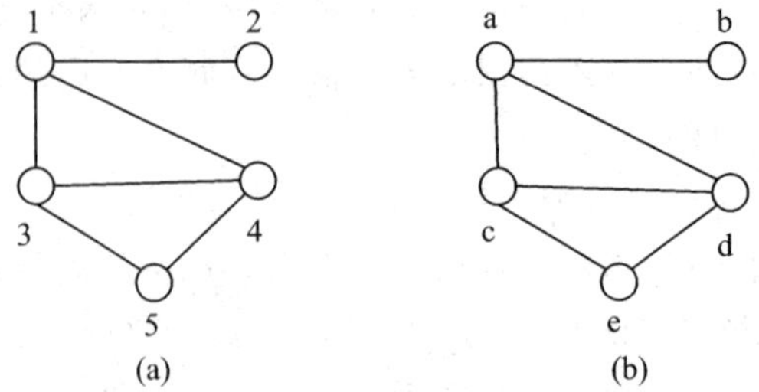

图 2.2.2

此时函数 f 称为同构函数。

换句话说，当两个简单图同构时，两个图的结点之间具有保持相邻关系的一一对应。目前，判断两个图是否同构，还只能根据定义。也就是说，两个图是否同构还没有很简单的判别方法。两图同构的必要条件是：(1)两图结点数相等；(2)边数相等；(3)度数相等的结点个数相等。

例 2.2.1 如图 2.2.3 中，$G_1 \cong G_2$，$G_3 \cong G_4$，$G_5 \cong G_6$，$G_7 \cong G_8 \cong G_9$。

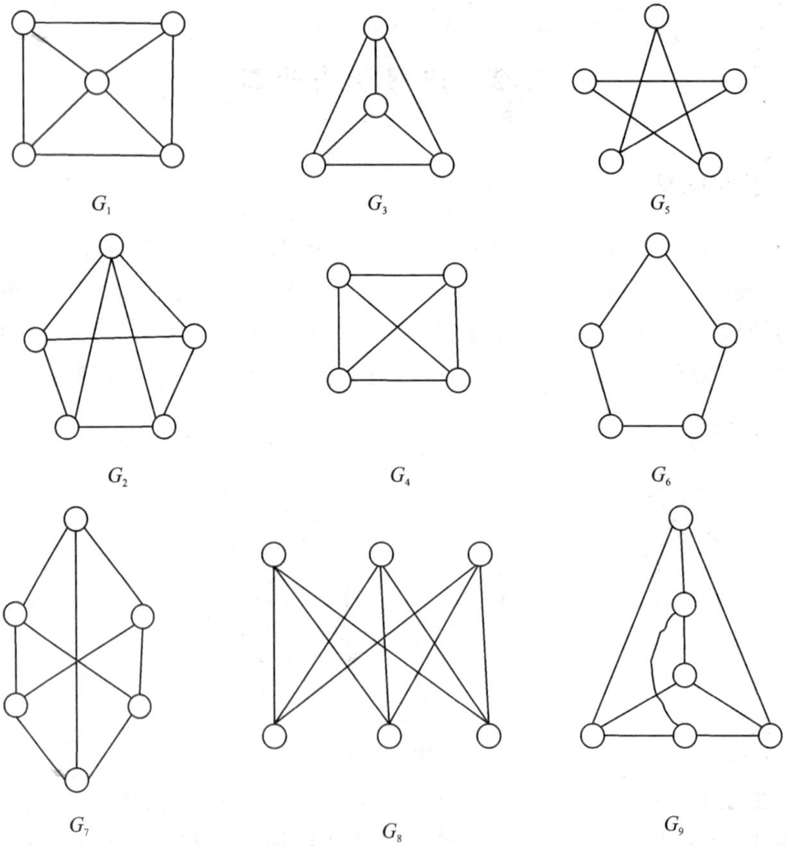

图 2.2.3

对于两个同构的图，它们有相同的结构，差异只是顶点和边的名称不同，或两个图的形状不同，由于主要关注的是图的结构性质，所以在画图时常常可以省略顶点和边的标号。一个无标号图就认为是同构图的等价类的代表。

例 2.2.2　画出所有不同构的具有 5 个结点、3 条边的简单无向图。

解　共有 4 个，分别如图 2.2.4 中的图 G_1、图 G_2、图 G_3 和图 G_4。

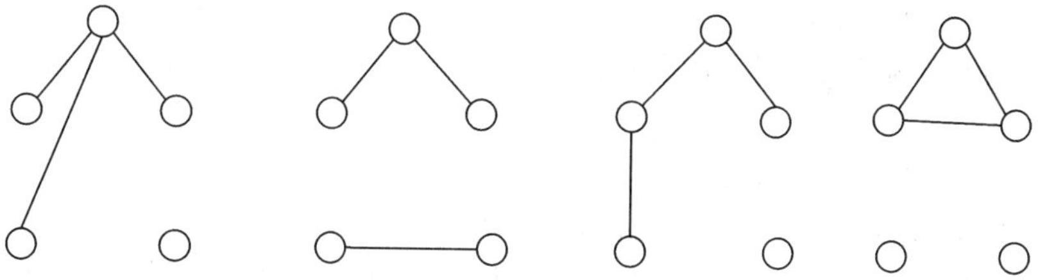

图G_1　　图G_2　　图G_3　　图G_4

图 2.2.4

例 2.2.3　画出各结点度数为 4,4,3,2,2,1 的两个非同构图，并说明它们不同构的原因。

解　图 2.2.5 所示图 G_1 与图 G_2 即符合题意要求。在图 G_1 中，度数为 1 的结点与度数为 3 的结点邻接；在图 G_2 中，度数为 1 的结点与度数为 4 的结点邻接。所以图 G_1 与图 G_2 不同构。

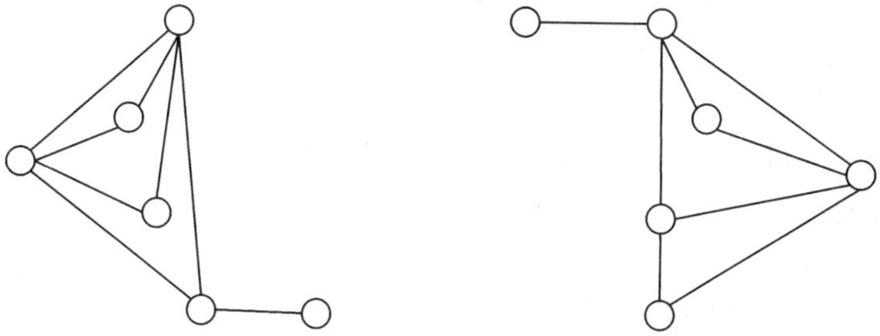

图G_1　　图G_2

图 2.2.5

设简单无向图 G，如果 $V(G)=\{v_1,v_2,\cdots,v_p\}$，则称非负整数序列 $d(v_1)\geqslant d(v_2)\geqslant\cdots\geqslant d(v_p)$ 为图 G 的度序列。

例如，图 2.2.5 所示图 G_1 与图 G_2 的度序列均为 4,4,3,2,2,1。可见，度序列相同的两个图并不一定同构，但同构的两个图一定有相同的度序列。

如果一个非递增、非负整数序列可表示为某个简单无向图的度序列，则称该序列为图序列。

比如，序列 4,2,1,1,1 不是图序列，因为任意图中度数为奇数的结点只能有偶数个。序列 4,3,2,2,2,2,2,1,1 也不是图序列，因为任意图中度数之和必为偶数。证明一个序列不是图序列很容易，而证明一个序列是图序列则要复杂很多。下面介绍一个算法，该算法是由 Havel 和 Hakimi 各自独立发现的。

算法 2.2.1 图序列的判定算法

(1) 已知非递增、非负整数序列 S，删除 S 中的第 1 个数 k 得序列 S_1。

(2) 若序列 S_1 中的前 k 个数均不小于 1，则将这 k 个数分别都减去 1 得序列 S_2；否则，序列 S 不是图序列。

(3) 若序列 S_2 全是 0，则序列 S 是图序列；否则，将序列 S_2 重新排序得非递增序列 S_3。

(4) 令 $S=S_3$，转步骤(1)。

例 2.2.4 用算法 2.2.1 判别序列 3,2,2,1,1,1 是否为图序列。

解 如表 2.2.1 所列，经三次循环，序列中的所有数均变为 0，故停止算法，得原序列 3,2,2,1,1,1 是图序列。

表 2.2.1 解题过程

一次循环	二次循环	三次循环
S:3,2,2,1,1,1	S:1,1,1,1,0	S:1,1,0,0
S_1:2,2,1,1,1	S_1:1,1,1,0	S_1:1,0,0
S_2:1,1,0,1,1	S_2:0,1,1,0	S_2:0,0,0
S_3:1,1,1,1,0	S_3:1,1,0,0	停止算法

2.2.2 子　图

定义 2.2.2 设 $G=<V,E,\varphi>$ 与 $G_1=<V_1,E_1,\varphi_1>$ 是任两个图。若 $V_1\subseteq V$，$E_1\subseteq E$，且 φ_1 是 φ 在 E_1 上的限制，则称 G_1 是 G 的子图(subgraph)，记作 $G_1\subseteq G$。称 G 为 G_1 的母图(supergraph)。

若 $G_1\subseteq G$ 且 $G_1\neq G$，即 $V_1\subset V$ 或 $E_1\subset E$，则称 G_1 是 G 的真子图(prope subgraph)。

若 $G_1\subseteq G$ 且 $V_1=V$，则称 G_1 是 G 的生成子图或支撑子图(spanning subgraph)。

设 $V_1\subseteq V$ 且 $V_1\neq\varnothing$，以 V_1 为结点集，以两端点均在 V_1 中的全体边为边集的 G 的子图，称为 V_1 的导出子图(induced subgraph)，记作 $G[V_1]$。

设 $E_1\subseteq E$ 且 $E_1\neq\varnothing$，以 E_1 为边集，以 E_1 中的边关联的全部结点为结点集的 G 的子图，称为 E_1 的导出子图，记作 $G[E_1]$。

特别，若 $V_1\subset V$ 且 $V_1\neq\varnothing$，则 $G-V_1$ 表示从 G 中删去 V_1 内的所有结点及与这些结点相关联的边所得到的子图。常把 $G-\{v\}$ 简记为 $G-v$。类似地，设 $E_1\subset E$ 且 $E_1\neq\varnothing$，$G-E_1$ 表示在 G 中删去 E_1 中所有边所得到的子图。同样，$G-\{e\}$ 简记为 $G-e$。

例 2.2.5 图 2.2.6 中，图 H、图 M 与图 Q 均是图 G 的子图，其中图 H 还是图

G 的生成子图，而图 M 与图 Q 均是结点集为 $\{1,2,3,6\}$ 的子图。

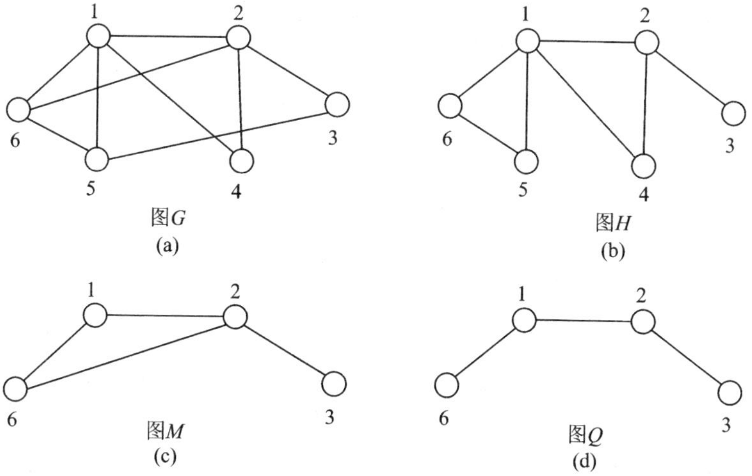

图 2.2.6

实际上，给定图 G，删除图 G 的一些边，或者删除图 G 的一些结点及与这些结点关联的边，就产生图 G 的子图。另外，图 G 的子图，可能会有很多。比如，对于图 2.2.6(a)的图 G，其结点集为 $\{1,2,3,6\}$ 的子图就有 16 个。

定义 2.2.3　设 $G=\langle V,E\rangle$ 是 n 阶无向简单图。以 V 为结点集，以所有能使 G 成为完全图 K_n 的添加边组成的集合为边集的图，称为 G 相对于完全图 K_n 的补图，简称 G 的补图(complement graph)，记作 $\bar{G}$。

例如，图 2.2.7(a)与图 2.2.7(b)所示的图互为补图。

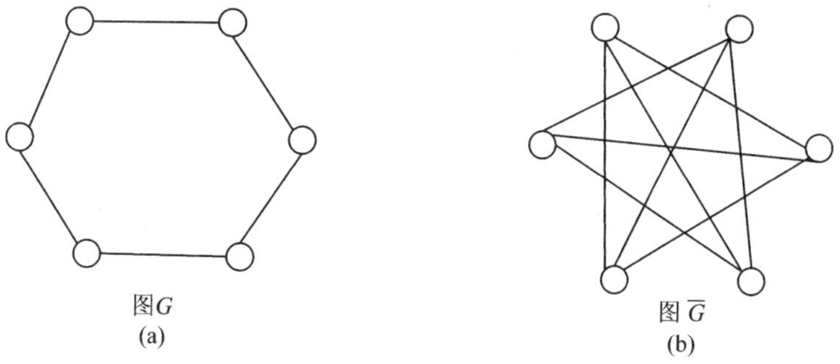

图 2.2.7

若简单图 G 同构于 G 的补图 $\bar{G}$，则称 G 为自补图。

例如，所有阶数不大于 5 的自补图如图 2.2.8 所示。

判别阶数很小的图是否为自补图较容易，但判别阶数很大的图是否为自补图就变得很困难。下面的定理将有助于解决该问题。

定理 2.2.1　若 n 阶图 G 是自补图，则 $n=4k$ 或 $n=4k+1$(k 为非负整数)，且图

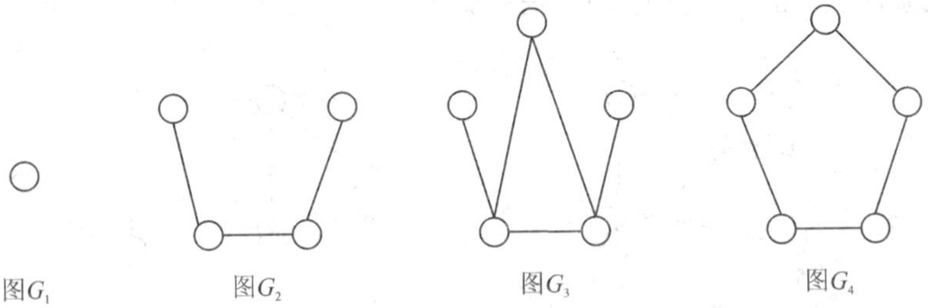

图 2.2.8

G 有$\frac{n(n-1)}{4}$条边。

证明 因为 n 阶图 G 是自补图，所以 G 与$\bar{G}$同构。于是完全图 K_n 的$\frac{n(n-1)}{2}$条边将各有一半为 G 与$\bar{G}$的边，即 G 与$\bar{G}$均有$\frac{n(n-1)}{4}$条边。而图 G 的边数是非负整数，故 4 一定能整除 $n(n-1)$。而连续的两个整数 $n-1$ 与 n 总是一个为奇数、一个为偶数，故 $n=4k$ 或 $n=4k+1$（k 为非负整数）。证毕。

习题 2.2

1. 证明，非连通图的补图是连通图。
2. 找出所有 4 阶或 5 阶的自补图。
3. 图 G 如图 2.2.9 所示。分别画出下列子图：$G-\{1,2,4\}$，$G[1,2,3]$，$G[e_3]$，$G[e_1,e_2,e_3]$与 $G-\{e_4,e_7,e_8,e_9\}$。

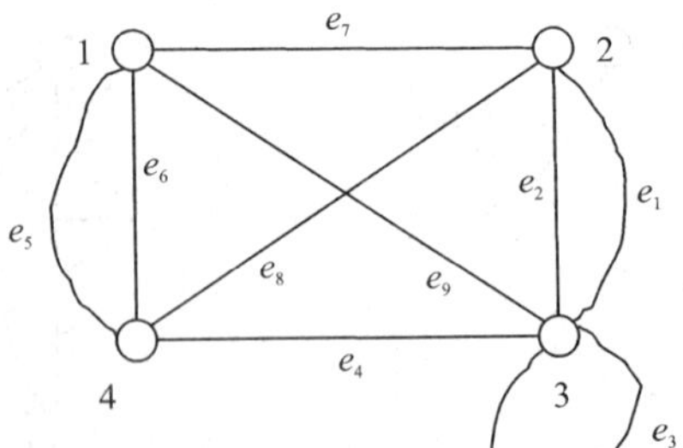

图 2.2.9

4. 已知 n 阶无向简单图 G 有 m 条边，各结点的度数均为 3。
   (1) 若 $m=3n-6$，证明 G 在同构意义下唯一，并求 m 与 n。
   (2) 若 $n=6$，证明 G 在同构意义下不唯一。
5. 各结点度数为 5,3,2,2,1,1 的非同构图有几个？
6. 构造 3 个度序列为 5,3,2,2,1,1,1,1 的非同构图。
7. 设 G 为无向图，对 G 的每个结点 x，若 $d(x)=k$，则称 G 为k 正则图。画出 2

个不同构的 6 阶 3 正则图。并画出所有不同构的 7 阶 4 正则图，并证明它们不同构。

8. 证明序列 3,3,3,3,3,3,3,3 是图序列，画出对应该图序列的两个不同构的图。

2.3　路与连通

2.3.1　路

定义 2.3.1　设 u 和 v 是任意图 G 的结点，图 G 的一条 u—v 链(chain 或 walk)是有限的结点和边交替序列 $u_0e_1u_1e_2\cdots u_{n-1}e_nu_n$ $(u=u_0, v=u_n)$，其中与边 e_i $(1\leqslant i\leqslant n)$ 相邻的两个结点 u_{i-1} 和 u_i 正好是 e_i 的两个端点。数 n 也即链中出现的边数，称为链的长度(length)。u 和 v 称为链的端点(end-vertices)，其余的结点称为链的内部点(internal vertices)。一条 u—v 链，当 $u\neq v$ 时，称它为开的，否则称为闭的。边互不同的链称为迹(trail)，内部点互不同的链称为路(path)。

注释：

(1) 在一条链中，结点和边可以重复。

(2) 若 G 是简单图，G 中的链 $u_0e_1u_1e_2\cdots u_{n-1}e_nu_n$ 还可用结点序列 $u_0u_1\cdots u_{n-1}u_n$ 表示。

(3) 不含边也即长度为 0 的链称为平凡链。

(4) 设 W 是有向图 D 中 u—v 链(迹、路)，指定 W 的方向从 u 到 v。若 W 中所有边的方向与此方向一致，则称 W 为 D 中从 u 到 v 的有向链(迹、路)。

下面给出图 2.3.1 所示图 G 的链、迹、路。

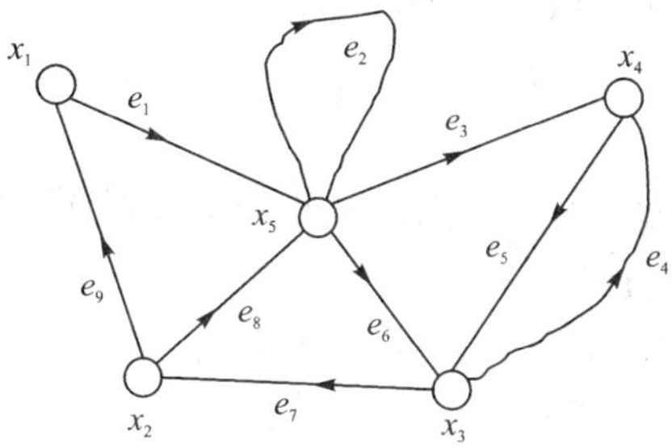

图 2.3.1

x_1—x_3 链：$x_1e_9x_2e_8x_5e_2x_5e_3x_4e_3x_5e_6x_3$；

x_1—x_3 迹：$x_1e_9x_2e_8x_5e_2x_5e_3x_4e_4x_3$；

x_1—x_3 路：$x_1e_9x_2e_8x_5e_3x_4e_4x_3$；

有向 x_1—x_3 链：$x_1e_1x_5e_2x_5e_6x_3e_4x_4e_5x_3$；

有向 $x_1—x_3$ 迹：$x_1e_1x_5e_2x_5e_6x_3$；

有向 $x_1—x_3$ 路：$x_1e_1x_5e_6x_3$。

定义 2.3.2 两端点相同的迹称为回(circuit)。两端点相同的路称为圈(cycle)或回路(circuit)。有向闭迹称为有向回。有向闭路称为有向圈。

定理 2.3.1 若简单图 G 中每个结点的度数至少是 $k(k\geqslant 2)$，则 G 中必然含有一个长度至少是 $k+1$ 的圈。

证明 在 G 的所有路中，取一条长度最长的路 P，记 $P=v_0v_1\cdots v_{t-1}v_t$。则 v_0 的所有邻接点全在 P 中，由于 $d(v_0)\geqslant k\geqslant 2$，所以 v_0 至少有 k 个邻接点，设所有邻接点为 $v_{i_1},v_{i_2},\cdots,v_{i_s}$，$1\leqslant i_1<i_2<\cdots<i_s\leqslant t$，其中 $s=d(v_0)\geqslant k\geqslant 2$，则 $C=v_0v_{i_1}v_{i_2}\cdots v_{i_s}v_0$ 就是 G 的一个长度为 i_s+1 的圈，显然 $i_s+1\geqslant k+1$。

对于有向图，可有类似的证明。证毕。

定理 2.3.2 设简单图 G 中的每个结点的度数至少是 3，则 G 中含有长度为偶数的圈。

证明 设 $P=v_0v_1v_2\cdots v_t$ 是 G 的一条最长路，则 v_0 的所有邻接点全在 P 内，设 v_0 的全部邻接点为 $v_{i_1},v_{i_2},\cdots,v_{i_s}$ $(1\leqslant i_1<i_2<\cdots<i_s\leqslant t)$，其中 $s=d(v_0)\geqslant 3$，在 G 中取 3 个圈：

$$C_1=v_0v_1\cdots v_{i_2}v_0$$

$$C_2=v_0v_1\cdots v_{i_s}v_0$$

$$C_3=v_0v_{i_2}v_{i_2+1}\cdots v_{i_s}v_0$$

它们的长度分别为 i_2+1，i_s+1 和 i_s-i_2+2。这 3 个数中至少有 1 个数是偶数。即 C_1、C_2 和 C_3 中至少有 1 个是偶圈。证毕。

2.3.2 连通图

定义 2.3.3 给定无向图 $G=\langle V(G),E(G),\varphi(G)\rangle$，$x,y\in V(G)$，若图 G 中存在连接 x 和 y 的路，则称结点 x 和 y 是连通的(connected)。规定 x 到自身总是连通的。

容易验证，结点集 $V(G)$ 上的顶点间的连通关系是 $V(G)$ 上的等价关系，该等价关系确定 $V(G)$ 的一个划分 $\{V_1,V_2,\cdots,V_m\}$，使得当且仅当两个顶点 x 和 y 属于同一个子集 $V_i(1\leqslant i\leqslant m)$ 时，x 和 y 才是连通的。$V_i(1\leqslant i\leqslant m)$ 在 G 中的导出子图 $G[V_1],G[V_2],\cdots,G[V_m]$ 称为 G 的连通分支或分支(component)，m 称为 G 的连通分支数(number of components)，记作 $W(G)=m$。

例如，图 2.3.2 所示图 G 中有 4 个连通分支。

定义 2.3.4 如果无向图 G 中每一对不同的结点 x 和 y 间都有一条路(即 $W(G)=1$)，则称 G 是连通图(connected digraph or graph)，否则称为非连通图(disconnected graph)。

设 V_1 和 V_2 是 $V(G)$ 的两个不相交的子集，记

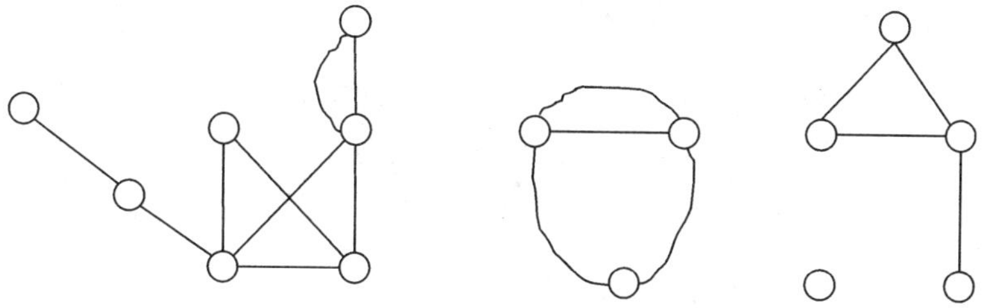

图 2.3.2

$[V_1,V_2]=\{e|e\in E(G)$ 且 e 的两个端点分别在 V_1 和 V_2 中$\}$，显然有下面的结论成立。

引理 2.3.1　非平凡图 G 是连通图，当且仅当对 $V(G)$ 的每一个非空真子集 S，$[S,\bar{S}]\neq\varnothing(\bar{S}=V-S)$。

定理 2.3.3　设 G 是 p 阶连通图，则 $\mathrm{card}(E(G))\geqslant p-1$。

证明　只需考虑连通简单图即可。设 $v_1\in V(G)$，若 G 至少有两个顶点，则令 $V_1=\{v_1\}$，由引理 2.3.1 知$[V_1,\bar{V}_1]\neq\varnothing$，令 $e_1\in[V_1,\bar{V}_1]$，不妨设边 $e_1=(v_1,v_2)$。取 $V_2=\{v_1,v_2\}$，若 V_2 是 $V(G)$ 的真子集，则存在 $e_2\in[V_2,\bar{V}_2]$，记 v_3 为 e_2 在 $\bar{V}_2$ 中的一个端点。再取 $V_3=\{v_1,v_2,v_3\}$，若 $V_3=V(G)$，结论已成立，否则同上一步可取到一条边 $e_3\in[V_3,\bar{V}_3]$，继续这一过程，便可找出 G 中的 $p-1$ 条边。证毕。

下面讨论连通图与结点之间的若干关系。把度数为 1 的结点称为悬挂点。

定理 2.3.4　设连通图 G 至少有两个结点，其边数小于结点数，则此图至少有一个悬挂点。

证明　设 G 是满足定理条件的 p 阶图，显然 G 不含孤立结点。假设 G 中没有悬挂点，则对每一个结点 v，$d(v)\geqslant 2$，于是有 $2\mathrm{card}(E(G))=\sum\limits_{v\in V(G)}d(v)\geqslant 2p$，这与 $\mathrm{card}(E(G))\leqslant p$ 矛盾。故 G 中至少有一个悬挂点。证毕。

定理 2.3.5　设简单图 G 的结点序列为 $v_1,v_2,\cdots,v_p$，度数依次是 $d(v_1)\leqslant d(v_2)\leqslant\cdots\leqslant d(v_p)$。如果对任意的 $j\leqslant p-\Delta(G)-1$ 有 $d(v_j)\geqslant j$，则 G 是连通图。

证明　假设 G 是非连通图，令 G_1 是 G 中不含 v_p 的一个连通分支，$\mathrm{card}(V(G_1))=k$，而 G_2 是 G 中含 v_p 的连通分支，则 G_2 至少有 $d(v_p)+1=\Delta(G)+1$ 个结点，且 $\mathrm{card}(V(G_1))+\mathrm{card}(V(G_2))\leqslant p$，于是 $k=\mathrm{card}(V(G_1))\leqslant p-V(G_2)\leqslant p-\Delta(G)-1$。已知 $d(v_k)\geqslant k$，若记

$$V(G_1)=\{v_{i_1},v_{i_2},\cdots,v_{i_k}\}(i_1<i_2<\cdots<i_k)$$

则 $d(v_{i_k})\geqslant d(v_k)\geqslant k$，因而 $\mathrm{card}(V(G_1))\geqslant d(v_{i_k})+1\geqslant k+1$。这与 $\mathrm{card}(V(G_1))=k$ 相矛盾，所以 G 是连通的。证毕。

由此定理可得下面推论。

推论 2.3.1　设 G 是 p 阶简单图，每个结点的度数至少是$\left[\dfrac{p}{2}\right]$，则 G 是连通图，

其中$\left[\frac{p}{2}\right]$表示不超过$\frac{p}{2}$的最大整数。

定义 2.3.5 设$D=<V(D),E(D),\varphi(D)>$是有向图且$x,y\in V(D)$，若图D中存在x到y的有向路，则称结点x可达结点y，规定x到自身总是可达的。

可达性是有向图D结点集$V(D)$上的二元关系，它具有自反性和传递性，未必具有对称性。

定义 2.3.6 如果有向图D的任何一对结点间至少有一个结点可达另一个结点，则称这个有向图是单侧连通的(unilateral connected)。如果有向图D的任何一对结点间是相互可达的，则称这个有向图是强连通的(strongly connected)。若有向图D的基础图是连通图，则称这个有向图D是弱连通的(weakly connected)。

例如，图 2.3.3 中分别给出了强连通图(a)、单侧连通图(b)和弱连通图(c)。

设$D=<V(D),E(D),\varphi(D)>$是有向图，结点集$V(D)$上的顶点间的强连通关系显然也是等价关系，它确定$V(D)$的一个划分$\{V_1,V_2,\cdots,V_m\}$，使得当且仅当两个结点x和y属于同一个$V_i(1\leqslant i\leqslant m)$时，$x$和$y$强连通，亦即$x$和$y$相互可达。称$V_i(1\leqslant i\leqslant m)$在$D$中的导出子图$D[V_i]$为$D$的强连通分支或强分图。$D$的强连通分支数记作$\vec{W}(D)=m$。若$\vec{W}(D)=1$，则称$D$为强连通图，否则称为非强连通图。

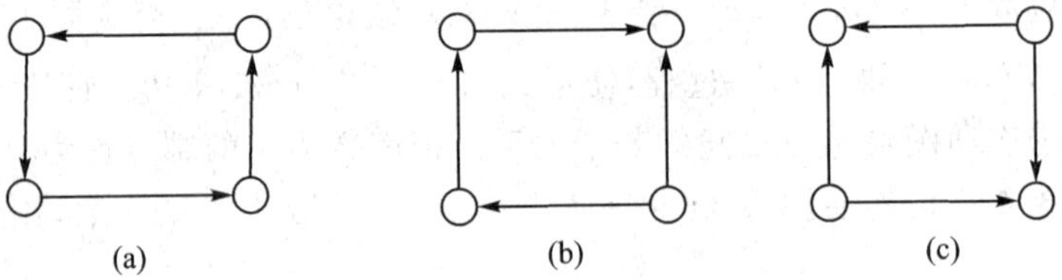

图 2.3.3

如图 2.3.4(a)图D所示，$\vec{W}(D)=3$，强连通分支如图 2.3.4(b)所示。

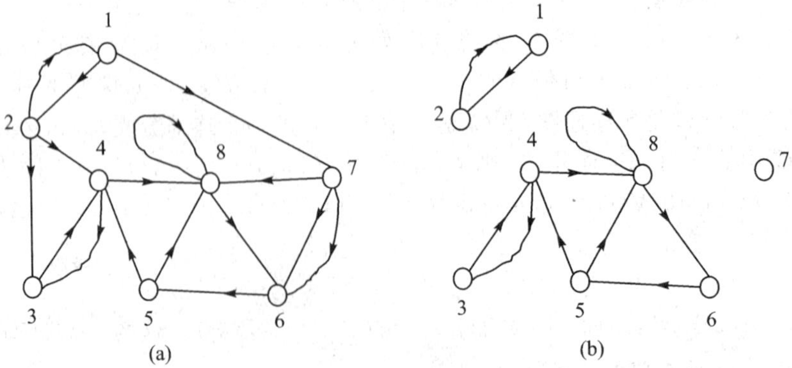

图 2.3.4

对于有向图D，若D是强连通的，则D必是单侧连通的；若图D是单侧连通的，

则 D 必是弱连通。这两个命题，其逆命题不真。

设 D 是有向图且 $x, y \in V(D)$，D 中所有从 x 到 y 的有向路的最小长度称为从 x 到 y 的距离(distance)，记作 $d(x,y)$。若 x 不可达 y，则约定 $d(x,y)=\infty$。

距离满足下列性质：

(1) $d(x,y) \geqslant 0$；

(2) $d(x,x)=0$；

(3) $d(x,y)+d(y,z) \geqslant d(x,z)$。

有关距离的概念同样适用于无向图。比如，设 x,y 为无向图 G 的任两个顶点，G 中所有从 x 到 y 的路的最小长度称为顶点 x 与 y 的距离，记作 $d(x,y)$ 或 $d(y,x)$。若 G 中不存在 x 到 y 的路，则同样有 $d(x,y)=\infty$。

2.3.3　连通度

定义 2.3.7　如果在图 G 中删去一个结点 x 后，图 G 的连通分支数增加，即 $W(G-x)>W(G)$，则称结点 x 为 G 的割点(cut vertex)。如果在图 G 中删去一条边 e 后，图 G 的连通分支数增加，即 $W(G-e)>W(G)$，则称 e 为 G 的割边(cut edge)或桥。

定义 2.3.8　没有割点的非平凡连通图称为块(block)。G 中不含割点的极大连通子图称为图 G 的块。

若 H 是图 G 的块，则 H 自身不含割点且满足：若向 H 中再添加边，但不添加结点，那么 H 就不是 G 的子图了；若向 H 中再增加结点或边将 H 扩大为更大的连通图，那么 H 就会含有割点。

例如，图 2.3.5(a)所示图 G 的块如图 2.3.5(b)所示。

定义 2.3.9　如果图 G 的顶点集的一个真子集 T 满足 $G-T$ 不连通或是平凡图，则称 T 为 G 的一个点割(vertex cut)。如果图 G 的边集的一个真子集 S 满足 $G-S$ 不连通或是平凡图，则称 S 为 G 的一个边割(edge cut)。

定义 2.3.10　设 G 是连通图，称 $K(G)=\min\{\mathrm{card}(T) \mid T \text{ 是 } G \text{ 的点割}\}$ 为 G 的点连通度(vertex connectivity)或连通度；称 $\lambda(G)=\min\{\mathrm{card}(S) \mid S \text{ 是 } G \text{ 的边割}\}$ 为 G 的边连通度(edge connectivity)。

定理 2.3.6　对一个图 G，有 $K(G) \leqslant \lambda(G) \leqslant \delta(G)$。其中 $\delta(G)$ 是图 G 的最小顶点度。

证明　若 G 不连通，则 $K(G)=\lambda(G)=0$，故上式成立。若 G 连通，则：

(1) 先证 $\lambda(G) \leqslant \delta(G)$。

设 x 是 G 中度数最小的顶点，即 $d(x)=\delta(G)$，设所有与 x 关联的边集为 $S(x)$，显然 x 是图 $G-S(x)$ 的一个孤立结点。于是 $\lambda(G) \leqslant \mathrm{card}(S(x))=\delta(G)$。

(2) 再证 $K(G) \leqslant \lambda(G)$。

当 $\lambda(G)=1$ 时，显然有 $K(G)=1$。

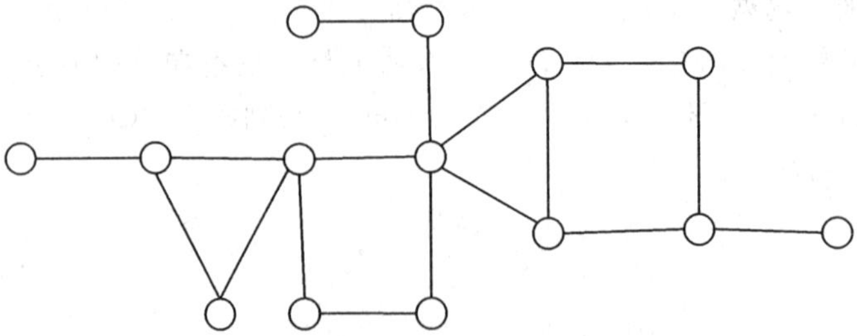

图G
(a)

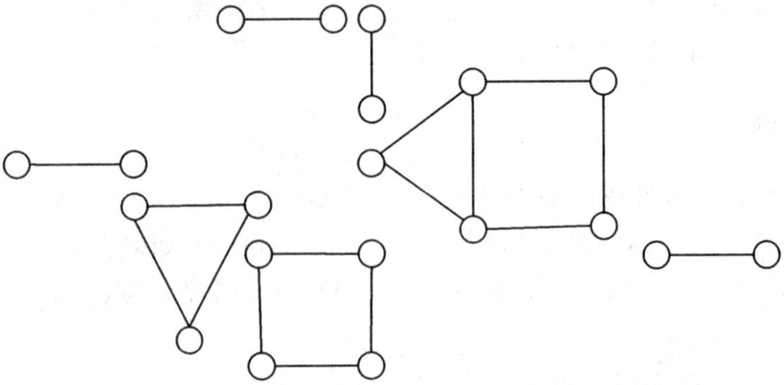

图G的块
(b)

图 2.3.5

假设对所有 $\lambda(G)=n(n\geqslant 2)$ 的图 G，有 $K(G)\leqslant\lambda(G)$。再设 $\lambda(H)=n+1$，S 是 H 的一个边割，且 $\mathrm{card}(S)=n+1$。若边 $e=(u,v)\in S$，易知 $\lambda(G-e)=n$，故由假设知 $K(G-e)\leqslant\lambda(G-e)=n$，并设 T 是 $G-e$ 的一个点割，且 $\mathrm{card}(T)\leqslant K(G-e)$。而此时 $T\cup\{u\}$ 就是 H 的一个点割，即 $K(H)\leqslant\mathrm{card}(T\cup\{u\})\leqslant n+1=\lambda(H)$。

由归纳法原理知 $K(G)\leqslant\lambda(G)$。证毕。

如图 2.3.6 所示图 G 满足：$K(G)=2$，$\lambda(G)=3$，$\delta(G)=4$。

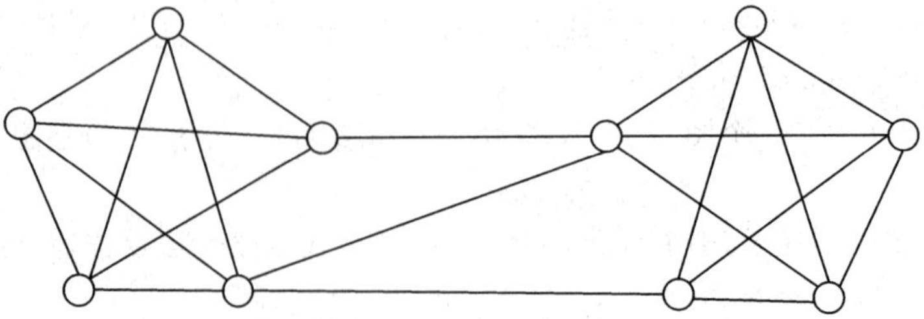

图 2.3.6

定义 2.3.11 如果无向图 G 的连通度 $K(G)\geqslant n(n>1)$，则称图 G 是n连通的或 G 为n连通图。若 $\lambda(G)\geqslant n(n>1)$，则称图 G 是n边连通的或 G 为n边连通图。

定理 2.3.7　设图 G 是 n 连通的，$\forall x\in V(G)$，则 $\deg(x)\geqslant n$。

证明　假设 G 有一个顶点 y 且 $\deg(y)=n-1$，即 y 与 $n-1$ 条边关联。设与 y 关联的 $n-1$ 个顶点构成的集合为 S，显然 S 是 G 的一个点割。因而 $K(G)\leqslant \mathrm{card}(S)=n-1$。这与 $K(G)\geqslant n$ 矛盾。

定理 2.3.8　若 G 是 2 边连通图，则 G 有强连通的定向图。

证明　设 G 是 2 边连通图，则 G 必含有圈。先取一个圈 C_1，归纳地定义 G 的连通子图序列 $G_1,G_2,\cdots$ 如下：$G_1=C_1$；若 $G_i(i=1,2,\cdots)$ 不是 G 的生成子图，设 v_i 是在 G 中而不在 G_i 中的一个顶点，则存在从 v_i 到 G_i 的边的不重路 P_i 和 Q_i，定义 $G_{i+1}=G_i\cup P_i\cup Q_i$

由于 $\mathrm{card}(V(G_{i+1}))>\mathrm{card}(V(G_i))$，这个序列必然终止于 G 的一个生成子图 G_n。

现依次给每个 G_i 定向：首先让 G_1 的定向图 $\vec{G}_1$ 成为一个有向圈；对 $G_{i+1}=G_i\cup P_i\cup Q_i$，设已有定向图 $\vec{G}_1$，让 P_i 成为以 v_i 为起点的有向路，而 Q_i 成为以 v_i 为终点的有向路得 $\vec{G}_{i+1}$，易见 $\vec{G}_{i+1}$ 是强连通有向图$(i=1,2,\cdots,n)$。因此最后的 $\vec{G}_n$ 是强连通有向图。由于 G_n 是 G 的生成子图，所以 G 有强连通的定向图。

显然，一个图 G 有强连通的定向图的必要条件是 G 为 2 边连通的。否则 G 中有割边，这与 G 有强连通的定向图矛盾。证毕。

习题 2.3

1. 在一次舞会中，A 与 B 两国留学生各 $n(n>2)$ 名，A 国每名学生都与 B 国一些(不是所有)学生跳过舞。B 国每名学生至少与 A 国一名学生跳过舞。证明一定可以找到 A 国两名学生 a_1 与 a_2，及 B 国两名学生 b_1 与 b_2，使得 a_1 和 b_1 跳过舞，a_2 和 b_2 跳过舞，而 a_1 和 b_2，a_2 和 b_1 没有跳过舞。
2. 一个摆渡人，要把一条狼、一只羊和一捆草从河西运到河东去，由于船太小，除摆渡人之外，一次只能运一名“乘客”。显然，摆渡人不能让狼和羊单独留在岸边，也不能让羊和草单独留在岸边。问摆渡人应该怎样才能把它们运到河东去?
3. 在 $n\times n$ 的棋盘上，填上 $1\sim n^2$ 的所有自然数。证明总能找到相邻的两个方格(即具有公共边的两个方格)，里面所填的两数之差不小于 $\left\{\dfrac{n+1}{2}\right\}$($\{n\}$ 表示不小于 n 的最小整数)。
4. 任意给定$(n+1)^2$ 项的递增自然数列，则下面的结论中必有一条是成立的。
   (1) 存在 $n+3$ 项的子列，使任一项能整除此子列中它后面的每一项；
   (2) 存在 $n+1$ 项的子列，使此子列中任一项不能整除它后面的任一项。
5. 用一些圆面覆盖平面上取定的 $2n$ 个点。试证：若每个圆面至少覆盖 $n+1$ 个点，则任两个点能由平面上的一条折线所连接，而这条折线整个地被某圆面所覆盖。

6. 证明，若无向图 G 是不连通的，则 G 的补图$\bar{G}$是连通的。
7. 设 G 为 n 阶简单无向图，$n>2$ 且 n 为奇数，G 和 G 的补图中度数为奇数的顶点个数是否一定相等？试证明你的结论。
8. 画出 4 阶完全图 K_4的所有非同构的生成子图。
9. 9 位数学家在一次国际数学会议上相遇，发现他们中任意 3 人中，至少有 2 人可以用同一种语言对话。如果每位数学家最多可以说 3 种语言，证明至少有 3 位数学家可以用同一种语言对话。
10. 设已知下列事实：a 会讲英语，b 会讲汉语和英语，c 会讲英语、意大利语和俄语，d 会讲日语和汉语，e 会讲德语和意大利语，f 会讲法语、日语和俄语，g 会讲法语和德语，试问这 7 人中是否任意两人都能交谈（必要时可以借助其余 5 人组成的译员链）。

2.4 图操作

2.4.1 图的并与和

定义 2.4.1 设简单无向图 G_1和简单无向图 G_2不相交，仅由 G_1和 G_2中所有边与结点组成的图称为 G_1和 G_2的并(union)，记作 $G_1 \cup G_2$。在 $G_1 \cup G_2$的基础上，增加 G_1的每个结点与 G_2的每个结点相连接得到的边，这样组成的图称为 G_1和 G_2的和(sum)，记作 G_1+G_2。

例如，图 2.4.1 所示为 $P_3 \cup P_4$和 P_3+P_4，其中 P_n为 n 个结点的路。

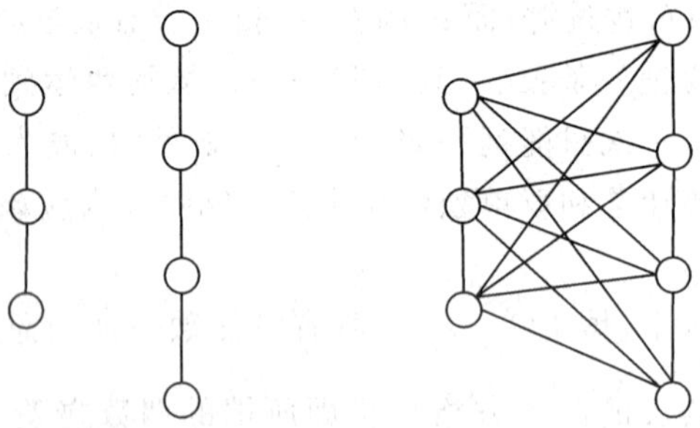

$P_3 \cup P_4$　　　　P_3+P_4

图 2.4.1

运用图的和操作很容易构造轮，轮 $W_{1,n}=K_1+C_n$，其中 C_n为 n 个结点的圈。

例如，图 2.4.2 所示分别为轮 $W_{1,3}$，$W_{1,4}$，$W_{1,5}$。

简单无向图 G_1，G_2，…，G_n的序列和(sequential join)$G_1+G_2+\cdots+G_n$，是在$G_1 \cup G_2 \cup \cdots \cup G_n$的基础上，再增加连接图 G_i和 G_{i+1}任意结点的边，其中 $1 \leqslant i \leqslant n-1$。

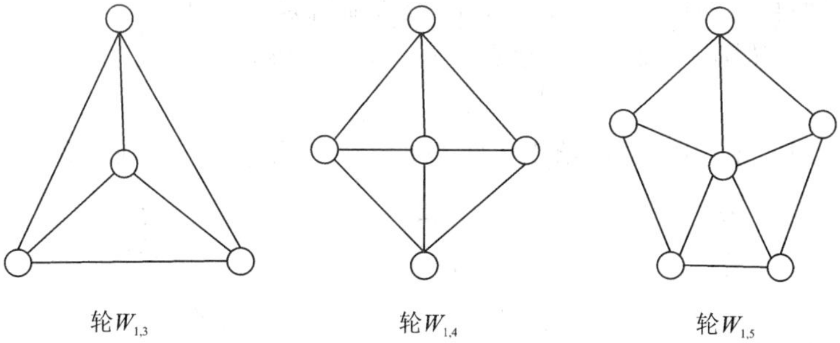

图 2.4.2

例如，序列和 $K_1+K_2+K_2+P_3+K_1$ 如图 2.4.3 所示。

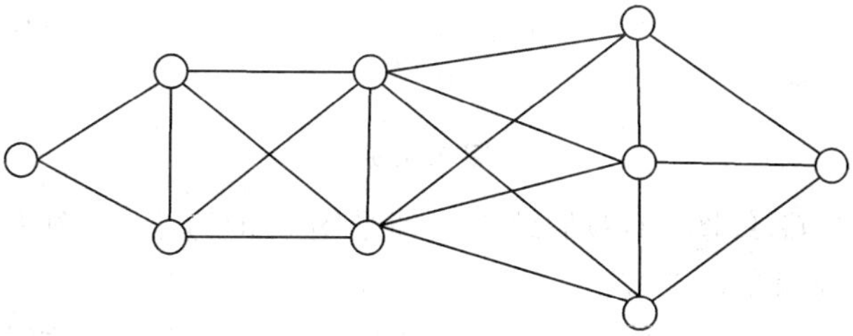

图 2.4.3

对于任意图 G 与 H，容易证明 $\overline{(G+H)}=\bar{G}+\bar{H}$。

2.4.2　边收缩与线图

删除图 G 的结点 v，不仅要去掉结点 v，并要将所有与结点 v 关联的边也去掉，这样得到的新图记作 $G-v$；而删除图 G 的边 e，则仅仅只去掉边 e，这样得到的新图记作 $G-e$。

例如，在图 2.4.4 中，分别给出了图 $G-v$ 与图 $G-e$。

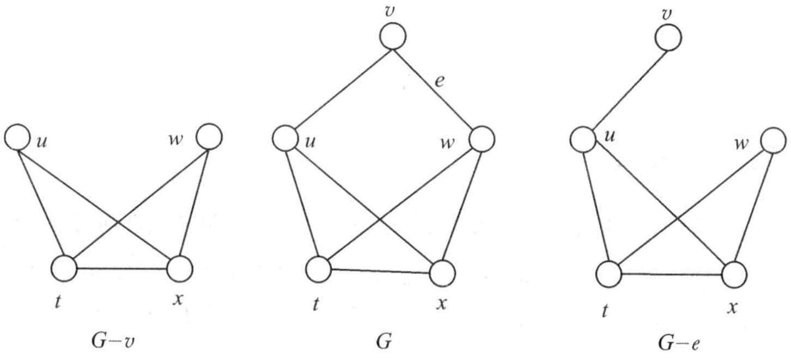

图 2.4.4

设 uv 是简单无向图 G 的一条边，uv 边收缩就是删除结点 u 与结点 v，再添加新结点 uv，并使结点 uv 分别邻接于结点 u 与结点 v 的原邻接结点，如此得到的新图记作 G/uv。

例如，在图 2.4.5 中，分别给出了图 G 的 vw 边收缩与 tx 边收缩。

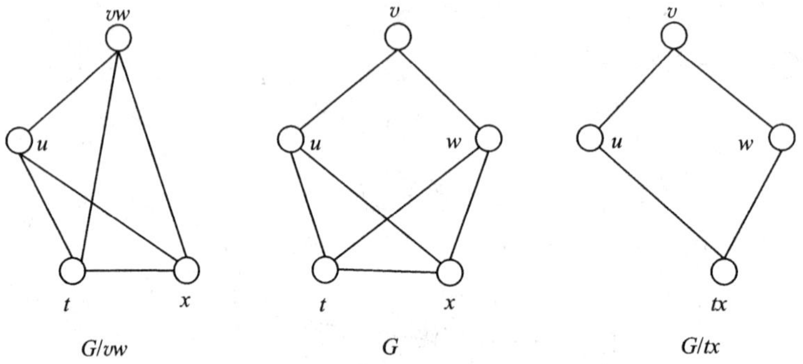

图 2.4.5

对简单无向图 G，线图 $L(G)$ 的结点集即是图 G 的边集，且图 $L(G)$ 的两结点邻接当且仅当图 G 的两条边邻接。

例如，图 2.4.6(a)与图 2.4.6(c)的线图 $L(G)$ 与 $L(H)$ 分别如图 2.4.6(b)与图 2.4.6(d)所示。为方便，在构造图 G 的线图时，一般先将图 G 的结点进行标记。

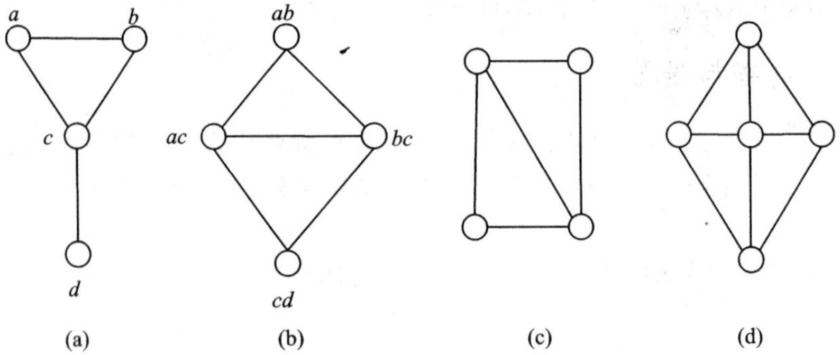

图 2.4.6

2.4.3 图的笛卡尔积

定义 2.4.2 设 G_1 和 G_2 是任两个简单无向图，G_1 和 G_2 的笛卡尔积(Cartesian products)为图 $G=G_1\times G_2$，其中图 G 满足：$V(G)=V(G_1)\times V(G_2)$；G 中的两个顶点 $\langle a,b\rangle$ 和 $\langle c,d\rangle$ 是邻接的当且仅当 $a=c$ 且 $(b,d)\in E(G_2)$ 或者 $b=d$ 且 $(a,c)\in E(G_1)$。

例如，图 2.4.7 所示分别为图 G_1，G_2，$G_1\times G_2$。

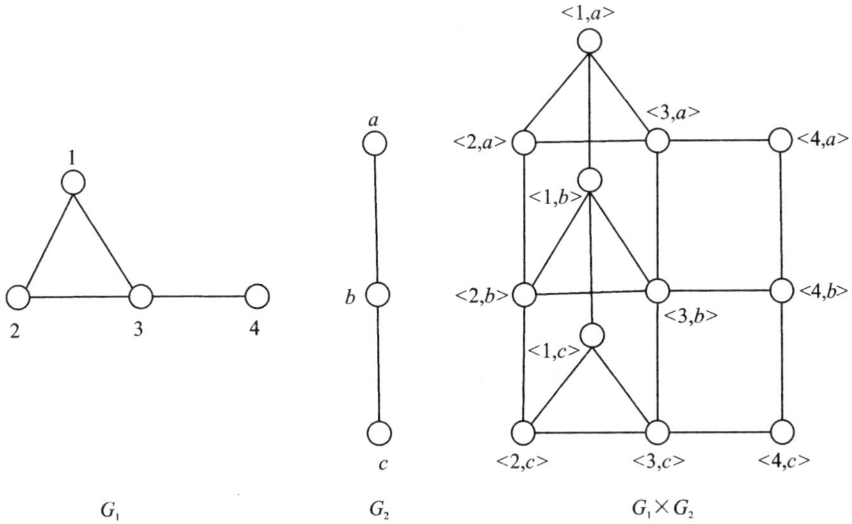

图 2.4.7

容易证明，对任意图 G 和图 H，图 $G\times H$ 与图 $H\times G$ 同构，只是记号不同。而且，对任意图 G、图 H 和图 K，有 $(G\times H)\times K=G\times(H\times K)$，亦即图的笛卡尔积满足结合律。

通过图的笛卡尔积运算，可构造一类重要图——网格。

2 -网格 $M(m,n)=P_m\times P_n$，3 -网格 $M(m,n,t)=P_m\times P_n\times P_t$，……，直至 n -网格，其中 P_n 为 n 个结点的路。

例如，如图 2.4.8 所示为 2 -网格 $M(4,3)$，如图 2.4.9 所示为 3 -网格 $M(3,2,3)$。

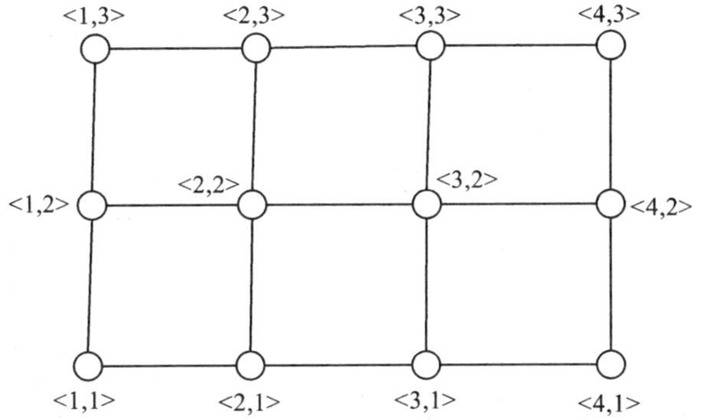

图 2.4.8

通过图的笛卡尔积运算，还可递归定义一个重要的图类——n 维超立方体 $Q_n(n\geq 1)$。

当 $n=1$ 时 $Q_n=K_2$；当 $n>1$ 时 $Q_n=Q_{n-1}\times K_2$。

例如，图 2.4.10 所示分别为图 Q_1,Q_2,Q_3,Q_4。

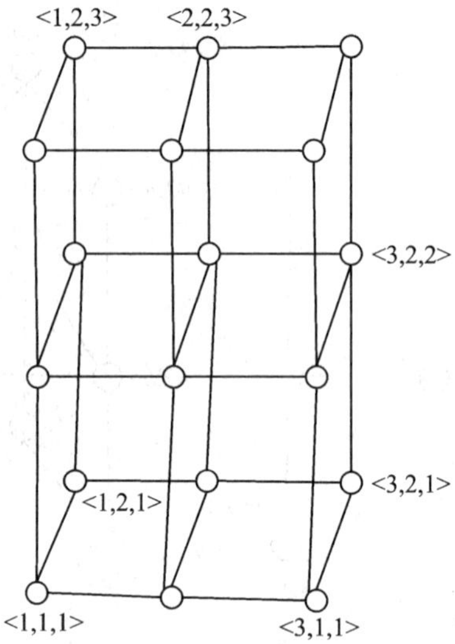
<1,2,3>
<2,2,3>
<3,2,2>
<3,2,1>
<1,2,1>
<1,1,1>
<3,1,1>

图 2.4.9

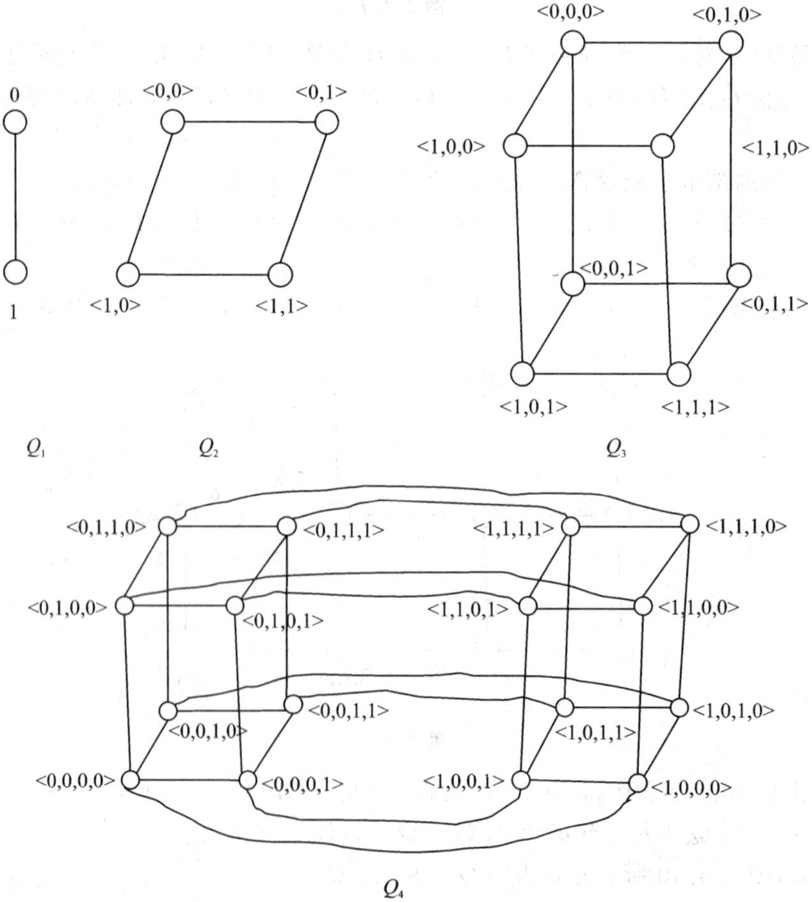
0
1
<0,0>
<0,1>
<1,0>
<1,1>
<0,0,0>
<0,1,0>
<1,0,0>
<1,1,0>
<0,0,1>
<0,1,1>
<1,0,1>
<1,1,1>
Q_1
Q_2
Q_3
<0,1,1,0>
<0,1,1,1>
<1,1,1,1>
<1,1,1,0>
<0,1,0,0>
<0,1,0,1>
<1,1,0,1>
<1,1,0,0>
<0,0,1,1>
<0,0,1,0>
<1,0,1,1>
<1,0,1,0>
<0,0,0,0>
<0,0,0,1>
<1,0,0,1>
<1,0,0,0>
Q_4

图 2.4.10

习题 2.4

1. 超立方体 Q_n 的边数是多少？
2. 超立方体 Q_3 与网格 $M(2,2,2)$ 同构吗？
3. 设 G 与 H 是任意简单无向图，证明 $G+H$ 的补图是非连通图。
4. 已知 v 是图 G 的任意结点，h 是图 H 的任意结点，证明 $\deg(<v,h>)=\deg(v)+\deg(h)$，其中 $<v,h>$ 是图 $G\times H$ 的结点。

2.5　图的矩阵表示

图的数学抽象是三元组（第一种表示方法），其形象直观的表示即图的图形表示（第二种表示方法）。为便于计算，特别为便于用计算机处理，下面介绍图的第三种表示方法——图的矩阵表示。

2.5.1　邻接矩阵

设 $G=<V,E,\varphi>$ 是任意图，其中 $V=\{x_1,x_2,\cdots,x_n\}$，$E=\{e_1,e_2,\cdots,e_m\}$，则 n 阶方阵 $\mathbf{A}=(a_{ij})$ 称为 G 的邻接矩阵（adjacency matrix），其中 a_{ij} 为图 G 中以 x_i 为起点且以 x_j 为终点的边的数目。

例 2.5.1　给出图 2.5.1 所示的图 G_1、G_2 和 G_3 的邻接矩阵。

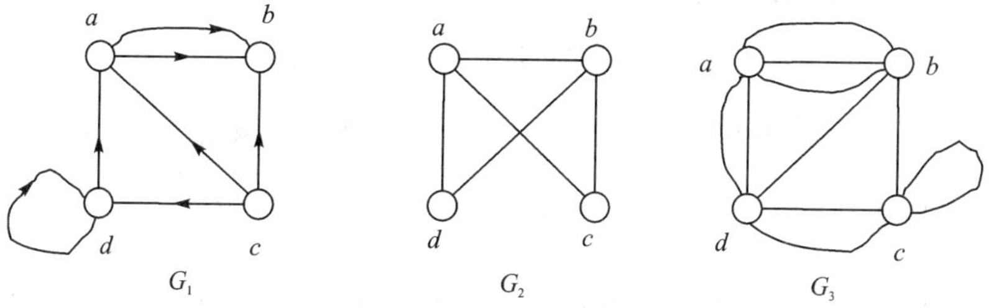

图 2.5.1

解　图 G_1 的顶点顺序为 a,b,c,d 的邻接矩阵为

$$\begin{array}{c} \\ a \\ b \\ c \\ d \end{array}\begin{array}{c} \begin{array}{cccc} a & b & c & d \end{array} \\ \begin{pmatrix} 0 & 2 & 0 & 0 \\ 0 & 0 & 0 & 0 \\ 1 & 1 & 0 & 1 \\ 1 & 0 & 0 & 1 \end{pmatrix} \end{array}$$

图 G_2 的顶点顺序为 a,b,c,d 的邻接矩阵为

$$\begin{array}{c|cccc} & a & b & c & d \\ \hline a & 0 & 1 & 1 & 1 \\ b & 1 & 0 & 1 & 1 \\ c & 1 & 1 & 0 & 0 \\ d & 1 & 1 & 0 & 0 \end{array}$$

图 G_3 的顶点顺序为 a,b,c,d 的邻接矩阵为

$$\begin{array}{c|cccc} & a & b & c & d \\ \hline a & 0 & 3 & 0 & 2 \\ b & 3 & 0 & 1 & 1 \\ c & 0 & 1 & 1 & 2 \\ d & 2 & 1 & 2 & 0 \end{array}$$

无向图的邻接矩阵是对称矩阵，有向图的邻接矩阵未必是对称矩阵。对于简单无向图 $G=<V,E>$，其中 $\mathrm{card}(V)=n$，则 G 的邻接矩阵是一个 n 阶 0-1 矩阵，若此时图里的边相对少时，邻接矩阵是稀疏矩阵，即只有很少的非 0 项的矩阵，可以用特殊的方法来表示和计算这样的矩阵。对于简单有向图 $D=<V,E>$，结点的邻接关系即是结点集 V 上的二元关系 R，也就是说，图 D 的图形表示即为 R 的关系图，图 D 的邻接矩阵即为 R 的关系矩阵。

定理 2.5.1 已知有向图 $G=<V,E,\varphi>$，其中 $V=\{x_1,x_2,\cdots,x_n\}$，且 $\mathbf{A}=(a_{ij})_{n\times n}$ 为 G 的邻接矩阵，则 $\mathbf{A}^k$ 中的 i 行 j 列元素是图 G 中从 x_i 到 x_j 且长度为 k 的有向链的数目。

证明 $k=1$ 时，结论显然成立。

假设 $\mathbf{A}^{k-1}$ 的 i 行 j 列元素 $a_{ij}^{(k-1)}$ 为 G 中长度为 $k-1$ 的从 x_i 到 x_j 的有向链的数目。由于 $\mathbf{A}^k=\mathbf{A}^{k-1}\mathbf{A}$，所以有 $a_{ij}^{(k)}=\sum_{t=1}^{n}a_{it}^{(k-1)}a_{tj}$。由于 G 中每条从 x_i 到 x_j 且长度为 k 的链都是由长度为 $k-1$ 的从 x_i 到 $x_t(1\leqslant t\leqslant n)$ 的链再接上边 $<x_t,x_j>$ 而得到。故定理得证。

注释： 定理 2.5.1 同样适用于无向图，而且定理 2.5.1 中的链不能改成迹或路。

例 2.5.2 已知图 G 如图 2.5.2 所示。

G 的顶点顺序为 a,b,c,d,e 的邻接矩阵为

$$\mathbf{A}=\begin{pmatrix} 0 & 1 & 0 & 0 & 0 \\ 1 & 0 & 1 & 0 & 0 \\ 0 & 1 & 0 & 0 & 0 \\ 0 & 0 & 0 & 0 & 1 \\ 0 & 0 & 0 & 1 & 0 \end{pmatrix}$$

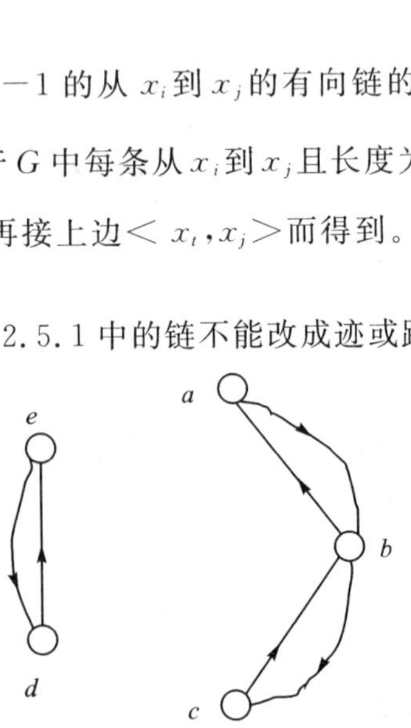

图 2.5.2

通过矩阵的乘法运算得

$$A^4=\begin{pmatrix}2&0&2&0&0\\0&4&0&0&0\\2&0&2&0&0\\0&0&0&1&0\\0&0&0&0&1\end{pmatrix}$$

由上述矩阵可知，从 a 到 b 有四条长度为 4 的有向链。

推论 2.5.1　若 G 是 n 阶简单图，且 G 的邻接矩阵为 $\boldsymbol{A}=(a_{ij})$，则对 G 的每一个顶点 $v_i(i=1,2,\cdots,n)$，有 $d(v_i)=a_{ii}^{(2)}$，其中 $\boldsymbol{A}^2=(a_{ij}^{(2)})$。

证明　图 G 中与顶点 v_i 关联的边数等于从 v_i 到 v_i 长为 2 的链数目。证毕。

给定 n 阶图 G 的邻接矩阵 $\boldsymbol{A}$，作一个 n 阶方阵 $\boldsymbol{R}=\boldsymbol{A}+\boldsymbol{A}^2+\cdots+\boldsymbol{A}^{n-1}=(r_{ij})_{n\times n}$，显然 r_{ij} 就是 G 中连接顶点 x_i 和 x_j 长度不超过 $n-1$ 的链（若 G 是有向图，则是从 x_i 到 x_j 的有向链）的数目，因而可以利用 $\boldsymbol{R}$ 来判断一个图的连通性。

定理 2.5.2　已知 $n(n\geqslant 3)$ 阶图 G 的邻接矩阵为 $\boldsymbol{A}$，做 n 阶方阵 $\boldsymbol{R}=\boldsymbol{A}+\boldsymbol{A}^2+\cdots+\boldsymbol{A}^{n-1}$，则图 G 连通的充分必要条件为 $\boldsymbol{R}$ 中的每个元素都不等于零。

证明　设 $\boldsymbol{A}=(a_{ij})$，$\boldsymbol{A}^k=(a_{ij}^{(k)})$，$\boldsymbol{R}=(r_{ij})$。

($\Rightarrow$)设 G 是连通图，则 G 中任意两个不同的顶点 x_i 与 x_j 间有一条路连接。若记这条路的长度为 k，显然 $k\leqslant n-1$，则 $r_{ij}\geqslant a_{ij}^{(k)}\geqslant 1$。对于任意的 $i(1\leqslant i\leqslant n)$，因 G 连通且 $n\geqslant 3$，由推论 2.5.1 得 $r_{ii}\geqslant a_{ii}^{(2)}=d(x_i)>0$，所以 $\boldsymbol{R}$ 中没有零元素。

($\Leftarrow$)设 x_i 与 x_j 是 G 中任意两个不同的顶点。因为 $r_{ij}=a_{ij}+a_{ij}^{(2)}+\cdots+a_{ij}^{(n-1)}\neq 0$，存在 $1\leqslant k\leqslant n-1$ 使得 $a_{ij}^{(k)}\neq 0$，因而在 G 中有一条长度为 k 的链连接 x_i 和 x_j，从而 x_i 与 x_j 之间有一条路。即图 G 是连通图。证毕。

2.5.2　关联矩阵

设 $D=\langle V,E,\varphi\rangle$ 是有向图，且 $V=\{x_1,x_2,\cdots,x_n\}$，$E=\{e_1,e_2,\cdots,e_m\}$，称 $n\times m$ 阶矩阵 $\boldsymbol{M}=(m_{ij})$ 为有向图 D 的关联矩阵（incidence martrix），其中

$$m_{ij}=\begin{cases}-2 & e_j\text{ 是自环，且与 }x_i\text{ 关联}\\ 1 & \text{在 }D\text{ 中 }e_j\text{ 以 }x_i\text{ 为起点且 }e_j\text{ 不是自环}\\ -1 & \text{在 }D\text{ 中 }e_j\text{ 以 }x_i\text{ 为终点且 }e_j\text{ 不是自环}\\ 0 & e_j\text{ 与 }x_i\text{ 不关联}\end{cases}$$

设 $G=\langle V,E,\varphi\rangle$ 为无向图，且 $V=\{x_1,x_2,\cdots,x_n\}$，$E=\{e_1,e_2,\cdots,e_m\}$，称 $n\times m$ 阶矩阵 $\boldsymbol{M}=(m_{ij})$ 为无向图 G 的关联矩阵，其中

$$m_{ij}=\begin{cases}2 & e_j\text{ 关联于 }x_i\text{ 且 }e_j\text{ 是自环}\\ 1 & e_j\text{ 关联于 }x_i\text{ 且 }e_j\text{ 不是自环}\\ 0 & e_j\text{ 不与 }x_i\text{ 关联}\end{cases}$$

例 2.5.3　给出图 2.5.3 所示图 G 和图 D 的关联矩阵。

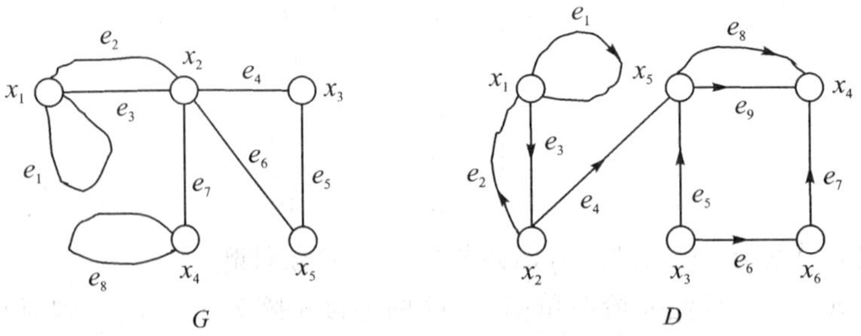

图 2.5.3

解　图 G 的关联矩阵为

$$\begin{array}{c} \\ x_1 \\ x_2 \\ x_3 \\ x_4 \\ x_5 \end{array}\begin{array}{c} \begin{array}{cccccccc} e_1 & e_2 & e_3 & e_4 & e_5 & e_6 & e_7 & e_8 \end{array} \\ \begin{pmatrix} 2 & 1 & 1 & 0 & 0 & 0 & 0 & 0 \\ 0 & 1 & 1 & 1 & 0 & 1 & 1 & 0 \\ 0 & 0 & 0 & 1 & 1 & 0 & 0 & 0 \\ 0 & 0 & 0 & 0 & 0 & 0 & 1 & 2 \\ 0 & 0 & 0 & 0 & 1 & 1 & 0 & 0 \end{pmatrix} \end{array}$$

图 D 的关联矩阵为

$$\begin{array}{c} \\ x_1 \\ x_2 \\ x_3 \\ x_4 \\ x_5 \\ x_6 \end{array}\begin{array}{c} \begin{array}{ccccccccc} e_1 & e_2 & e_3 & e_4 & e_5 & e_6 & e_7 & e_8 & e_9 \end{array} \\ \begin{pmatrix} -2 & -1 & 1 & 0 & 0 & 0 & 0 & 0 & 0 \\ 0 & 1 & -1 & 1 & 0 & 0 & 0 & 0 & 0 \\ 0 & 0 & 0 & 0 & 1 & 1 & 0 & 0 & 0 \\ 0 & 0 & 0 & 0 & 0 & 0 & -1 & -1 & -1 \\ 0 & 0 & 0 & -1 & -1 & 0 & 0 & 1 & 1 \\ 0 & 0 & 0 & 0 & 0 & -1 & 1 & 0 & 0 \end{pmatrix} \end{array}$$

从关联矩阵可以看出无向图的一些性质：

(1) 因为每条边关联两个顶点，所以关联矩阵的每一列只有两个 1。

(2) 关联矩阵的每一行中元素之和为对应顶点的度数。

(3) 若某行元素全为 0，则对应的顶点为孤立结点。

(4) 重边所对应的列完全相同。

关于有向图的一些性质可以类似地推出。

2.5.3 可达矩阵

设 $G=\langle V,E\rangle$ 是无重边有向图，其中 $V=\{x_1,x_2,\cdots,x_n\}$，称 $n\times n$ 阶矩阵 $\boldsymbol{P}=(P_{ij})$ 为 G 的可达矩阵(accessible matrix)，其中

$$P_{ij}=\begin{cases}1 & \text{从 } x_i \text{ 到 } x_j \text{ 至少有一条有向链} \\ 0 & \text{从 } x_i \text{ 到 } x_j \text{ 没有有向链}\end{cases}$$

例 2.5.4　无重边有向图 $G=\langle V,E\rangle$，如图 2.5.4所示。其顶点顺序为 1,2,3,4,5 的可达矩阵为

$$P=\begin{pmatrix}0&0&0&0&0\\0&1&1&1&0\\0&1&1&1&0\\0&1&1&1&0\\0&1&1&1&1\end{pmatrix}$$

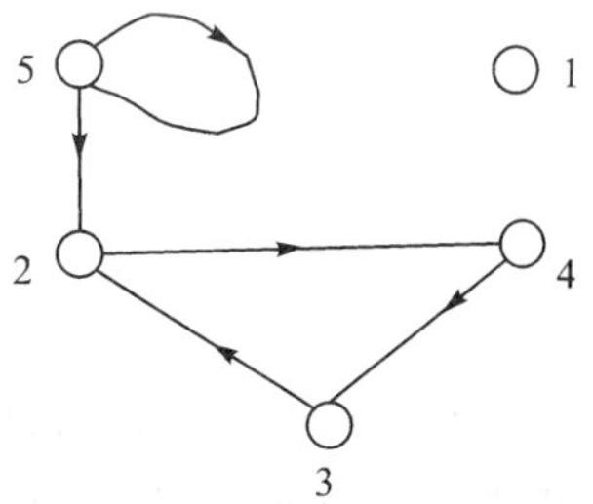

图 2.5.4

一般地讲，可由图 G 的邻接矩阵 $\boldsymbol{A}$ 得到可达矩阵 $\boldsymbol{P}$，即令 $\boldsymbol{R}=\boldsymbol{A}+\boldsymbol{A}^2+\cdots+\boldsymbol{A}^n$，再从 $\boldsymbol{R}$ 中将不为零的元素均换为 1，为零的元素不变，这样改换所得到的矩阵即为可达矩阵 P。

例 2.5.5　图 2.5.4 所示图 $G=\langle V,E\rangle$，其邻接矩阵(顶点顺序为 1,2,3,4,5)为

$$\boldsymbol{A}=\begin{pmatrix}0&0&0&0&0\\0&0&0&1&0\\0&1&0&0&0\\0&0&1&0&0\\0&1&0&0&1\end{pmatrix}，则$$

$$\boldsymbol{A}^2=\begin{pmatrix}0&0&0&0&0\\0&0&1&0&0\\0&0&0&1&0\\0&1&0&0&0\\0&1&0&1&1\end{pmatrix}，\quad \boldsymbol{A}^3=\begin{pmatrix}0&0&0&0&0\\0&1&0&0&0\\0&0&1&0&0\\0&0&0&1&0\\0&1&1&1&1\end{pmatrix}$$

$$\boldsymbol{A}^4=\begin{pmatrix}0&0&0&0&0\\0&0&0&1&0\\0&1&0&1&0\\0&0&1&0&0\\0&2&1&1&1\end{pmatrix}，\quad \boldsymbol{A}^5=\begin{pmatrix}0&0&0&0&0\\0&0&1&0&0\\0&0&0&1&0\\0&1&0&0&0\\0&2&1&2&1\end{pmatrix}$$

故

$$\boldsymbol{R}=\boldsymbol{A}+\boldsymbol{A}^2+\boldsymbol{A}^3+\boldsymbol{A}^4+\boldsymbol{A}^5=\begin{pmatrix}0&0&0&0&0\\0&1&2&2&0\\0&2&1&2&0\\0&2&2&1&0\\0&7&3&5&5\end{pmatrix}。$$

于是可得图 G 的可达矩阵

$$\boldsymbol{P}=\begin{pmatrix}0&0&0&0&0\\0&1&1&1&0\\0&1&1&1&0\\0&1&1&1&0\\0&1&1&1&1\end{pmatrix}$$

上述计算可达矩阵的方法还是比较复杂，下面来探讨一个更简便的方法。

设无重边有向图 $G=\langle V,E\rangle$，且结点集 $V=\{x_1,x_2,\cdots,x_n\}$，则其邻接矩阵必是 n 阶 0－1 矩阵，且邻接矩阵就是结点集 V 上的关系 R 的关系矩阵，其中 $R=E$。若 $R^k(k=1,2,3,\cdots)$ 的关系矩阵的 i 行 j 列元素为 1，则从 x_i 到 x_j 至少有一条长度为 k 的有向链。由于在图 G 的可达矩阵 $\boldsymbol{P}$ 中，只关心结点 x_i 到 x_j 是否有有向链，至于有向链的长度与有几条有向链是不被关注的，因此 R 的传递闭包 $t(R)$ 的关系矩阵即为可达矩阵。而计算 $t(R)$ 的关系矩阵，已有非常完善的理论及有效算法。

例如，图 2.5.4 所示无重边有向图 $G=\langle V,E\rangle$，例 2.5.5 已求得其邻接矩阵（顶点顺序为 1,2,3,4,5）为 $\boldsymbol{A}=\begin{pmatrix}0&0&0&0&0\\0&0&0&1&0\\0&1&0&0&0\\0&0&1&0&0\\0&1&0&0&1\end{pmatrix}$，而这恰是 $V=\{1,2,3,4,5\}$ 上的关系 R 的关系矩阵，其中 $R=E=\{\langle 2,4\rangle,\langle 3,2\rangle,\langle 4,3\rangle,\langle 5,2\rangle,\langle 5,5\rangle\}$，很容易求得 R 的传递闭包 $t(R)=\{\langle 2,4\rangle,\langle 3,2\rangle,\langle 4,3\rangle,\langle 5,2\rangle,\langle 5,5\rangle,\langle 2,3\rangle,\langle 3,4\rangle,\langle 4,2\rangle,\langle 5,4\rangle,\langle 2,2\rangle,\langle 3,3\rangle,\langle 4,4\rangle,\langle 5,3\rangle\}$，于是图 G 的可达矩阵（顶点顺序为 1,2,3,4,5）为

$$\boldsymbol{P}=\boldsymbol{M}_{t(R)}=\begin{pmatrix}0&0&0&0&0\\0&1&1&1&0\\0&1&1&1&0\\0&1&1&1&0\\0&1&1&1&1\end{pmatrix}$$

习题 2.5

1. 已知有向图 G 如图 2.5.5 所示。

（1）求出 G 的邻接矩阵 $\boldsymbol{A}$。

（2）求出 $\boldsymbol{A}^2,\boldsymbol{A}^3,\boldsymbol{A}^4$，说明从结点 1 到结点 4 长度为 1,2,3,4 的有向链各有几条？

（3）求出 $\boldsymbol{A}^{\mathrm{T}},\boldsymbol{A}^{\mathrm{T}}\boldsymbol{A},\boldsymbol{A}\boldsymbol{A}^{\mathrm{T}}$，说明 $\boldsymbol{A}\boldsymbol{A}^{\mathrm{T}}$ 和 $\boldsymbol{A}^{\mathrm{T}}\boldsymbol{A}$ 中第(2,3)元素和第(2,2)元素的意义。其中 $\boldsymbol{A}^{\mathrm{T}}$ 是 $\boldsymbol{A}$ 的转置矩阵。

（4）求出 G 可达矩阵 $\boldsymbol{P}$。

(5) 求出强分图。

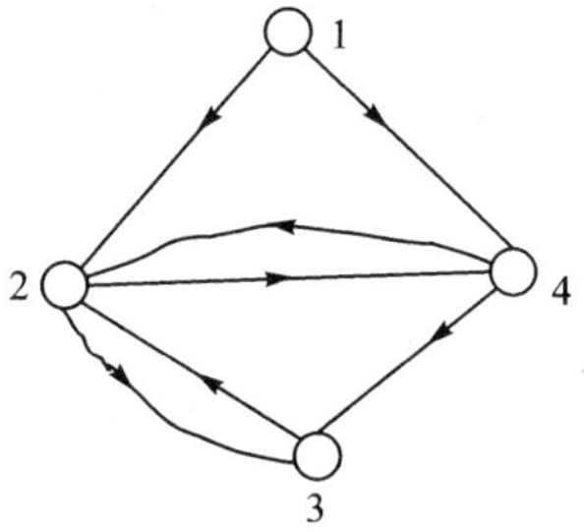

图 2.5.5

2. 已知无重边有向图 G 的邻接矩阵为

$$A=\begin{pmatrix}1&1&1&0&0&0&0\\1&0&1&0&1&0&1\\0&0&1&1&0&0&1\\0&0&0&1&1&1&0\\1&1&0&0&1&1&0\\0&0&1&1&1&0&0\\1&0&0&1&0&1&1\end{pmatrix}$$

求图 G 的可达矩阵。

第 3 章 几类重要图

3.1 二分图

3.1.1 二分图的概念

定义 3.1.1 若简单无向图 G 的顶点集合可分成两个不相交的非空集合 V_1 与 V_2，使得图 G 中的每一条边关联的两个结点分别属于 V_1 和 V_2，则称 G 为偶图或二分图(bipartite graph)，记作 $G=\langle V_1,V_2,E\rangle$，其中 V_1 和 V_2 叫做 G 的二划分。对于二分图 $G=\langle V_1,V_2,E\rangle$，若 $\mathrm{card}(V_1)=m$，$\mathrm{card}(V_2)=n$，且两个顶点之间有一条边，当且仅当一个顶点属于 V_1 而另外一个顶点属于 V_2 时，则称该图为结点 m 和 n 的完全偶图或完全二分图(complete bipartite graph)，记作 $K_{m,n}$。

图 3.1.1 显示完全偶图 $K_{2,3}$，$K_{2,6}$，$K_{3,3}$ 和 $K_{3,6}$。

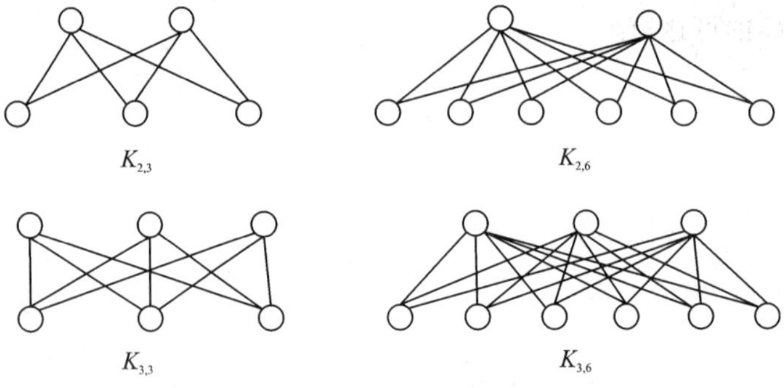

图 3.1.1

如图 3.1.2 所示，G_1 和 G_2 都是二分图，且 $G_1 \cong G_2$。

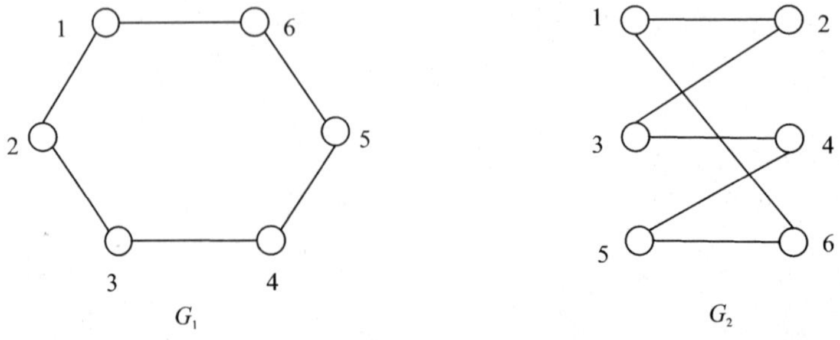

图 3.1.2

例如,图 3.1.3 所示为所有 5 阶连通二分图。

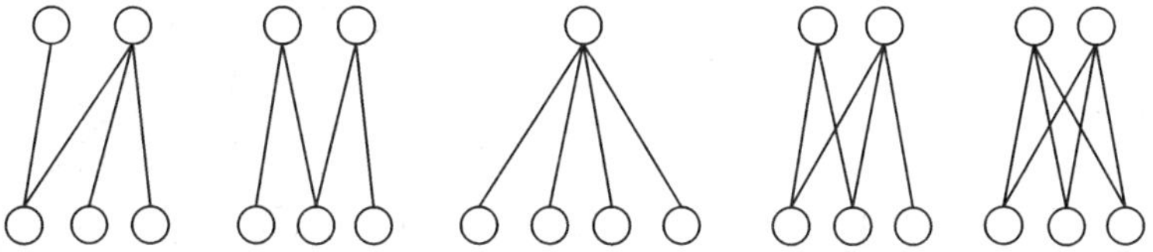

图 3.1.3

定理 3.1.1　非平凡图 G 是二分图当且仅当 G 中不含有长为奇数的圈。

证明

($\Rightarrow$)设 G 是一个二分图,G 的二划分为 V_1 和 V_2,则 $G[V_1]$和 $G[V_2]$为零图。设 $C=v_1v_2\cdots v_kv_1$是 G 中长度为 k 的一个圈,下证 k 为偶数。

不妨设 $v_1\in V_1$,由于 v_1 和 v_2 相邻,故 $v_2\in V_2$;同样,因 $v_2\in V_2$,v_3 与 v_2 相邻,有 $v_3\in V_1$。一般来说 $v_1,v_3,v_5,\cdots\in V_1$,$v_2,v_4,v_6,\cdots\in V_2$,又因为 $v_1\in V_1$,边$(v_1,v_k)\in E(G)$,所以 $v_k\in V_2$,即得 k 为偶数。

($\Leftarrow$)不妨设 G 中每一对顶点之间有路连接(否则只需考虑 G 的每个每一对顶点之间有路连接的极大子图)。任取 G 的一个顶点 u,由 G 的假设,对 G 的每个顶点 v,在 G 中存在 u—v 路。现利用 u 对 G 的顶点进行分类。设:

$V_1=\{v|v\in V(G)$,G 中存在一条长度为偶数的 u—v 路$\}$;

$V_2=\{v|v\in V(G)$,G 中存在一条长度为奇数的 u—v 路$\}$。

显然 $u\in V_1$。由于图 G 中不存在长度为奇数的圈,所以对任一顶点 v,G 中所有从 u 到 v 的路的长度都有相同的奇偶性,因而 $V_1\cap V_2=\varnothing$。由 G 的假设 $V_1\cup V_2=V(G)$,现对 G 的每一条边 $e=(u_1,u_2)$,若 u_1,u_2都在 V_1 上,则存在两条路 P_1 与 P_2 分别连接 u 与 u_1、u 与 u_2,且 P_1、P_2的长度均为偶数,闭链 $P_1\cup P_2\cup\{e\}$的长度为奇数,则不难看出 G 中有一条长为奇数的圈,矛盾。同样 u_1 和 u_2不能同时含在 V_2中。故 e 的两个端点分别在 V_1 和 V_2 中。因此 G 是二分图。证毕。

例如,图 3.1.4(a)所示的图不是二分图,因为它包含一个长为 3 的圈。图 3.1.4(b)所示的图是一个二分图,它不含长为奇数的圈。

例 3.1.1　试说明 n 维超立方体 Q_n是二分图。

证明　为方便,记 $V(Q_n)=\{x_1x_2\cdots x_n|x_i\in\{0,1\},i=1,2,\cdots,n\}$。由 Q_n的定义知 Q_n为简单图。而且,若顶点 $x=x_1x_2\cdots x_n$,$y=y_1y_2\cdots y_n$,则边 $(x,y)\in E(Q_n)\Leftrightarrow$ $\sum_{i=1}^{n}|x_i-y_i|=1$(两结点序列恰恰差一位)。

令 $X,Y\subset V(Q_n)$且 $X=\{x_1x_2\cdots x_n|x_1+x_2+\cdots+x_n\equiv 0(\bmod 2)\}$,$Y=\{y_1y_2\cdots y_n|y_1+y_2+\cdots+y_n\equiv 1(\bmod 2)\}$。显然 $X\cup Y=V(Q_n)$,$X\cap Y=\varnothing$。而且,若存在 $x=x_1x_2\cdots x_n$和 $x'=x'_1x_2'\cdots x'_n\in X$,使$(x,x')\in E(Q_n)$,则应有 $\sum_{i=1}^{n}|x_i-x'_i|=1$,即

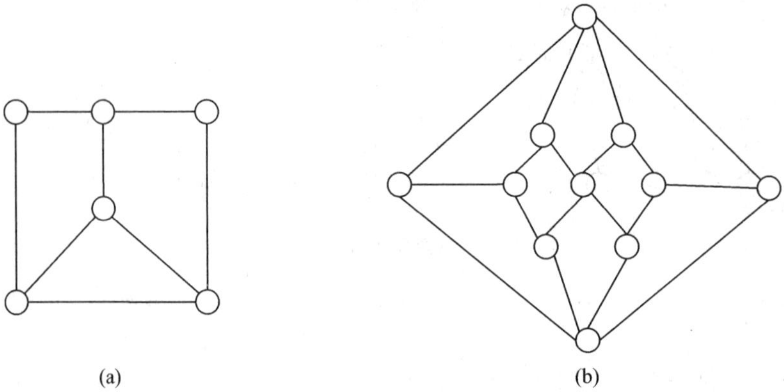

图 3.1.4

有 $|(x_1+x_2+\cdots+x_n)-(x'_1+x'_2+\cdots+x'_n)|=1$，这与 $x,x'\in X$ 矛盾。所以 X 中任何两顶点之间无边相连。同理可证 Y 中任何两顶点之间也无边相连。因此 Q_n 是二分图。

如图 3.1.5 所示为 Q_4 的两个图形表示。

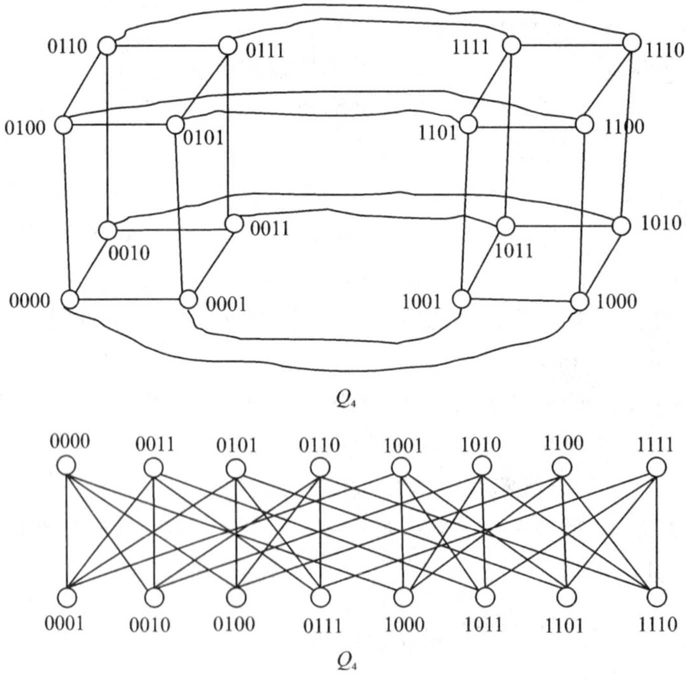

图 3.1.5

可以通过对图 G 的结点进行简单的标记，来判别图 G 是否为二分图。

算法 3.1.1 判别图 G 是否为二分图

在此过程中，用 a 和 b 表示相反的标号。

（1）取任一结点，标记为 a。

（2）所有与 a 邻接的结点标记为 b。

（3）对任意已标记的结点 v，将所有与 v 邻接且未标记的结点标记为与 v 相反的标号。

（4）重复步骤（3），直到不存在与已标记结点邻接且还未标记的结点。

（5）如果图中还有未标记结点，那么这些结点一定在一个新的连通分支中，再选择其中一个结点标记为 a，转向步骤（3）。

（6）如果得到的图中，所有邻接结点都标记为不同的标号，那么图 G 就是二分图。如果存在一对邻接结点标记为同样的标号，那么图 G 就不是二分图。

例 3.1.2　试运用算法 3.1.1 对图 3.1.6 中图 G 的结点进行标记，确定它是否为二分图。

解　如图 3.1.6 中图 H 所示：

（1）取结点 o，标记为实心黑点。

（2）与结点 o 邻接的结点 m、k、p 与 q 均标记为空心圈点。

（3）将结点 t 标记为实心黑点。

（4）将结点 n 标记为实心黑点。

因为所有邻接结点都标记为不同的标号，所以图 G 是二分图，图 G 的一种显式表示如图 3.1.6 中图 M 所示。

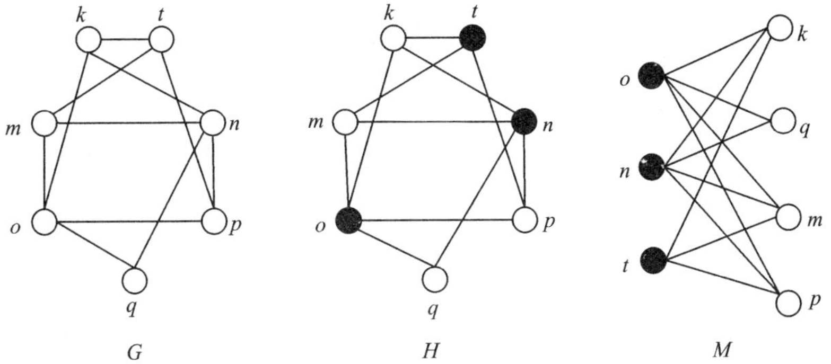

图 3.1.6

3.1.2　二分图中的匹配

定义 3.1.2　设 G 是无环图，$M \subseteq E(G)$，$M \neq \varnothing$，如果 M 中任意两条边在 G 中都不关联，则称 M 是图 G 的一个匹配（matching）。若对图 G 的任何匹配 M'，均有 card$(M') <$ card(M)，则称 M 为图 G 的最大匹配（greatest matching）。G 中最大匹配的边数称为图 G 的匹配数（matching number），记作 $\alpha'(G)$。

定义 3.1.3 设 M 是图 G 的匹配，G 中与 M 中的边关联的顶点称为 M 饱和点(M－Saturates)，否则称为非 M 饱和点。若图 G 的顶点都是 M 饱和点，则称 M 为 G 的完美匹配(perfect matching)。

注意：完美匹配必是最大匹配，反之未必。显然匹配的概念与边的方向无关，故只需讨论无向图。

例如，图 3.1.7(a)中虚线所示为最大匹配，图 3.1.7(b)中虚线所示为完美匹配。

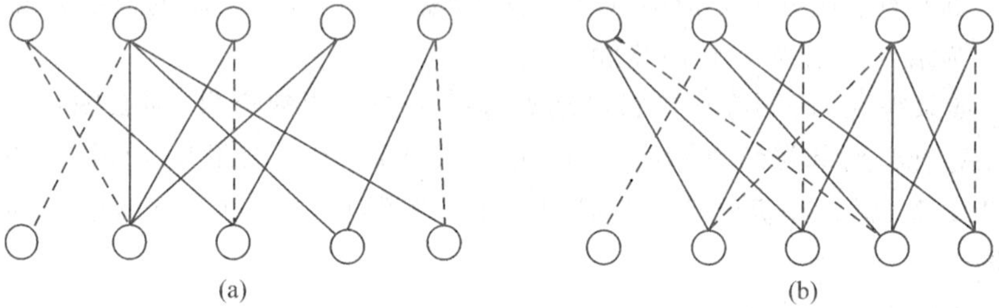

图 3.1.7

定义 3.1.4 设 M 是图 G 的匹配，P 是 G 的一条路，且在 P 中，M 的边和 $E(G)-M$ 的边交替出现，则称 P 是 G 的一条 M 交错路(M－alternating path)。若 M 交错路 P 的两个端点为 M 非饱和点，则称 P 为 M 可增广路(M－augmenting path)。

例如，图 3.1.8 中虚线所示为匹配 M，则(2,4,5,7,9,10)是一条 M 交错路，而(1,2,4,5,7,8)是一条 M 可增广路。

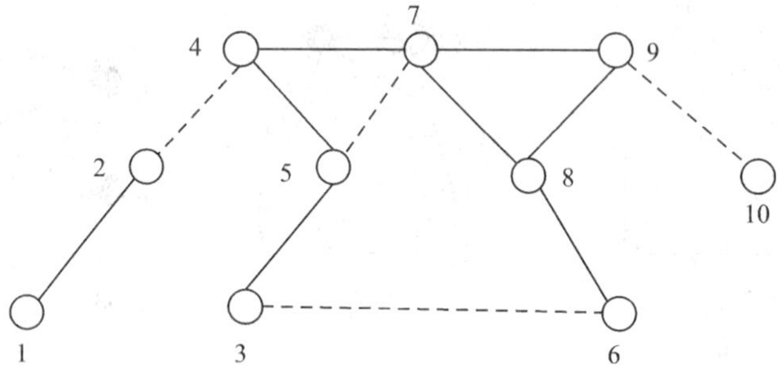

图 3.1.8

M 可增广路 P 一定包含奇数条边，且 P 中不属于 M 的边比属于 M 的边多一条。为什么把起点与终点是非饱和点的 M 交错路称为 M 可增广路呢？这是因为一旦在 G 中找到一条这样的 M 可增广路 P，就可以对现有的匹配 M 进行调整，而得到另一个比 M 多一条边的匹配 M'。调整方法如下：把可增广路 P 上原来在匹配 M 上的边从匹配 M 中划去，而把 P 上原来不在 M 中的边加到 M 中去，得到 G 的一个边子集 $M'=(M-E(P))\cup(E(P)-M)$，由于 M 可增广路 P 的起点与终点是 M 非饱和点，用上面的方法调整后所得的 M' 仍是 G 的一个匹配，且 $\mathrm{card}(M')=\mathrm{card}(M)+1$。

定理 3.1.2　设 M_1 和 M_2 是图 G 的两个不同匹配，由 $(M_1-M_2)\cup(M_2-M_1)$ 导出的 G 的边导出子图记作 H，则 H 的任意连通分支是下列情况之一：

(1) 边在 M_1 和 M_2 中交错出现的长度为偶数的圈。

(2) 边在 M_1 和 M_2 中交错出现的路。

(3) 孤立结点。

证明　$H=(M_1-M_2)\cup(M_2-M_1)$，显然 $\delta(H)\geqslant 1$。由于 M_1 和 M_2 是 G 的匹配，所以 H 的任意顶点 x 至多与一条 M_1 的边关联，同时也至多与一条 M_2 的边关联，即 $\deg(x)\leqslant 2$，于是 $\Delta(H)\leqslant 2$，故 H 的每一个连通分支或者是一条路或者是一个圈。由匹配的定义知，H 的任意两条邻接边一定分别属于不同的匹配 M_1 和 M_2，从而每条路或者圈的边交错地属于 M_1 和 M_2，且每个圈都是长度为偶数的圈。孤立结点即为关联 $M_1\cap M_2$ 中边的顶点。证毕。

定理 3.1.3　(Berge 匹配定理)M 是图 G 的最大匹配，当且仅当 G 中不存在 M 可增广路。

证明

(⇐)若存在 M 可增广路 P，则 $M'=(M-P)\cup(P-M)$ 是 G 的一个新匹配，且 $\mathrm{card}(M')=\mathrm{card}(M)+1>\mathrm{card}(M)$，这是不可能的。

(⇒)假设 M 不是 G 的最大匹配，则存在一个匹配 M'，使得 $\mathrm{card}(M')>\mathrm{card}(M)$。令 $H=(M'-M)\cup(M-M')$，由定理 3.1.2 知，H 的任意连通分支 Q 必是下列三种类型之一：

(1) 孤立结点。Q 中的每个结点度数均为 0，该结点即为关联 $M'\cap M$ 中边的顶点。

(2) 交错偶圈。Q 中每个结点度数均为 2。

(3) 交错路。Q 中含有 1 度结点 x，且必含另一个 1 度结点 y(奇度数结点有偶数个)，所以 Q 是以 x 和 y 为端点的路。Q 中内部点(若存在的话)都是 2 度结点。

由于 $\mathrm{card}(M')>\mathrm{card}(M)$，所以 $\mathrm{card}(E(H)\cap M')>\mathrm{card}(E(H)\cap M)$，因而 H 中必有一条起始于 M' 终止于 M' 的连通分支 P，于是 P 是 M 可增广路。证毕。

设 S 是图 G 的任一顶点子集，G 中与 S 的顶点邻接的所有顶点的集合，称为 S 的邻集(neighbour set)，记作 $N_G(S)$。

定理 3.1.4　(Hall 定理)设 G 是有二划分 V_1 与 V_2 的二分图，则 G 含有饱和 V_1 的每个顶点的匹配 M 的充要条件是，$\forall S\subseteq V_1$，$\mathrm{card}(N_G(S))\geqslant\mathrm{card}(S)$。

证明

(⇒)$\forall S\subseteq V_1$，匹配 M 将 S 中的每个顶点与 $N_G(S)$ 中顶点配对，故 $\mathrm{card}(N_G(S))\geqslant\mathrm{card}(S)$。

(⇐)$\forall S\subseteq V_1$，有 $\mathrm{card}(N_G(S))\geqslant\mathrm{card}(S)$。

可以按下面方法作出饱和 V_1 的匹配 M。

先作任一初始匹配 M_1，若含有已饱和 V_1，定理得证。否则，V_1 中至少有一个非饱和点 x_1，检查以 x_1 为起点，终点在 V_2 中的交错路。考虑下列两种情形：

(1) 不存在任何一条交错路可以到达 V_2 的非饱和点。这时从 x_1 开始的一切交错路的终点还是在 V_1 中。故存在 $A\subseteq V_1$，使得 $\mathrm{card}(N_G(A))<\mathrm{card}(A)$，这与已知矛盾。

(2) 存在一条以 x_1 为起点，终点在 V_2 的非饱和点的交错路 P，可见 P 是可增广路，于是作新匹配 $M_2=(M_1-P)\cup(P-M_1)$，显然 M_2 饱和 x_1，且 $\mathrm{card}(M_2)>\mathrm{card}(M_1)$。

因此，重复以上过程，可以找到饱和 V_1 的全部顶点的匹配 M。定理的充分性得证。

推论 3.1.1 具有二划分 V_1 与 V_2 的二分图 G 有完美匹配 $\Leftrightarrow \mathrm{card}(V_1)=\mathrm{card}(V_2)$，且 $\forall S\subseteq V_1$（或 V_2）均有 $\mathrm{card}(N_G(S))\geqslant\mathrm{card}(S)$。

推论 3.1.2 设 G 是 $k(k>0)$ 正则二分图，则 G 有完美匹配。

证明 设 G 是二划分 V_1 与 V_2 的 k 正则二分图，则 $k\mathrm{card}(V_1)=\mathrm{card}(E(G))=k\mathrm{card}(V_2)$。

由于 $k\neq 0$，所以 $\mathrm{card}(V_1)=\mathrm{card}(V_2)$。任取 $S\subseteq V_1$，并用 E_1 和 E_2 分别表示 G 中与 S 和 $N_G(S)$ 中点关联的边集，则 $E_1\subseteq E_2$。因而 $k\mathrm{card}(N_G(S))=\mathrm{card}(E_2)\geqslant\mathrm{card}(E_1)=k\mathrm{card}(S)$，即 $\mathrm{card}(N_G(S))\geqslant\mathrm{card}(S)$（$\forall S\subseteq V_1$），由定理 3.1.4 可知，$G$ 有饱和 V_1 的匹配 M。由于 $\mathrm{card}(V_1)=\mathrm{card}(V_2)$，所以 M 是完美匹配。

推论 3.1.3 设 G 是二划分 V_1 与 V_2 的简单二分图，且 $\mathrm{card}(V_1)=\mathrm{card}(V_2)=n$，若 $\delta(G)\geqslant\frac{n}{2}$，则 G 有完美匹配。

证明 任取 $S\subseteq V_1$，若 $\mathrm{card}(N_G(S))<\mathrm{card}(S)$，由于 G 是简单二分图，且 $\delta(G)\geqslant\frac{n}{2}$，所以

$$\mathrm{card}(S)>\mathrm{card}(N_G(S))\geqslant\delta(G)\geqslant\frac{n}{2}\text{且 }V_2-N_G(S)\neq\varnothing$$

令 $u\in V_2-N_G(S)$，则 $N(u)\subseteq V_1-S$，即

$$\delta(G)\leqslant\deg(u)=\mathrm{card}(N(u))\leqslant\mathrm{card}(V_1)-\mathrm{card}(S)\leqslant n-\frac{n}{2}=\frac{n}{2}$$

这与 $\delta(G)\geqslant\frac{n}{2}$ 矛盾。故 $\mathrm{card}(N(S))\geqslant\mathrm{card}(S)$，$\forall S\subseteq V_1$，$G$ 有完美匹配。证毕。

例 3.1.3 有 n 张纸牌，每张纸牌的正反两面都写上 $1,2,\cdots,n$ 的某一个数。证明：如果每个数都恰好出现两次，那么这些纸牌一定可以这样摊开，使朝上的面中 $1,2,\cdots,n$ 都出现。

证明 作一个二分图 $G=<V_1,V_2,E>$，其中 $V_1=\{1,2,\cdots,n\}$，$V_2=\{y_1,y_2,\cdots,y_n\}$ 表示这 n 张纸牌。i 与 y_j 之间连接的边数等于数 i 在纸牌 y_j 中出现的次数，这样得到的图 G 是一个 2 正则二分图，因此 G 中有完美匹配，设为 $M=\{1y_{i_1},2y_{i_2},\cdots,ny_{i_n}\}$，则只要把纸牌 y_{i_1} 中的 1 朝上，y_{i_2} 中的 2 朝上，…，y_{i_n} 中的 n 朝上，这样摊开的纸牌就能使朝上的面中 $1,2,\cdots,n$ 都出现。

例 3.1.4 某工厂生产由 6 种不同颜色的纱织成的双色布，由这个工厂所生产

的双色布中，每一种颜色至少和其他3种颜色搭配。证明可以挑选出3种不同的双色布，它们含有所有的6种颜色。

证明 构造图 $G=<V,E>$，其中 $V=\{v_1,v_2,v_3,v_4,v_5,v_6\}$ 表示6种颜色，工厂生产出一种由颜色 v_i 与 v_j 搭配而成的双色布 $\Leftrightarrow$ 边 $(v_i,v_j)\in E(G)$。由题意知，G 为简单图，且每个结点的度数至少为3，每条边对应一种双色布。下面只要证明图 G 含有一个完美匹配。

不妨设边 $(v_1,v_2)\in E(G)$，由于 $d(v_3)\geqslant 3$，存在一个不同于 v_1 和 v_2 的顶点 v_i $(4\leqslant i\leqslant 6)$，使 $(v_3,v_i)\in E(G)$，不妨设 $v_i=4$，即 $(v_3,v_4)\in E(G)$。

如果边 $(v_5,v_6)\in E(G)$，则 (v_1,v_2)，(v_3,v_4)，(v_5,v_6) 就是 G 的一个完美匹配。

如果边 $(v_5,v_6)\notin E(G)$，由于 $d(v_5)\geqslant 3$，v_1,v_2,v_3,v_4 中至少有3个顶点与 v_5 相邻，即 v_5 与边 (v_1,v_2)，(v_3,v_4) 中的每一边的某一个端点相邻，不妨设 $(v_1,v_5)\in E(G)$ 和 $(v_3,v_5)\in E(G)$。对于顶点 v_6，同样与 v_1,v_2,v_3,v_4 中至少3个顶点相邻，即在 v_2 和 v_4 中至少有1个顶点与 v_6 相邻。如果 $(v_2,v_6)\in E(G)$，则边 (v_1,v_5)，(v_3,v_4)，(v_2,v_6) 是 G 的一个完美匹配；如果 $(v_4,v_6)\in E(G)$，则 (v_1,v_2)，(v_3,v_5)，(v_4,v_6) 是 G 的一个完美匹配。

综上所述，G 总存在完美匹配，完美匹配中的3条边所对应的3种双色布即为所求。

在匹配的应用问题中，常常需要求出给定图的最大匹配。下面给出一个有效算法，它是由匈牙利数学家 Egervary 首先提出来的，故通常称为匈牙利算法。

算法 3.1.2 匈牙利算法

设 G 是具有二划分 V_1 与 V_2 的二分图。

(1) 任给初始匹配 M；

(2) 若 M 饱和 V_1 则结束，否则转(3)；

(3) 在 V_1 中找到一个非 M 饱和点 x，置 $S=\{x\}$，$T=\varnothing$；

(4) 若 $N_G(S)=T$，则停止，否则任选一点 $y\in N_G(S)-T$；

(5) 若 y 为 M 饱和点转(6)，否则，求一条从 x 到 y 的 M 可增广路 P，置 $M=(M-P)\cup(P-M)$，转(2)；

(6) 由于 y 是 M 饱和点，故 M 中有一边 (y,u)，置 $S=S\cup\{u\}$，$T=T\cup\{y\}$，转(4)。

设二分图 G 有 n 个结点 m 条边，运用匈牙利算法求 G 的最大匹配时，初始匹配可以空，因此，算法最多找 n 条可增广路，每找一条可增广路，最多比较 m 条边，因此算法时间复杂度为 $O(mn)$。故匈牙利算法为有效算法。

例 3.1.5 如图3.1.9(a)所示，已知二划分 V_1 与 V_2 的二分图 G。其中 $V_1=\{1,2,3,4,5\}$，$V_2=\{a,b,c,d,e\}$，试求图 G 的最大匹配。

解 任取初始匹配 $M=\{2b,3c,5e\}$，如图3.1.9(a)中虚线所示，解题过程如表3.1.1所列。

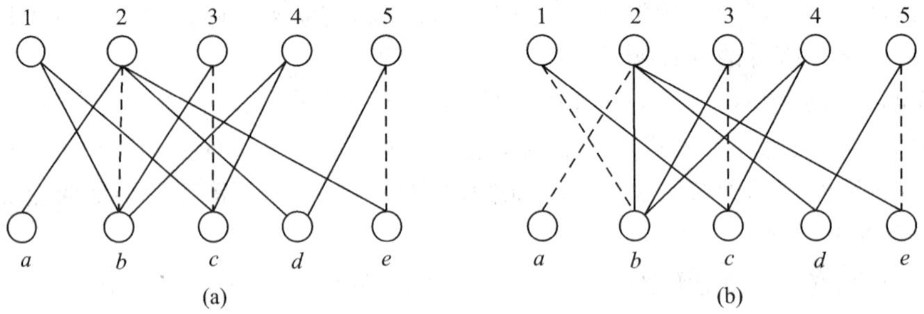

图 3.1.9

表 3.1.1 图 G 的最大匹配

M	x	S	T	$N(S)$	$y\in N_G(S)-T$	$(y,u)\in M$	P
$\{2b,3c,5e\}$	1	$\{1\}$	$\varnothing$	$\{b,c\}$	b 饱和	$(b,2)$	
		$\{1,2\}$	$\{b\}$	$\{a,b,c,d,e\}$	a 非饱和		$(1b2b)$
$\{1b,2a,3c,5e\}$	4	$\{4\}$	$\varnothing$	$\{b,c\}$	b 饱和	$(b,1)$	
		$\{4,1\}$	$\{b\}$	$\{b,c\}$	c 饱和	$(b,3)$	
		$\{4,1,3\}$	$\{b,c\}$	$\{b,c\}$	$N_G(S)=T$,停止		

因此,$M=\{1b\ ,2a,3c,5e\}$即为图 G 的最大匹配,如图 3.1.9(b)中虚线所示。

习题 3.1

1. 画出 7 个 4 阶二分图。
2. 画出所有 6 阶连通二分图。
3. 设图 G 与图 H 中至少有一个图含有一条边,证明 $G+H$ 不是二分图。
4. 证明 8 阶二分图至多有 16 条边。
5. 设图 G 与图 H 都是二分图,证明笛卡尔积 $G\times H$ 也是二分图。
6. 找出 3 维超立方体 Q_3 的一个完美匹配。用数学归纳法证明超立方体 Q_n 存在完美匹配。
7. 证明对任意图 G,$G\times K_2$ 存在完美匹配。
8. 证明所有的网格都有完美匹配。
9. 证明 K_{2n} 的完美匹配的个数为 $1\times3\times5\times\cdots\times(2n-1)$。
10. 试求 K_{2n-1} 的匹配数。
11. 设 A,B,C,D,E 都在应聘工作 1,2,3,4,5。其中 A 能胜任工作 1,2,3;B 能胜任工作 2,4,5;C 能胜任工作 2 和 3;D 能胜任工作 3 与 4;E 能胜任工作 2。

    (1) 画出相应的二分图。

    (2) 为了实现最大工作分配,找出图中的最大匹配。

12. 设应聘者 A 能胜任工作 1,4,5;应聘者 B 能胜任工作 1,5;应聘者 C 能胜任工作 1,3,5;应聘者 D 能胜任工作 4,5;应聘者 E 能胜任工作 1,4。

(1) 画出相应的二分图。

(2) 为了实现最大工作分配,找出图中的最大匹配。

(3) 给出结点集的一个特殊子集,说明该二分图没有完美匹配。

13. 证明树是二分图。

14. 证明树至多有一个完美匹配。

15. 求图 3.1.10 所示图 G 的一个最大匹配。

16. 求图 3.1.11 所示图 G 的一个完美匹配。

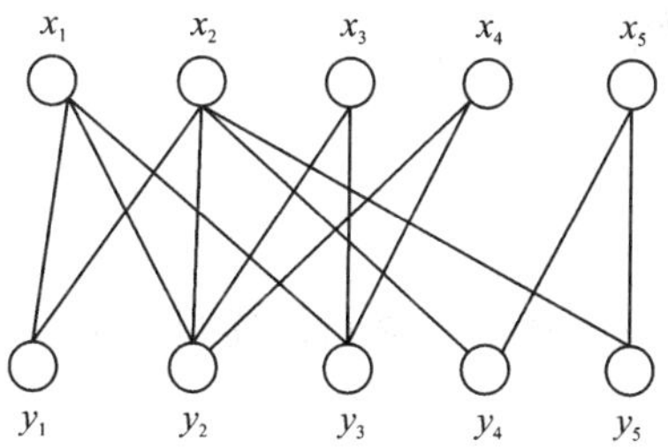

图 3.1.10

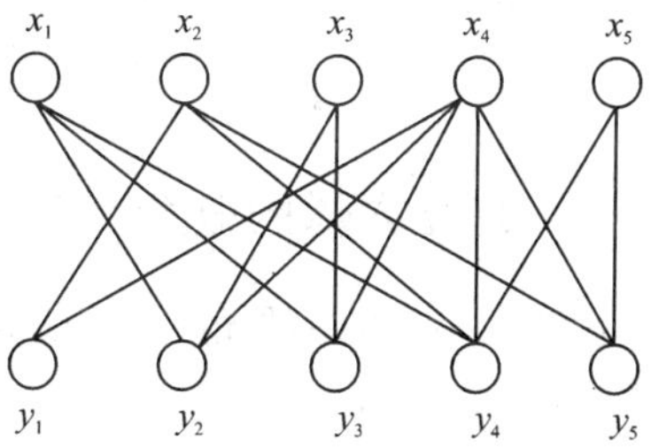

图 3.1.11

17. 有一台机床加工 n 种不同的零部件 $J_i(i=1,2,\cdots,n)$。每加工完一个零部件后,必须将机床加以调整才能加工另一个零部件。设加工完 J_i后,在加工 J_j之前机床调整的时间为 t_{ij},问如何安排这些零部件的加工顺序使调整机床所消耗的总时间最短?

现有 6 种零部件需要在一台机床上加工。设调整机床所消耗时间 t_{ij} 如下列矩阵表示:

$$\boldsymbol{T}=(t_{ij})=\begin{pmatrix}0&5&3&4&2&1\\1&0&1&2&3&2\\2&5&0&1&2&3\\1&4&4&0&1&2\\1&3&4&5&0&5\\4&4&2&3&1&0\end{pmatrix}$$

求一个加工顺序使调整机床所消耗的总时间尽可能短。

18. 求加权图$(K_{5,5},\omega)$和$(K_{5,5},\omega')$中权最大与权最小的完美匹配。其中

$$\boldsymbol{\omega}=\begin{pmatrix}9&8&5&3&2\\6&7&8&6&9\\5&8&1&4&7\\7&7&0&3&6\\9&8&6&4&5\end{pmatrix},\quad \boldsymbol{\omega}'=\begin{pmatrix}3&2&1&2&3\\1&4&2&1&2\\5&1&2&3&1\\3&2&6&4&1\\1&2&3&1&2\end{pmatrix}$$

19. 已知工人 x_1,x_2,x_3,x_4,x_5 做工作 y_1,y_2,y_3,y_4,y_5 的效率 ω_{ij} 为下列矩阵

$$\boldsymbol{\omega}=(\omega_{ij})=\begin{pmatrix}3&4&1&2&2\\0&1&2&3&1\\0&5&5&1&3\\2&2&1&0&5\\1&4&2&1&3\end{pmatrix}$$

(1) 给出一种工作效率最大的分配方案,最大工作效率是多少?

(2) 给出一种工作效率最低的分配方案,最低工作效率是多少?

3.2 超立方体

3.2.1 超立方体的概念

在 2.4 节,由图的笛卡尔积运算给出了 n 维超立方体$Q_n(n\geqslant 1)$的递归定义。

$$\begin{cases}Q_1=K_2\\Q_n=Q_{n-1}\times K_2 & n>1\end{cases}$$

定义 3.2.1 n 维超立方体$Q_n(n\geqslant 1)$是2^n 阶简单无向图,其中结点集 $V(Q_n)=\{x_1x_2\cdots x_n|x_i\in\{0,1\}(i=1,2,\cdots,n)\}$;任意 $x,y\in V(Q_n)$且 $x=x_1x_2\cdots x_n$与 $y=y_1y_2\cdots y_n$,x 与 y 相邻当且仅当 n 位二进制序列 $x_1x_2\cdots x_n$ 与 $y_1y_2\cdots y_n$ 恰恰差一位,即 $\sum_{i=1}^{n}|x_i-y_i|=1$。

例如,图 3.2.1 所示分别为图 Q_1,Q_2,Q_3,Q_4。

显然,n 维超立方体$Q_n(n\geqslant 1)$的每个结点的度数均为 n,且 1 维超立方体$Q_1(n\geqslant 1)$的邻接矩阵为

$$\boldsymbol{A}(Q_1)=\begin{pmatrix}0&1\\1&0\end{pmatrix}$$

2 维超立方体$Q_2(n\geqslant 1)$的邻接矩阵为

$$\boldsymbol{A}(Q_2)=\begin{pmatrix}0&1&1&0\\1&0&0&1\\1&0&0&1\\0&1&1&0\end{pmatrix}=\begin{pmatrix}\boldsymbol{A}(Q_1)&\boldsymbol{I}\\\boldsymbol{I}&A(Q_1)\end{pmatrix}$$

这里 $\boldsymbol{I}$ 为2^1 阶单位矩阵。

3 维超立方体$Q_3(n\geqslant 1)$的邻接矩阵为

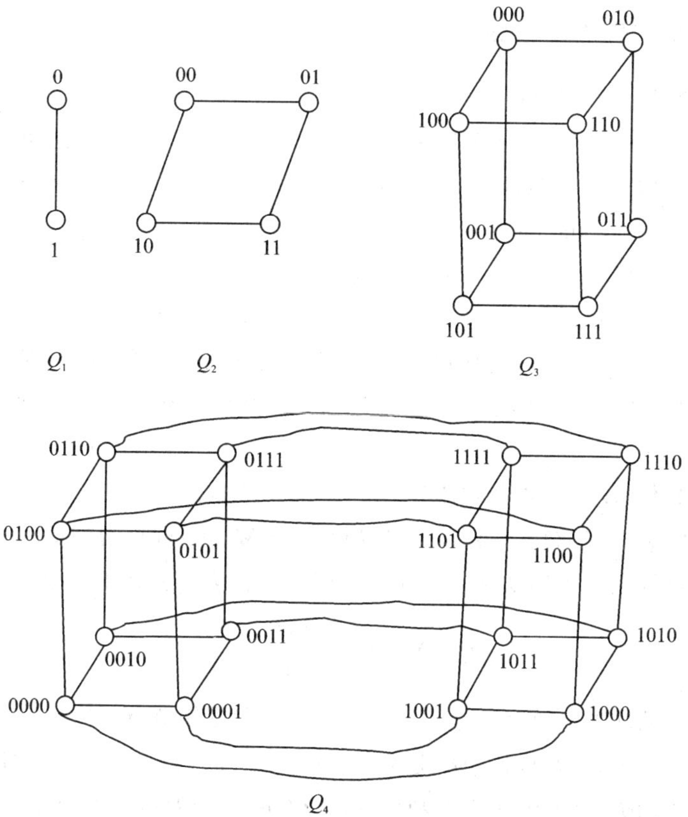

图 3.2.1

$$\boldsymbol{A}(Q_3)=\begin{pmatrix}0&1&1&0&1&0&0&0\\1&0&0&1&0&1&0&0\\1&0&0&1&0&0&1&0\\0&1&1&0&0&0&0&1\\1&0&0&0&0&1&1&0\\0&1&0&0&1&0&0&1\\0&0&1&0&1&0&0&1\\0&0&0&1&0&1&1&0\end{pmatrix}=\begin{pmatrix}\boldsymbol{A}(Q_2)&\boldsymbol{I}\\\boldsymbol{I}&\boldsymbol{A}(Q_2)\end{pmatrix}$$

这里 $\boldsymbol{I}$ 为2^2 阶单位矩阵。一般地,容易证明 n 维超立方体Q_n($n\geqslant 1$)的邻接矩阵为

$$\boldsymbol{A}(Q_n)=\begin{pmatrix}\boldsymbol{A}(Q_{n-1})&\boldsymbol{I}\\\boldsymbol{I}&\boldsymbol{A}(Q_{n-1})\end{pmatrix}$$

这里 $\boldsymbol{I}$ 为2^{n-1}阶单位矩阵。

3.2.2 超立方体的 Laplace 谱

定义 3.2.2 设 n 阶无向简单图 $G=<V,E>$，其中顶点 $v_i(i=1,2,\cdots,n)$ 的度数 $d_1\geqslant d_2\geqslant\cdots\geqslant d_n$。记对角矩阵 $\boldsymbol{D}(G)=\mathrm{diag}(d_1,d_2,\cdots,d_n)$，并记图 G 的邻接矩阵为 $\boldsymbol{A}(G)$。则称 $\boldsymbol{L}(G)=\boldsymbol{D}(G)-\boldsymbol{A}(G)$ 为图 G 的Laplace 矩阵。图 G 的 Laplace 矩阵的谱简称为图 G 的Laplace 谱。

显然 $\boldsymbol{L}(G)$ 为实对称矩阵，其特征值均为实数。

图 G 的 Laplace 谱不仅具有重要的图论意义，且广泛地应用于物理、化学、生物和计算机科学等领域。求一般图的 Laplace 谱是非常困难的，即使对一些特殊图类的 Laplace 谱计算也很不容易。下面介绍超立方体的 Laplace 谱，该结论是由殷剑宏发现的。

定理 3.2.1 设 n 维超立方体$Q_n(n\geqslant 1)$，Q_n 的 Laplace 矩阵为 $\boldsymbol{L}(Q_n)=\boldsymbol{D}(Q_n)-\boldsymbol{A}(Q_n)$，记 $\boldsymbol{M}(Q_n)=\boldsymbol{D}(Q_n)+\boldsymbol{A}(Q_n)$，则 $\boldsymbol{L}(Q_n)$与 $\boldsymbol{M}(Q_n)$有相同的谱。

证明 由例 3.1.1 知Q_n 是二分图，故存在2^n 阶置换矩阵 $\boldsymbol{P}$ 使得

$$\boldsymbol{PA}(Q_n)\boldsymbol{P}^{\mathrm{T}}=\begin{pmatrix}\boldsymbol{O}_1 & \boldsymbol{A}_{12}\\ \boldsymbol{A}_{12}^{\mathrm{T}} & \boldsymbol{O}_2\end{pmatrix}$$

式中：$\boldsymbol{P}^{\mathrm{T}}$ 为 $\boldsymbol{P}$ 的转置矩阵，$\boldsymbol{O}_1$ 是 $r(1\leqslant r\leqslant 2^n-1)$阶零矩阵，$\boldsymbol{O}_2$ 是2^n-r 阶零矩阵。

令 $\boldsymbol{E}=\mathrm{diag}(\boldsymbol{I}_1,-\boldsymbol{I}_2)$，其中$\boldsymbol{I}_1$ 是 r 阶单位矩阵，$\boldsymbol{I}_2$ 是2^n-r 阶单位矩阵，经验算得

$$\begin{aligned}\boldsymbol{EPL}(Q_n)\boldsymbol{P}^{\mathrm{T}}\boldsymbol{E}^{-1}&=\boldsymbol{EPD}(Q_n)\boldsymbol{P}^{\mathrm{T}}\boldsymbol{E}^{-1}-\boldsymbol{EPA}(Q_n)\boldsymbol{P}^{\mathrm{T}}\boldsymbol{E}^{-1}\\&=\boldsymbol{PD}(Q_n)\boldsymbol{P}^{\mathrm{T}}+\boldsymbol{PA}(Q_n)\boldsymbol{P}^{\mathrm{T}}\\&=\boldsymbol{PM}(Q_n)\boldsymbol{P}^{\mathrm{T}}\end{aligned}$$

从而 $\boldsymbol{L}(Q_n)$与 $\boldsymbol{M}(Q_n)$相似，故 $\boldsymbol{L}(Q_n)$与 $\boldsymbol{M}(Q_n)$有相同的谱。证毕。

引理 3.2.1 设 $\boldsymbol{A}$ 和 $\boldsymbol{B}$ 均为 n 阶方阵，若$|\boldsymbol{A}|\neq 0$ 且 $\boldsymbol{AB}=\boldsymbol{BA}$，则有

$$\begin{vmatrix}\boldsymbol{A} & \boldsymbol{B}\\ \boldsymbol{B} & \boldsymbol{A}\end{vmatrix}=|\boldsymbol{A}^2-\boldsymbol{B}^2|$$

设 n 维超立方体$Q_n(n\geqslant 1)$，关于矩阵 $\boldsymbol{M}(Q_n)=\boldsymbol{D}(Q_n)+\boldsymbol{A}(Q_n)$，记 $\boldsymbol{F}(\boldsymbol{M}(Q_n),\lambda)=|\boldsymbol{M}(Q_n)-\lambda\boldsymbol{I}|$，其中 $\boldsymbol{I}$ 为2^n 阶单位矩阵。

由于 $\boldsymbol{D}(Q_n)$的主对角线元素均为 n，$\boldsymbol{A}(Q_n)$的主对角线元素均为 0，所以 $\boldsymbol{M}(Q_n)$的主对角线元素均为 n。现将 $\boldsymbol{M}(Q_n)$的主对角线元素均改为 k，其余元素不变，得到一个新的矩阵记作 $\boldsymbol{M}(Q_n,k)$，记 $\boldsymbol{F}(\boldsymbol{M}(Q_n,k),\lambda)=|\boldsymbol{M}(Q_n,k)-\lambda\boldsymbol{I}|$，其中 $\boldsymbol{I}$ 为2^n 阶单位矩阵。

定理 3.2.2 设 n 维超立方体$Q_n(n\geqslant 1)$，$\boldsymbol{M}(Q_n)=\boldsymbol{D}(Q_n)+\boldsymbol{A}(Q_n)$，则

(1) $\boldsymbol{F}(\boldsymbol{M}(Q_1),\lambda)=|\boldsymbol{M}(Q_1)-\lambda\boldsymbol{I}|=\begin{vmatrix}1-\lambda & 1\\ 1 & 1-\lambda\end{vmatrix}=(1-\lambda)^2-1$；

(2) $\boldsymbol{F}(\boldsymbol{M}(Q_1,k),\lambda)=|\boldsymbol{M}(Q_1,k)-\lambda I|=\begin{vmatrix} k-\lambda & 1 \\ 1 & k-\lambda \end{vmatrix}=(k-\lambda)^2-1$；

(3) $\boldsymbol{F}(\boldsymbol{M}(Q_n,k),\lambda)=\boldsymbol{F}(\boldsymbol{M}(Q_{n-1},k),\lambda+1)\boldsymbol{F}(\boldsymbol{M}(Q_{n-1},k),\lambda-1)$；

(4) $\boldsymbol{F}(\boldsymbol{M}(Q_n),\lambda)=\boldsymbol{F}(\boldsymbol{M}(Q_{n-1},n),\lambda+1)\boldsymbol{F}(\boldsymbol{M}(Q_{n-1},n),\lambda-1)$。

证明

(1)与(2)显然。

(3) $\boldsymbol{F}(\boldsymbol{M}(Q_n,k),\lambda)=|\boldsymbol{M}(Q_n,k)-\lambda\boldsymbol{I}|$(其中 $\boldsymbol{I}$ 为2^n 阶单位矩阵)

$$=\left|\begin{pmatrix} \boldsymbol{M}(Q_{n-1},k) & \boldsymbol{I} \\ \boldsymbol{I} & \boldsymbol{M}(Q_{n-1},k) \end{pmatrix}-\begin{pmatrix} \lambda\boldsymbol{I} & 0 \\ 0 & \lambda\boldsymbol{I} \end{pmatrix}\right|$$

(其中 $\boldsymbol{I}$ 为2^{n-1}阶单位矩阵)

$$=\left|\begin{pmatrix} \boldsymbol{M}(Q_{n-1},k)-\lambda\boldsymbol{I} & \boldsymbol{I} \\ \boldsymbol{I} & \boldsymbol{M}(Q_{n-1},k)-\lambda\boldsymbol{I} \end{pmatrix}\right|$$

(其中 $\boldsymbol{I}$ 为2^{n-1}阶单位矩阵)

$$=|(\boldsymbol{M}(Q_{n-1},k)-\lambda\boldsymbol{I})^2-\boldsymbol{I}^2|$$

(其中 $\boldsymbol{I}$ 为2^{n-1}阶单位矩阵)

$$=|(\boldsymbol{M}(Q_{n-1},k)-\lambda\boldsymbol{I}+\boldsymbol{I})(\boldsymbol{M}(Q_{n-1},k)-\lambda\boldsymbol{I}-\boldsymbol{I})|$$

(其中 $\boldsymbol{I}$ 为2^{n-1}阶单位矩阵)

$$=|(\boldsymbol{M}(Q_{n-1},k)-(\lambda+1)\boldsymbol{I})|\,|(\boldsymbol{M}(Q_{n-1},k)-(\lambda-1)\boldsymbol{I})|$$

(其中 $\boldsymbol{I}$ 为2^{n-1}阶单位矩阵)

$$=\boldsymbol{F}(\boldsymbol{M}(Q_{n-1},k),\lambda+1)\boldsymbol{F}(\boldsymbol{M}(Q_{n-1},k),\lambda-1)$$

(4) $\boldsymbol{F}(\boldsymbol{M}(Q_n),\lambda)=|\boldsymbol{M}(Q_n)-\lambda\boldsymbol{I}|$

(其中 $\boldsymbol{I}$ 为2^n 阶单位矩阵)

$$=\left|\begin{pmatrix} \boldsymbol{M}(Q_{n-1},n) & \boldsymbol{I} \\ \boldsymbol{I} & \boldsymbol{M}(Q_{n-1},n) \end{pmatrix}-\begin{pmatrix} \lambda\boldsymbol{I} & 0 \\ 0 & \lambda\boldsymbol{I} \end{pmatrix}\right|$$

(其中 $\boldsymbol{I}$ 为2^{n-1}阶单位矩阵)

$$=\left|\begin{pmatrix} \boldsymbol{M}(Q_{n-1},n)-\lambda\boldsymbol{I} & \boldsymbol{I} \\ \boldsymbol{I} & \boldsymbol{M}(Q_{n-1},n)-\lambda\boldsymbol{I} \end{pmatrix}\right|$$

(其中 $\boldsymbol{I}$ 为2^{n-1}阶单位矩阵)

$$=|(\boldsymbol{M}(Q_{n-1},n)-\lambda\boldsymbol{I})^2-\boldsymbol{I}^2|$$

(其中 $\boldsymbol{I}$ 为2^{n-1}阶单位矩阵)

$$=|(\boldsymbol{M}(Q_{n-1},n)-\lambda\boldsymbol{I}+\boldsymbol{I})(\boldsymbol{M}(Q_{n-1},n)-\lambda\boldsymbol{I}-\boldsymbol{I})|$$

(其中 $\boldsymbol{I}$ 为2^{n-1}阶单位矩阵)

$$=|(\boldsymbol{M}(Q_{n-1},n)-(\lambda+1)\boldsymbol{I})|\,|(\boldsymbol{M}(Q_{n-1},n)-(\lambda-1)\boldsymbol{I})|$$

(其中 I 为2^{n-1}阶单位矩阵)

$$=F(M(Q_{n-1},n),\lambda+1)F(M(Q_{n-1},n),\lambda-1)$$

定理 3.2.3 设 n 维超立方体$Q_n(n\geqslant 1)$的 Laplace 矩阵为 $L(Q_n)=D(Q_n)-A(Q_n)$，则Q_n 的 Laplace 谱为 spec $L(Q_n)=\begin{pmatrix}0 & 2 & 4 & \cdots & 2n\\ C_n^0 & C_n^1 & C_n^2 & \cdots & C_n^n\end{pmatrix}$，其中 $2t(t=0,1,2,\cdots,n)$为 $L(Q_n)$的 $n+1$ 个不同的特征根，且其重数为二项式系数C_n^t。

证明 由定理 3.2.1 知 $L(Q_n)$与 $M(Q_n)$有相同的谱。

(1) $n=1$ 时，由定理 3.2.2(1)知 $L(Q_1)$的谱为 $\begin{pmatrix}0 & 2\\ 1 & 1\end{pmatrix}$，即

$$\text{spec}\, L(Q_1)=\begin{pmatrix}0 & 2\\ C_1^0 & C_1^1\end{pmatrix}$$

$n=2$ 时，由定理 3.2.2(4)与(2)知 $L(Q_2)$的谱为 $\begin{pmatrix}0 & 2 & 4\\ 1 & 2 & 1\end{pmatrix}$，即

$$\text{spec}\, L(Q_2)=\begin{pmatrix}0 & 2 & 4\\ C_2^0 & C_2^1 & C_2^2\end{pmatrix}$$

(2) 对 n 维超立方体Q_n，假设 $L(Q_n)$的谱为

$$\text{spec}\, L(Q_n)=\begin{pmatrix}0 & 2 & 4 & \cdots & 2n\\ C_n^0 & C_n^1 & C_n^2 & \cdots & C_n^n\end{pmatrix}$$

对 $n+1$ 维超立方体Q_{n+1}，由定理 3.2.2(4)知

$$F(M(Q_{n+1}),\lambda)=F(M(Q_n,n+1),\lambda+1)F(M(Q_n,n+1),\lambda-1)$$

有

$$F(M(Q_n),\lambda)=|M(Q_n)-\lambda I|\text{(其中 } I \text{ 为} 2^n \text{ 阶单位矩阵)}$$

$$=\begin{vmatrix}n-\lambda & & & \\ & n-\lambda & & * \\ \Diamond & & \ddots & \\ & & & n-\lambda\end{vmatrix}$$

($*$处的 i 行 j 列元素$=\Diamond$处的 j 行 i 列元素)

$$=\prod_{t=0}^{n}(\lambda-2t)^{C_n^t}$$

于是

$$F(M(Q_{n+1}),\lambda)=F(M(Q_n,n+1),\lambda+1)F(M(Q_n,n+1),\lambda-1)$$
$$=|M(Q_n,n+1)-(\lambda+1)I|\,|M(Q_n,n+1)-(\lambda-1)I|$$

(其中 I 为2^n 阶单位矩阵)

$$
=\begin{vmatrix}
(n+1)-(\lambda+1) & & & \\
 & (n+1)-(\lambda+1) & & * \\
 & \Diamond & \ddots & \\
 & & & (n+1)-(\lambda+1)
\end{vmatrix}\cdot
\begin{vmatrix}
(n+1)-(\lambda-1) & & & \\
 & (n+1)-(\lambda-1) & & * \\
 & \Diamond & \ddots & \\
 & & & (n+1)-(\lambda-1)
\end{vmatrix}
$$

（$*$ 处的 i 行 j 列元素 $=\Diamond$ 处的 j 行 i 列元素）

$$
=\prod_{t=0}^{n}(\lambda-2t)^{C_n^t}\prod_{t=0}^{n}(\lambda-2-2t)^{C_n^t}
$$

$$
=\prod_{t=0}^{n}(\lambda-2t)^{C_n^t}(\lambda-2-2t)^{C_n^t}
$$

因此 $\boldsymbol{L}(Q_n)$ 的谱为

$$
\operatorname{spec}\boldsymbol{L}(Q_n)=\begin{pmatrix}
0 & 2 & 4 & \cdots & 2n & 2(n+1) \\
C_n^0 & C_n^0+C_n^1 & C_n^1+C_n^2 & \cdots & C_n^{n-1}+C_n^n & C_n^n
\end{pmatrix}
$$

$$
=\begin{pmatrix}
0 & 2 & 4 & \cdots & 2n & 2(n+1) \\
C_{n+1}^0 & C_{n+1}^1 & C_{n+1}^2 & \cdots & C_{n+1}^n & C_{n+!}^{n+1}
\end{pmatrix}
$$

由数学归纳法，定理得证。

习题 3.2

1. 试求树的 Laplace 矩阵的最大和次大特征值。
2. 试求单圈图的 Laplace 矩阵的最大特征值。
3. 试求图的 Laplace 矩阵的最大特征值的上确界。
4. 能求出哪些图的 Laplace 谱？

3.3　有向 de Bruijn 图

3.3.1　de Bruijn 图的概念

定义 3.3.1　n 维 d 进位有向 de Bruijn 图是标号图，记作 $B(d,n)(d\geqslant 2,n\geqslant 1)$，其结点集记作 $V_B(d,n)$，边集记作 $E_B(d,n)$，且

$$
V_B(d,n)=\{x_1x_2\cdots x_n \mid x_i\in\{0,1,\cdots,d-1\},i=1,2,\cdots,n\}
$$

$$
E_B(d,n)=\{x_1x_2\cdots x_n\,x_{n+1} \mid x_i\in\{0,1,\cdots,d-1\},i=1,2,\cdots,n+1\}
$$

$\varphi:E\to V\times V$，且 $\varphi(x_{i+1}\,x_{i+2}\cdots x_{i+n}p)=<x_{i+1}\,x_{i+2}\cdots x_{i+n},x_{i+2}\,x_{i+3}\cdots x_{i+n}p>$，$p\in\{0,1,\cdots,d-1\}$。

注意： 去掉 n 维 d 进位有向 de Bruijn 图的每条边上的方向，即得 n 维 d 进位无向 de Bruijn 图。

例 3.3.1 3 维 2 进位有向 de Bruijn 图 $B(2,3)$，其中

$$V_B(2,3)=\{x_1x_2x_3 \mid x_i\in\{0,1\},i=1,2,3\}$$

$$E_B(2,3)=\{x_1x_2x_3x_4 \mid x_i\in\{0,1\},i=1,2,3,4\}$$

$\varphi:E\to V\times V$，且

$$\varphi(x_{i+1}\ x_{i+2}x_{i+3}0)=<x_{i+1}\ x_{i+2}x_{i+3},x_{i+2}x_{i+3}0>$$

$$\varphi(x_{i+1}\ x_{i+2}x_{i+3}1)=<x_{i+1}\ x_{i+2}x_{i+3},x_{i+2}x_{i+3}1>$$

如图 3.3.1 所示。

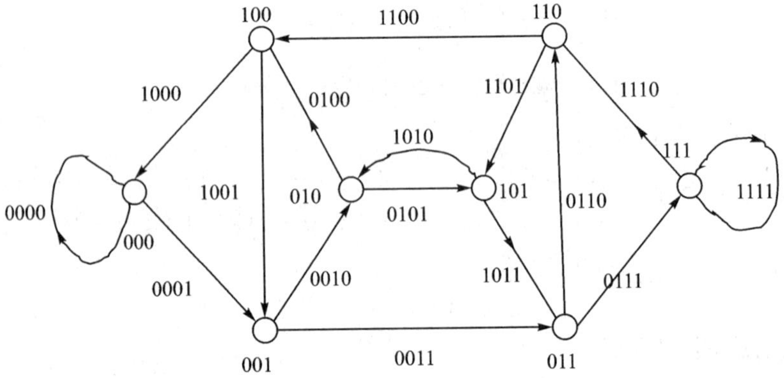

图 3.3.1

例 3.3.2 n 维 2 进位有向 de Bruijn 图 $B(2,n)$，其中

$$V_B(2,n)=\{x_1x_2\cdots x_n \mid x_i\in\{0,1\},i=1,2,\cdots,n\}$$

$$E_B(2,n)=\{x_1x_2\cdots x_{n+1} \mid x_i\in\{0,1\},i=1,2,\cdots,n+1\}$$

$\varphi:E\to V\times V$，且

$$\varphi(x_{i+1}\ x_{i+2}\cdots x_{i+n}0)=<x_{i+1}\ x_{i+2}\cdots x_{i+n},x_{i+2}\ x_{i+3}\cdots x_{i+n}0>$$

$$\varphi(x_{i+1}\ x_{i+2}\cdots x_{i+n}1)=<x_{i+1}\ x_{i+2}\cdots x_{i+n},x_{i+2}\ x_{i+3}\cdots x_{i+n}1>$$

下面来考察有向 de Bruijn 图 $B(2,n)$ 的邻接矩阵。显然，n 维 2 进位有向 de Bruijn 图 $B(2,n)$ 是有 2^n 个结点的有向图，且这 2^n 个结点恰是 2^n 个长度为 n 的二进制数，其中每个结点的入度和出度均为 2。若将这 2^n 个结点依次对应为 $0,1,2,\cdots,2^n-1$，于是，从结点 0 到结点 0 与 1 各有一条有向边，从结点 1 到结点 2 与 3 各有一条有向边，…，从结点 $2^{n-1}-1$ 到结点 2^n-2 与 2^n-1 各有一条有向边；而从结点 2^{n-1} 到结点 0 与 1 各有一条有向边，从结点 $2^{n-1}+1$ 到结点 2 与 3 各有一条有向边，…，从结点 2^n-1 到结点 2^n-2 与 2^n-1 各有一条有向边。因此有向 de Bruijn 图 $B(2,n)$ 的邻接矩阵为

$$
A=\begin{pmatrix}
1 & 1 & 0 & 0 & 0 & 0 & \cdots & 0 & 0\\
0 & 0 & 1 & 1 & 0 & 0 & \cdots & 0 & 0\\
0 & 0 & 0 & 0 & 1 & 1 & \cdots & 0 & 0\\
\vdots & \cdots & & & & & & & \vdots\\
0 & 0 & 0 & 0 & 0 & 0 & \cdots & 1 & 1\\
1 & 1 & 0 & 0 & 0 & 0 & \cdots & 0 & 0\\
0 & 0 & 1 & 1 & 0 & 0 & \cdots & 0 & 0\\
0 & 0 & 0 & 0 & 1 & 1 & \cdots & 0 & 0\\
\vdots & \cdots & & & & & & & \vdots\\
0 & 0 & 0 & 0 & 0 & 0 & \cdots & 1 & 1
\end{pmatrix}
$$

另一方面，有向 de Bruijn 图 $B(2,n)$的结点和边的关系如图 3.3.2 所示。任取有向 de Bruijn 图 $B(2,n)$的两个结点 x 与 y，显然 x 与 y 总是长为 n 的二进制数 0…000，0…001，0…010，…，1…110，1…111 中的某一个，于是从图 3.3.2 知，从任意结点 x 到任意结点 y 有且仅有一条长度为 n 的有向链，因而由定理 2.5.1 得到如下定理。

定理 3.3.1　设 n 维 2 进位有向 de Bruijn 图 $B(2,n)$($d\geqslant 2,n\geqslant 1$)的邻接矩阵为 $\boldsymbol{A}$，则矩阵 $\boldsymbol{A}^n$的任意 i 行 j 列元素均为 1，其中 $i,j=1,2,\cdots,2^n$。

一般地，n 维 d 进位有向 de Bruijn 图 $B(d,n)$是有 d^n个结点的有向图，且每个结点的入度和出度均为 d。若将这 d^n 个结点依次对应为 $1,2,\cdots,d,d+1,d+2,\cdots,2d,\cdots,d^n-d+1,d^n-d+2,\cdots,d^n$，于是，得到有向 de Bruijn 图 $B(d,n)$的邻接矩阵为 $\boldsymbol{A}=\begin{pmatrix}\boldsymbol{A}_0\\ \boldsymbol{A}_1\\ \vdots\\ \boldsymbol{A}_{d-1}\end{pmatrix}$，其中 $\boldsymbol{A}_i(i=0,1,\cdots,d-1)$均为 $d^{n-1}\times d^n$阶矩阵，且

$$
\boldsymbol{A}_i=\begin{array}{c}\\ 1\\ 2\\ \vdots\\ d^{n-1}\end{array}
\begin{array}{c}
\begin{array}{cccccccccccc}1 & 2 & \cdots & d & d+1 & d+2 & \cdots & 2d & \cdots & d^n-d+1 & d^n-d+2 & \cdots & d^n\end{array}\\
\begin{pmatrix}
1 & 1 & \cdots & 1 & 0 & 0 & \cdots & 0 & \cdots & 0 & 0 & \cdots & 0\\
0 & 0 & \cdots & 0 & 1 & 1 & \cdots & 1 & \cdots & 0 & 0 & \cdots & 0\\
\vdots & \cdots & & & & & & & & & & & \\
0 & 0 & \cdots & 0 & 0 & 0 & \cdots & 0 & \cdots & 1 & 1 & \cdots & 1
\end{pmatrix}
\end{array}
$$

另一方面，类似于图 3.3.2 的分析，对于有向 de Bruijn 图 $B(d,n)$，从其任意结点 x 到任意结点 y 有且仅有一条长度为 n 的有向链，因而也有如下定理。

定理 3.3.2　设 n 维 d 进位有向 de Bruijn 图 $B(d,n)$($d\geqslant 2,n\geqslant 1$)的邻接矩阵为 $\boldsymbol{A}$，则矩阵 $\boldsymbol{A}^n$的任意 i 行 j 列元素均为 1，其中 $i,j=1,2,\cdots,d^n$。

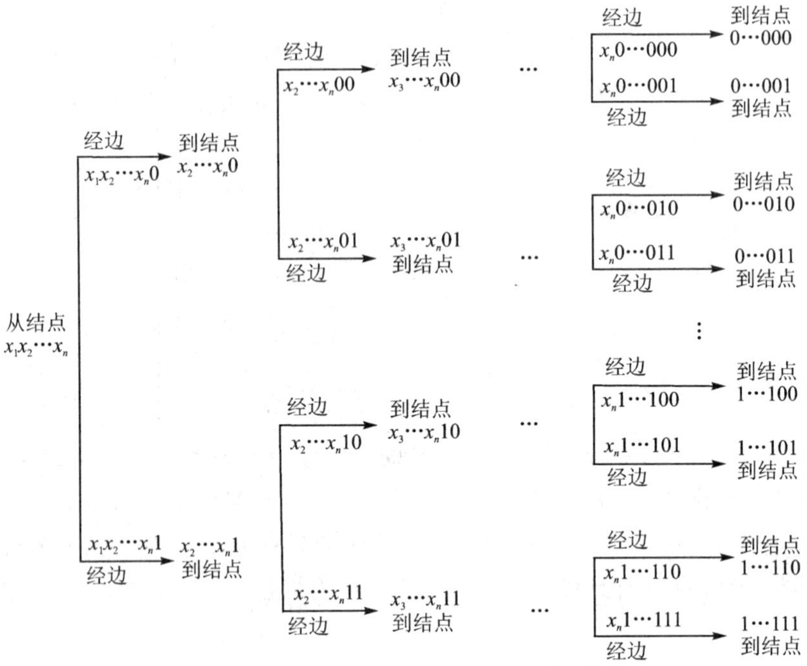

图 3.3.2

3.3.2 有向 de Bruijn 图 $B(d,n)$ 的谱

求一般图的谱问题是非常困难的，即使对一些特殊图类的谱计算也很不容易。de Bruijn 图在计算机磁鼓设计、编码、VLSI 结构设计等领域有着广泛的应用，同时，de Bruijn 图与超立方体，被认为是真正大型下一代多计算机系统的互联网络。然而，de Bruijn 图的内涵非常丰富，它的许多参数还不十分清楚，下面介绍有向 de Bruijn 图 $B(d,n)(d\geqslant2,n\geqslant1)$ 的谱，该结论是由殷剑宏得出的。

定义 3.3.2 设 $\boldsymbol{A}$ 是任意 n 阶图 G 的邻接矩阵，矩阵 $\boldsymbol{A}$ 的特征多项式称为图 G 的特征多项式；$\boldsymbol{A}$ 的特征值称为图 G 的特征值；$\boldsymbol{A}$ 的谱称为图 G 的谱。

定理 3.3.3 设 D 是有向图，且 $\Delta^+(D)=\delta^+(D)=k$，则

(1) k 是 D 的一个特征值；

(2) 对于 D 的任意特征值 λ，均有 $|\lambda|\leqslant k$。

证明留作习题。

定理 3.3.4 设 λ 是实方阵 $\boldsymbol{A}$ 的特征值，则 λ^k 是 $\boldsymbol{A}^k$ 的特征值。

证明 因为 λ 是实方阵 $\boldsymbol{A}$ 的特征值，故有 $x\neq0$ 使 $\boldsymbol{A}x=\lambda x$，于是

$$\boldsymbol{A}^kx=\boldsymbol{A}^{k-1}\boldsymbol{A}x=\boldsymbol{A}^{k-1}(\boldsymbol{A}x)=\boldsymbol{A}^{k-1}\lambda x=\lambda\boldsymbol{A}^{k-2}(\boldsymbol{A}x)=\lambda^2\boldsymbol{A}^{k-2}x=\cdots=\lambda^kx。$$

定理 3.3.5

$$\begin{vmatrix} x_1 & a & a & \cdots & a \\ a & x_2 & a & \cdots & a \\ a & a & x_3 & \cdots & a \\ \vdots & \vdots & & & \\ a & a & a & \cdots & x_n \end{vmatrix} = \left(1+\sum_{i=1}^{n}\frac{a}{x_i-a}\right)\prod_{i=1}^{n}(x_i-a)。$$

证明留作习题。

定理 3.3.6　设 n 维 d 进位有向 de Bruijn 图 $B(d,n)(d\geqslant 2,n\geqslant 1)$ 的邻接矩阵为 $\mathbf{A}$，则矩阵 $\mathbf{A}^n$ 的谱为 $\begin{pmatrix} 0 & d^n \\ d^n-1 & 1 \end{pmatrix}$，其中 d^n-1 与 1 分别为特征值 0 与 d^n 的重数。

证明　由定理 3.3.2 和定理 3.3.5 知，$\mathbf{A}^n$ 的特征多项式为

$$\det(\mathbf{A}^n-\lambda\mathbf{I}) = (1-\lambda-1)^{d^n}\left(1+\frac{d^n}{1-\lambda-1}\right) = (-\lambda)^{d^n-1}(d^n-\lambda)=0$$

因此 $\lambda_1=\lambda_2=\cdots=\lambda_{d^n-1}=0$，$\lambda_{d^n}=d^n$。证毕。

定理 3.3.7　n 维 d 进位有向 de Bruijn 图 $B(d,n)(d\geqslant 2,n\geqslant 1)$ 的谱为 $\begin{pmatrix} 0 & d \\ d^n-1 & 1 \end{pmatrix}$，其中 d^n-1 与 1 分别为特征值 0 与 d 的重数。

证明　由 n 维 d 进位有向 de Bruijn 图 $B(d,n)$ 的定义知，其每个结点的入度和出度均为 d，因此由定理 3.3.3 知 d 是 $B(d,n)$ 的最大特征值。

记 $B(d,n)$ 的特征值为 $\lambda_1,\lambda_2,\cdots,\lambda_{d^n-1},d$。并记 $B(d,n)$ 的邻接矩阵为 $\mathbf{A}$，则 λ_1^n，λ_2^n，$\cdots$，$\lambda_{d^n-1}^n$，d^n 为矩阵 $\mathbf{A}^n$ 的特征值。由定理 3.3.6 知，显然 $\lambda_1^n=\lambda_2^n=\cdots=\lambda_{d^n-1}^n=0$，$d^n=d^n$，即 $\lambda_1=\lambda_2=\cdots=\lambda_{d^n-1}=0$。所以有向 de Bruijn 图 $B(d,n)(d\geqslant 2,n\geqslant 1)$ 的谱为 $\begin{pmatrix} 0 & d \\ d^n-1 & 1 \end{pmatrix}$，其中 d^n-1 与 1 分别为特征值 0 与 d 的重数。证毕。

习题 3.3

1. 试证明定理 3.3.3 与定理 3.3.5。
2. 试求超立方体的谱。
3. 试求完全图 K_n，n 个结点的路 P_n，n 个结点的圈 C_n，完全二分图 $K_{m,n}$，Petersen 图的谱，还能求出哪些图的谱？

3.4　欧拉图

3.4.1　欧拉图的概念

几乎所有的图论著作都要介绍 Konigsberg 七桥问题，这是瑞士著名天才数学家欧拉(Leonhard Euler，1707—1783 年)发表的图论历史上第一篇论文。Pergel 河横

穿 Konigsberg 城，在陆地与河中心两个小岛之间架有七座桥，如图 3.4.1(a)所示。一个有趣的问题是：一个人能否从某个地方出发，经过每座桥一次且仅一次，然后回到原来出发的地方？

欧拉把这个问题抽象成如图 3.4.1(b)所示的图 G，其中图 G 的结点 A,B,C,D 分别表示四块陆地，图 G 的边对应表示陆地之间的桥，于是 Konigsberg 七桥问题就等价于图 G 中是否存在经过图 G 的每边一次且仅一次的闭迹问题。欧拉在 1736 年对上述问题给出了否定答案。

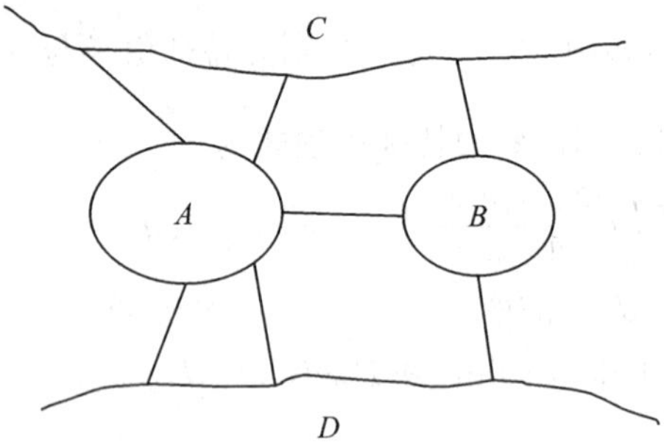

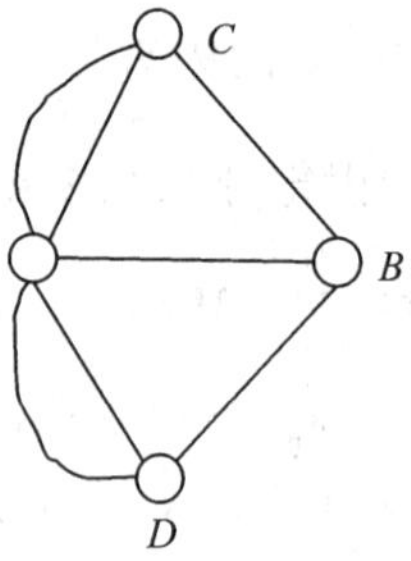

图 3.4.1

定义 3.4.1 给定无孤立结点的无向图 G，经过图 G 每边一次且仅一次的迹称为欧拉路。经过图 G 每边一次且仅一次的闭迹称为欧拉回路。

定理 3.4.1 连通图 G 具有欧拉回路当且仅当它的每个顶点的度数均为偶数。

证明

($\Rightarrow$)设连通无向图 G 的一条欧拉回路为 C。设 C 从顶点 x_1 开始，接着是 x_1 关联的一条边，不妨设为(x_1,x_2)。边(x_1,x_2)为 x_1 贡献 1 度。这条闭迹 C 每次经过一个顶点 x_i 就为该顶点 x_i 贡献 2 度。这是因为闭迹 C 总是经过与 x_i 关联的一边进入 x_i，又经过与 x_i 关联的另一边离开 x_i，最后，闭迹 C 在它开始的 x_1 结束，再为 x_1 贡献 1 度。因此 $\deg(x_1)$ 为偶数，这是因为闭迹 C 开始时为 x_1 贡献 1 度，结束时为 x_1 贡献 1 度，每经过 x_1 一次贡献 2 度。其余各点的度数也为偶数，这是因为闭迹 C 每经过一次，都为其贡献 2 度。

($\Leftarrow$)设 G 是连通无向图，作 G 的一条最长闭迹 C，并假设闭迹 C 不是欧拉回路，则 $\exists x_k \in V(C)$ 及关联 x_k 的边 $e=(x_k,y_1)$ 且 $e \notin C$；由于 $\deg(y_1)$ 为偶数，于是存在边 $e_1=(y_1,y_2)$，…，以此类推，存在边 $e_2=(y_2,y_3)$，$e_3=(y_3,y_4)$，…，$e_n=(y_n,x_k)$，于是又得到一条闭迹 C_1。把 C 与 C_1 组合在一起，如果恰是 G，则即得 G 的一条欧拉回路；否则，继续上面的过程，总可以组合出 G 的一条闭迹，使其经过 G 中每边一次且仅一次。证毕。

定理 3.4.2 连通图 G 具有欧拉路而无欧拉回路，当且仅当 G 恰有两个奇数度结点。

证明

(⇒)设连通图 G 从顶点 a 到顶点 b 有欧拉路 C，但不是欧拉回路。欧拉路 C，每经过 G 中顶点 x_i（包括 a 和 b）一次，都为 x_i 贡献 2 度，而 C 的第一条边为 a 贡献 1 度，C 的最后一条边为 b 贡献 1 度，因此 a 和 b 的度数均为奇数，其余结点的度数均为偶数。

(⇐)设连通图 G 恰好有两个奇数度结点，不妨设为 a 和 b，在图 G 中添加一条边 $e=(a,b)$ 得 G'，则 G' 的每个结点的度数均为偶数，因而 G' 中存在欧拉回路，故得证 G 中一定存在欧拉路。证毕。

定义 3.4.2　给定有向图 D，经过 D 中每条边一次且仅一次的有向迹称为有向欧拉路。经过 D 中每边一次且仅一次的有向闭迹称为有向欧拉回路。

定理 3.4.3　具有弱连通性的有向图 G 具有有向欧拉回路，当且仅当 G 的每个结点的入度等于出度。具有弱连通性的有向图 G 具有有向欧拉路，当且仅当在 G 中，一个结点的入度比出度大 1，另一个结点的入度比出度小 1，而其余每个结点的入度等于出度。

定义 3.4.3　含欧拉回路的无向连通图与含有向欧拉回路的弱连通有向图统称为欧拉图。

例 3.4.1　图 3.4.2 中，图 G_1 是欧拉图；图 G_2 不是欧拉图，但 G_2 中存在欧拉路；图 G_3 中既不存在欧拉回路，也不存在欧拉路。

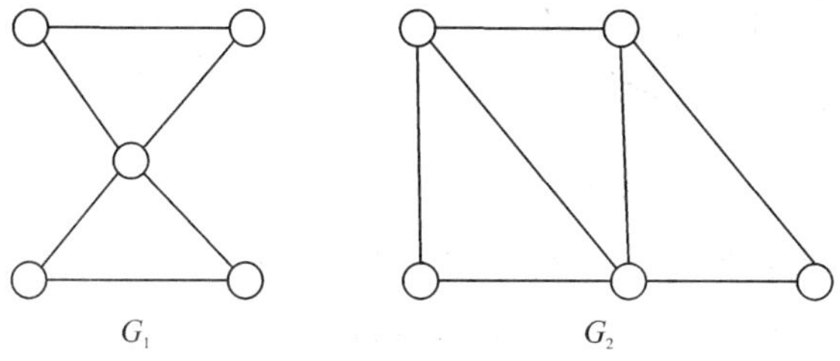

图 3.4.2

例 3.4.2　图 3.4.3 中，图 D_1 中既不存在有向欧拉回路，也不存在有向欧拉路；图 D_2 是欧拉图；图 D_3 不是欧拉图，但 D_3 中存在有向欧拉路。

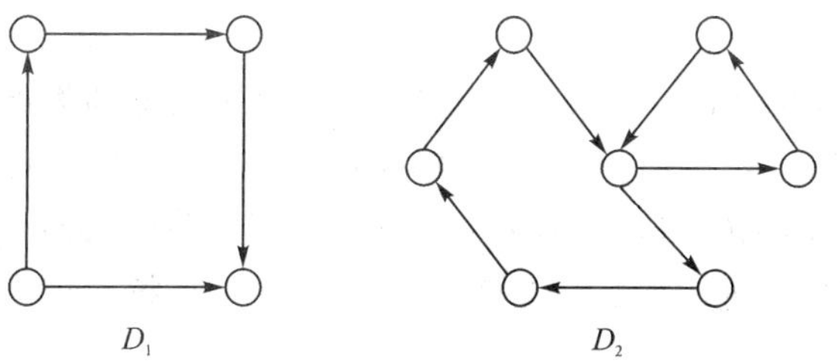

图 3.4.3

与欧拉路和欧拉回路非常相似的有趣问题是中国古代一笔画问题，即要求笔连续移动，不离开纸面且不重复地画出图形。例如，能否一笔画出图 3.4.4 所示图 G。

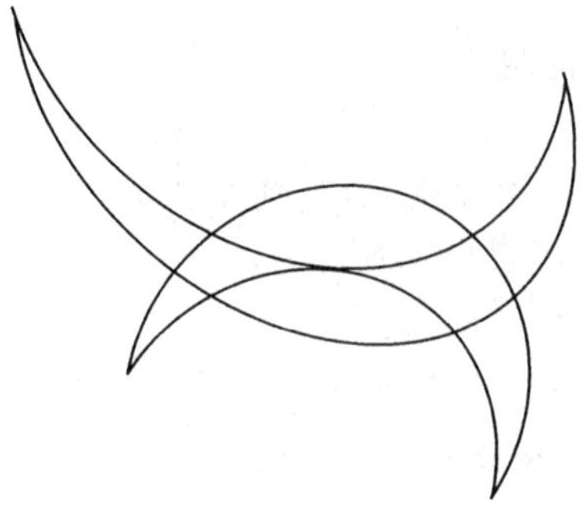

图G

图 3.4.4

例 3.4.3 一个编码盘等分成 2^4 等份，每份分别由绝缘体和导体组成，可表示为 0 和 1 两种状态，其中 a,b,c,d 四个位置的扇面组成一个二进制输出，如图 3.4.5 所示，试问这 16 个二进制数应如何排列，使圆盘沿顺时针每旋转一部分，恰好组成 0000 到 1111 的 16 组四位二进制输出，同时旋转一周又返回到 0000 状态？

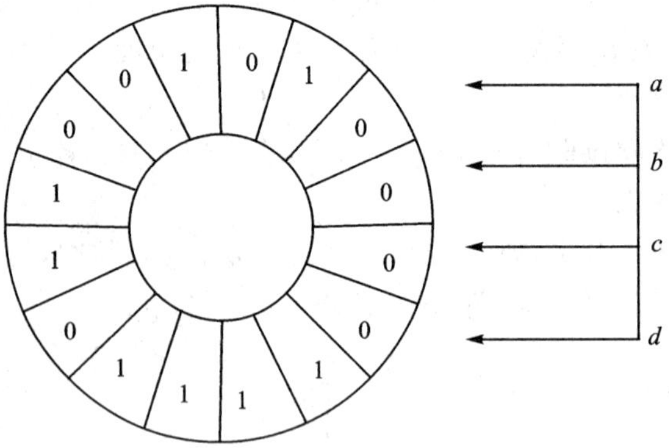

图 3.4.5

解 定义一个 8 个结点的有向图 $G=<V,E,\varphi>$，其中

$$V=\{x_1x_2x_3 \mid x_i\in\{0,1\},i=1,2,3\}$$

$$E=\{x_1x_2x_3x_4 \mid x_i\in\{0,1\},i=1,2,3,4\}$$

$\varphi:E\to V\times V$，且

$$\varphi(x_{i-1}x_ix_{i+1}0)=<x_{i-1}x_ix_{i+1},x_ix_{i+1}0>$$

$$\varphi(x_{i-1}x_ix_{i+1}1)=<x_{i-1}x_ix_{i+1},x_ix_{i+1}1>$$

如图 3.4.6($G=B(2,3)$)所示。

由于这样定义的图 G 恰为有向 de Bruijin 图 $B(2,3)$，其每个结点的入度与出度均为 2，因此图 G 中必存在有向欧拉回路，如 0000，0001，0011，0111，1111，1110，1101，1011，0110，1100，1001，0010，0101，1010，0100，1000。根据邻接边的定义规则，这 16 个二进制数可写成对应的二进制数序列 0000 1111 0110 0101，把这个序列排成环状，即与所求的鼓轮相对应。

上面的例子，可以把它推广到鼓轮具有 $n+1$ 个触点的情况。为此只要构造 2^n

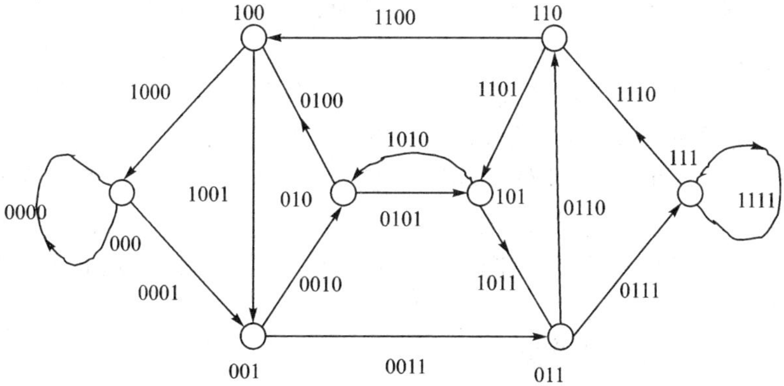

图 3.4.6

个结点的有向图，设每个结点标记为 n 位二进制数，从结点 $x_1x_2x_3\cdots x_n$ 出发，有一条终点为 $x_2x_3\cdots x_n0$ 的边，该边记为 $x_1x_2x_3\cdots x_n0$；还有一条终点为 $x_2x_3\cdots x_n1$ 的边，该边记为 $x_1x_2x_3\cdots x_n1$。这样构造的有向图恰为有向 de Bruijin 图 $B(2,n)$。由于 $B(2,n)$ 的每个结点的入度与出度均为 2，故 $B(2,n)$ 中必存在有向欧拉回路，在该有向欧拉回路里，取每条边标号第一个数字构成二进制序列，把这个序列排成环状，即与所求的鼓轮相对应。

下面介绍一种求欧拉图的欧拉回路的 Fleury 算法。

算法 3.4.1　求欧拉图的欧拉回路的 Fleury 算法

(1) 任意取一个顶点 v_0，置 $W_0=v_0$。

(2) 假定迹(若是有向图，则是有向迹) $W_i=v_0e_1v_1\cdots e_iv_i$ 已经选出，那么用下列方法从 $E(G)-\{e_1,e_2,\cdots,e_i\}$ 中选取 e_{i+1}：

① e_{i+1} 与 v_i 关联(若是有向图，e_{i+1} 以 v_i 为起点)；

② 除非没有别的边可选择，e_{i+1} 不是 $G_i=G-\{e_1,e_2,\cdots,e_i\}$ 的割边。

(3) 当(2)不能执行时，停止。否则让 $i+1\to i$，转(2)。

显然 Fleury 算法求出了 G 的一条迹。

定理 3.4.4　若 G 是欧拉图，则 Fleury 算法终止时得到 G 的迹是欧拉回路。

证明　不妨设 G 是无向图，若 G 是有向图，证法类似。

设 G 是欧拉图，$W_n=v_0e_1v_1\cdots e_nv_n$ 是 Fleury 算法终止时得到的迹。

先证 W_n 是 G 的一条闭迹。

由于 $G_n=G-\{e_1,e_2,\cdots,e_n\}$，则在 G_n 中结点 v_n 的度数为 0，否则 G_n 中存在边 e_{n+1} 与 v_n 关联，因而算法到第 n 步时还可继续进行，矛盾。如果 $v_n\neq v_0$，则在 W_n 中与 v_n 关联的边数为奇数，即 $d_{W_n}(v_n)$ 为奇数。即 $d_{W_n}(v_n)+d_{G_n}(v_n)=d_G(v_n)$，这与 G 是欧拉图矛盾，故 $v_n=v_0$，因此 W_n 是 G 的一条闭迹。

再证 W_n 是 G 的欧拉回路，即证明 $E(G)=E(W_n)$。

假如 W_n 不是 G 的欧拉回路，则 $G_n=G-\{e_1,e_2,\cdots,e_n\}$ 含有非平凡连通分支，因

为 G 是欧拉图，而 W_n 是闭迹，因此 G_n 中没有奇度数结点，设 H_n 是 G_n 的一个非平凡连通分支，显然 H_n 是欧拉图。

设 T_n 是 H_n 的一条欧拉回路，由于 G 连通可推得 W_n 与 T_n 有公共顶点（否则 T_n 就是 G 的一个连通分支，与 G 连通矛盾），设 v_m 是沿着 W_n 而又在 T_n 中下标最大的一个点（因 v_n 不在 T_n 中，故这种顶点必存在，且 $v_n \neq v_m$），显然 e_{m+1} 就是 G_n 的一条割边。

设 e 是 T_n 中与 v_m 关联的一条边，由于 H_n 是欧拉图，因而 H_n 没有割边，所以 e 不是 H_n 的割边，因而也不是 G_n 的割边。另一方面，由于 $m<n$，G_n 是 G_m 的生成子图，所以 e 也不可能是 G_m 的割边。

由于 Fleury 算法构造 W_m 的过程：尽可能不取割边，但在构作 W_{m+1} 时没有取非割边 e（与 v_m 关联）而取了割边 e_{m+1}（也与 v_m 关联），矛盾。故 $E(G_n)=\varnothing$，即 W_n 是包括 G 的所有边的闭迹。证毕。

Fleury 算法的时间复杂度为 $O(\mathrm{card}(E(G)))$。

例 3.4.4 运用算法 3.4.1 找出图 3.4.7 所示欧拉图 G 的欧拉回路。

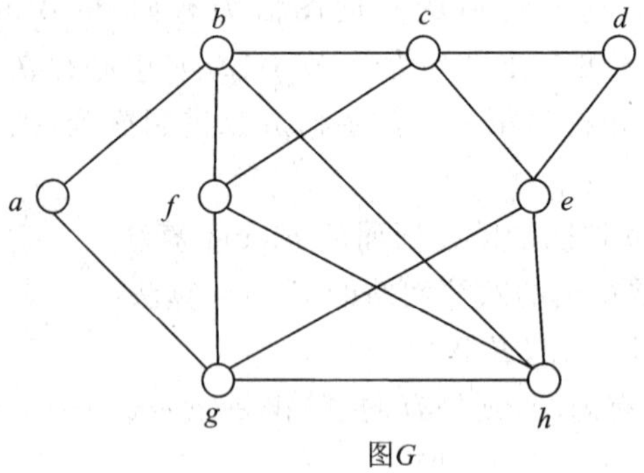

图 3.4.7

解

(1) 首先构造迹 $(a,b),(b,c),(c,d),(d,e),(e,c),(c,f)$；

(2) 因为边 (f,b) 是图 $G-\{(a,b),(b,c),(c,d),(d,e),(e,c),(c,f)\}$ 的割边，所以从关联结点 f 的另两边 (f,g) 与 (f,h) 中任取边 (f,g)，构造迹 $(a,b),(b,c),(c,d),(d,e),(e,c),(c,f),(f,g)$；

(3) 因为边 (g,a) 是图 $G-\{(a,b),(b,c),(c,d),(d,e),(e,c),(c,f),(f,g)\}$ 的割边，所以从关联结点 g 的另两边 (g,e) 与 (g,h) 中任取边 (g,e)，构造迹 $(a,b),(b,c),(c,d),(d,e),(e,c),(c,f),(f,g),(g,e),(e,h)$；

(4) 因为边 (h,g) 是图 $G-\{(a,b),(b,c),(c,d),(d,e),(e,c),(c,f),(f,g),(g,e),(e,h)\}$ 的割边，所以从关联结点 h 的另两边 (h,f) 与 (h,b) 中任取边 (h,b)，构造迹 $(a,b),(b,c),(c,d),(d,e),(e,c),(c,f),(f,g),(g,e),(e,h),(h,b),(b,f),(f,h)$ $(h,g),(g,a)$。

3.4.2 中国邮递员问题

中国邮递员问题(Chinese Postman Problem)是由中国管梅谷教授早在 20 世纪 60 年代首先提出并加以研究的。邮递员在邮局分拣好需要投递的邮件后，到他管辖的每一条街道投递，最后返回邮局。对于这个问题，邮递员希望找出一条行走距离最短路线。

把邮递员所管辖的投递区域看作一个连通的加权无向图 G，其中 G 的顶点看作街道的交叉口和端点，街道看作边，权看作街道的长度。如果对应的图 G 是欧拉图，那么从对应于邮局的顶点出发的任何一条欧拉回路都是符合上述要求的最优投递路线；如果对应的图 G 不是欧拉图，问题就变为在连通加权无向图 G 中，寻找一条经过每边至少一次而非恰好一次且权和最小的闭链。

在中国邮递员问题中，要找到一条最优投递路线的基本思想是当存在奇数度结点时，有些边遍历次数多于一次。为了找到这条最优投递路线，首先构造图 G 的奇数度结点集合 S，然后对 S 中的每对结点 u 和 v，运用后面将要介绍的 Dijkstra 算法，求出连接 u 和 v 的最短路长度。由于任意图中，奇数度结点总是偶数个，因此可将 S 中的结点进行配对，以使得这些对结点对间的距离和最小。这些使得距离和最小的结点对间的边就是要遍历多于一次的边。下面通过一个小例子加以说明。

例 3.4.5 针对图 3.4.8 所示加权图 G，给出中国邮递员问题的解决方案。

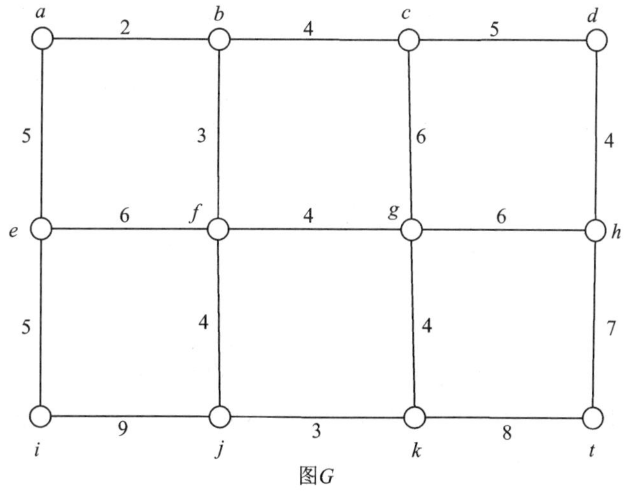

图 3.4.8

解 图 G 的奇数度结点集合为 $S=\{b,c,e,h,j,k\}$，求出 S 中每对结点间的距离得：

$d(b,c)=4, d(b,e)=7, d(b,h)=13, d(b,j)=7, d(b,k)=10$；

$d(c,e)=11, d(c,h)=9, d(c,j)=11, d(c,k)=10$；

$d(e,h)=16, d(e,j)=10, d(e,k)=13$；

$d(h,j)=13, d(h,k)=10$；

$d(j,k)=3$。

因此，使得距离和最小的配对方法应为 b 与 c 配对、e 与 h 配对、j 与 k 配对，因为 $d(b,c)+d(e,h)+d(j,k)=4+16+3=23$ 是包含 S 所有结点的最小距离和。为解决问题，将分别连接结点对 b 与 c、e 与 h、j 与 k 的最短路中的边加入到原图中，得到如图 3.4.9 所示的多重图。最后，在图 3.4.9 所示的多重图中找到一条欧拉回路 $abcdhtkjiefghgkjfgcbfea$，即为所求问题的一种解决方案。

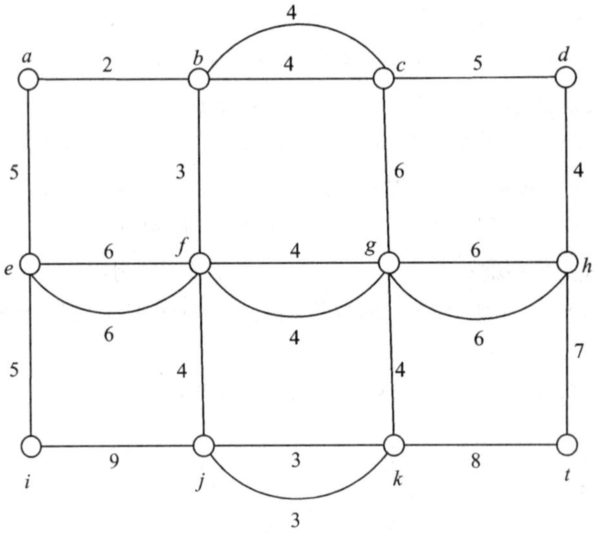

图 3.4.9

习题 3.4

1. 证明，若 G 和 H 都是欧拉图，那么 $G\times H$ 也是欧拉图。
2. 证明，若图 G 和 H 的所有结点的度数都是奇数，那么 $G\times H$ 是欧拉图。
3. 哪些超立方体是欧拉图？
4. 若连通图 G 的每个结点的度数都是奇数，证明线图 $L(G)$ 是欧拉图。
5. 当 m 与 n 为何值时，$K_{m,n}$ 是欧拉图。
6. 证明连通图 G 是欧拉图当且仅当 G 的每个块都是欧拉图。
7. 针对图 3.4.10 所示加权图 G，给出中国邮递员问题的解决方案。

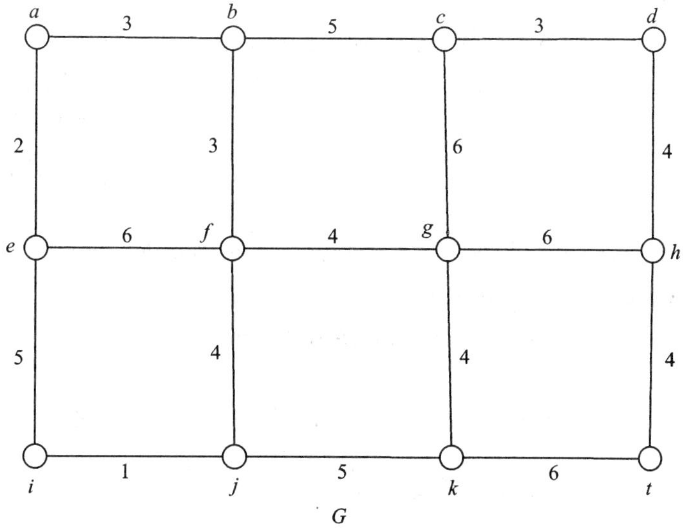

图 3.4.10

3.5　哈密顿图

3.5.1　哈密顿图的概念

与“七桥问题”同样有趣的是“周游世界”问题，这是著名的爱尔兰数学家 Hamilton(1805—1865 年)在 1857 年提出的一个游戏：能不能在图 3.5.1 所示的十二面体图中找出一条圈，使它经过图中每个结点一次且仅一次？

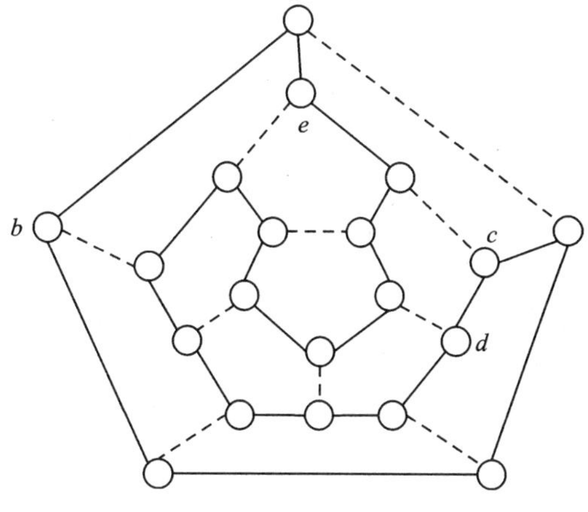

图 3.5.1

定义 3.5.1 给定无向图 G,经过图 G 的每个结点一次且仅一次的路称作哈密顿路。经过图 G 的每个结点一次且仅一次的闭路称作哈密顿回路。

定义 3.5.2 给定有向图 D,经过 D 中每个结点一次且仅一次的有向路称作哈密顿有向路。经过 D 中每个结点一次且仅一次的有向闭路称作哈密顿有向回路。

定义 3.5.3 具有哈密顿回路的无向图,与具有哈密顿有向回路的有向图,统称为哈密顿图。

与欧拉图不同,确定一个图是否为哈密顿图是很困难的。判断一个给定的图是否是哈密顿图的问题,称为哈密顿问题。哈密顿问题是图论中尚未解决的难题之一。

哈密顿图必无割点,哈密顿有向图必是强连通的。对二分图 $G=\langle V_1,V_2,E\rangle$,若 $\mathrm{card}(V_1)\neq\mathrm{card}(V_2)$,则 G 一定不是哈密顿图。

例 3.5.1 对于完全图 $K_n(n\geqslant3)$,由于 K_n 中任意两个结点之间都有边,从 K_n 的某一结点开始,总可以遍历其余结点后,再回到该结点,因此 $K_n(n\geqslant3)$ 是哈密顿图。

例 3.5.2 若无向图 G 存在哈密顿路 P,且其两个端点为 x 与 y,则在图 $G\times K_2$ 中存在 P 的镜像 P^*,相应的端点为 x^* 与 y^*。如此,边(x,x^*)、边(y,y^*)、路 P 与路 P^* 就组成了 $G\times K_2$ 的哈密顿回路,因此 $G\times K_2$ 是哈密顿图。如图 3.5.2(b)中,虚线所示闭路即为 $G\times K_2$ 的一条哈密顿回路。

由此也可得,n 维立方体 $Q_n(n\geqslant2)$ 都是哈密顿图。

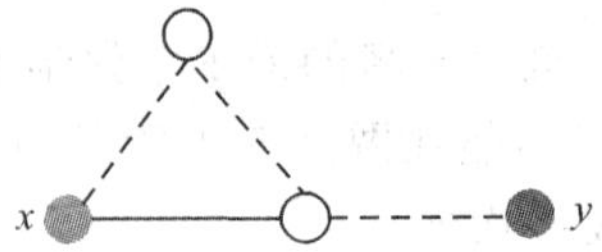

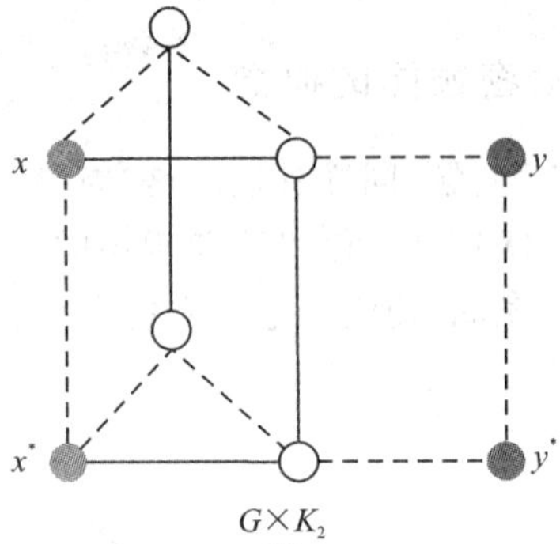

图 3.5.2

下面介绍若干哈密顿图的必要条件和充分条件。

定理 3.5.1 设任意 $n(n\geqslant3)$ 阶图 G,对所有不同非邻接顶点 x 和 y,若 $\deg(x)+\deg(y)\geqslant n$,则 G 是哈密顿图。

证明 仅就 G 是无向图加以证明。假设定理不成立,则存在一个阶为 $n(n\geqslant3)$,满足定理条件且边数最多的非哈密顿图,即 G 是一个非哈密顿图且对 G 的任何两个非邻接顶点 x_1 和 x_2,图 $G+$边(x_1,x_2)是哈密顿图。因为 $n\geqslant3$,所以 G 不是完全图。

设 u 和 v 是 G 的两个不邻接顶点。因此 $G+$边(u,v)是哈密顿图且 $G+$边(u,v)

的哈密顿回路一定包含边(u,v)。由此可得在 G 中存在一条 uv 路 $T=u_1u_2\cdots u_n(u=u_1,v=u_n)$包含 G 中的每个顶点。

如果边$(u_1,u_i)\in E(G)(2\leqslant i\leqslant n)$，那么边$(u_{i-1},u_n)\notin E(G)$。否则 $u_1u_iu_{i+1}\cdots u_nu_{i-1}u_{i-2}\cdots u_1$是 G 的一个哈密顿回路，所以对$\{u_2,u_3,\cdots,u_{n-1}\}$中每一个邻接到 u_1 的顶点存在一个$\{u_1,u_2,\cdots,u_{n-1}\}$中与 u_n 不邻接的顶点，因此 $\deg(u_n)\leqslant n-1-\deg(u_1)$，从而 $\deg(u)+\deg(v)\leqslant n-1$。与定理的条件矛盾，所以 G 是哈密顿图。证毕。

如果 G 是哈密顿图，显然 $G+$边(u,v)也是哈密顿图，这里 u 和 v 是不同的不邻接顶点。反之，假设 G 是一个 n 阶图，u 和 v 是不邻接顶点，$G+$边(u,v)是哈密顿图，且 $\deg(u)+\deg(v)\geqslant n$，则 G 是哈密顿图，否则，同定理 3.5.1 证明中的那样，得到 $\deg(u)+\deg(v)\leqslant n-1$，这与已知矛盾，由此得到下面的结论。

定理 3.5.2　设 u 和 v 是 n 阶图 G 的不同非邻接顶点，且 $\deg(u)+\deg(v)\geqslant n$，则 $G+$边(u,v)是哈密顿图当且仅当 G 是哈密顿图。

定理 3.5.2 暗示了图的一个新概念，即图的闭包。

定义 3.5.4　给定 n 阶图 G，若将图 G 中度数之和至少是 n 的非邻接点用一条边连接起来得图 G'，若将图 G' 重复上述过程，直到不再有这样的结点对存在为止，所得到的图称为原图 G 的闭包(closure)，记作 $CL(G)$。

图 3.5.3 说明了图 G 闭包的构造过程。

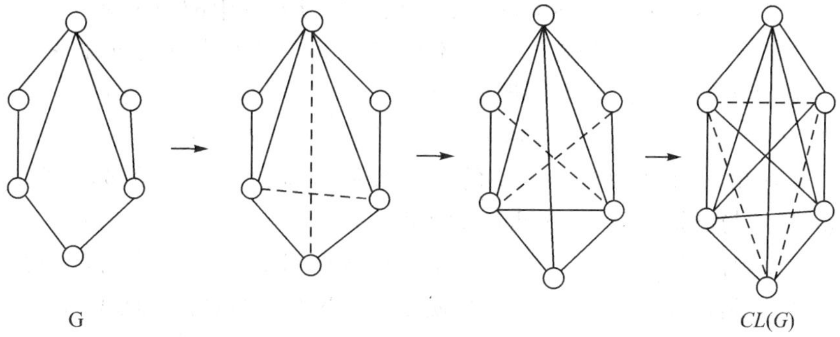

图 3.5.3

定理 3.5.3　一个图是哈密顿图，当且仅当它的闭包是哈密顿图。

定理 3.5.4　设图 G 的阶至少为 3，如果 G 的闭包是完全图，那么 G 是哈密顿图。

定理 3.5.5　设 G 是任意 $n(n\geqslant 3)$阶图，且对 G 的每个顶点 x，都有 $\deg(x)\geqslant \frac{n}{2}$，则 G 是哈密顿图。

定理 3.5.6　若 G 是一个哈密顿图，则对于结点集 $V(G)$的每个非空真子集 S，$W(G-S)\leqslant \mathrm{card}(S)$。其中 $W(G-S)$为 $G-S$ 的连通分支数。

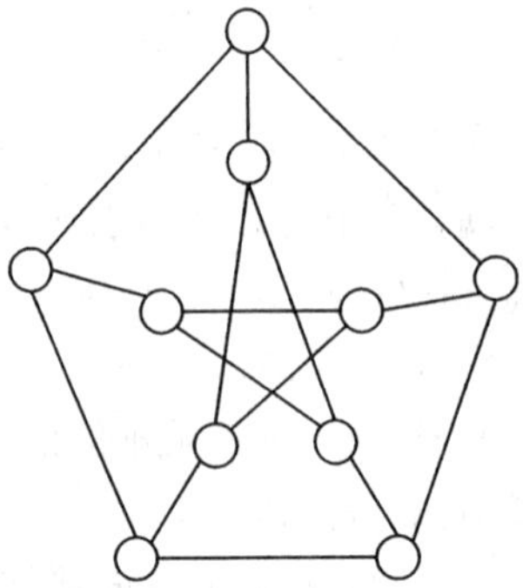

图 3.5.4

证明 设 C 是 G 的一个哈密顿回路，则对于结点集 $V(G)$ 的任意一个非空真子集 S，均成立 $W(C-S)\leqslant \mathrm{card}(S)$，由于 $C-S$ 为 $G-S$ 的一个生成子图，因而 $W(G-S)\leqslant W(C-S)$，于是 $W(G-S)\leqslant \mathrm{card}(S)$。证毕。

该条件只是必要条件，如图 3.5.4 所示的 petersen 图，满足 $W(G-S)\leqslant \mathrm{card}(S)$，但它是非哈密顿图。

例 3.5.3 有 n 个人，任意两个人合起来认识其余 $n-2$ 个人，证明：当 $n\geqslant 4$ 时，这 n 个人能站成一圈，使每个人的两旁站着自己认识的人。

证明 构造简单无向图 $G=\langle V,E\rangle$，其中 V 中的 n 个结点表示这 n 个人，G 中的边表示他们间的认识关系，若两个结点间有一条边，当且仅当对应的人互相认识。

任取 $u,v\in V(G)$，显然 $\deg(u)+\deg(v)\geqslant n-2$，且其余 $n-2$ 个结点必与 u 或 v 邻接。

(1) 若 u 与 v 邻接，则 $\deg(u)+\deg(v)\geqslant 2+n-2=n$。

(2) 若 u 与 v 不邻接，如果 $\deg(u)+\deg(v)=n-2$，则 $V-\{u,v\}$ 中恰有 $n-2$ 结点($n\geqslant 4$，故 $V-\{u,v\}\neq\varnothing$)，其中每一个结点只能与 u,v 中的一个结点相邻。不妨设 $a\in V-\{u,v\}$，且 a 与 u 相邻，a 与 v 不相邻，此时对于结点 a 与 u 来说，都不与 v 相邻，这与已知矛盾，因此 $\deg(u)+\deg(v)>n-2$，即 $\deg(u)+\deg(v)\geqslant n-1$。若 $\deg(u)+\deg(v)=n-1$，由于 $n\geqslant 4$，在结点集 $V-\{u,v\}$ 中至少有两个结点 a 和 b，其中 a 与 u、v 都相邻，而 b 只与 u、v 中的一个相邻，不妨设 b 与 u 相邻，这样 b 与 u、v 都不相邻，显然与已知矛盾，因此 $\deg(u)+\deg(v)>n-1$，即 $\deg(u)+\deg(v)\geqslant n$。

综上所述，对于任意 $u,v\in V(G)$，总有 $\deg(u)+\deg(v)\geqslant n$，因此 G 中存在一条哈密顿回路，于是这 n 个人能站成一圈，使每个人的两旁站着自己认识的人。

3.5.2 格雷码

格雷码是以弗兰克·格雷(Frank Gray)的名字命名的，20 世纪 40 年代，他为了把传送数字信号过程中的错误影响降到最低而发现了它们。

定义 3.5.5 n 阶格雷码是序列 $S_1,S_2,\cdots,S_{2^n}$，其中每个 S_i 是一个 n 位二进制串，满足：

(1) 每个 n 位二进制串都出现在序列中；

(2) S_i 与 S_{i+1} $(i=1,2,\cdots,2^n-1)$ 只有一位不同；

(3) S_{2^n} 与 S_1 只有一位不同。

格雷码显然是循环码，它已广泛地应用于各个领域，如模拟信息和数字信息的转换等。下面介绍如何为每个正整数构造格雷码。

定理 3.5.7　设 n 是正整数,并令 G_1 表示序列 0,1。由 G_{n-1} 根据以下规则来定义 G_n:

(1) 令 G_{n-1}^R 表示序列 G_{n-1} 的逆序;

(2) 令 G'_{n-1} 表示在 G_{n-1} 的每个成员前加 0 所得序列;

(3) 令 G''_{n-1} 表示在 G_{n-1}^R 的每个成员前加 1 所得序列;

(4) 令 G_n 为由 G'_{n-1} 后加上 G''_{n-1} 组成的序列。

则 G_n 是 n 阶格雷码。

证明　$n=1$ 时,定理显然成立。

假设 G_{n-1} 是格雷码。G'_{n-1} 中的每个串以 0 开始,因此 G'_{n-1} 中的任意连续串之间的不同必定由 G_{n-1} 中对应的串的不同所决定。但是 G_{n-1} 是格雷码,G_{n-1} 中每个连续的串对之间只有一位不同。因此,G'_{n-1} 中每个连续的串对之间也只有一位不同。类似地,G''_{n-1} 中每个连续的串对也只有一位不同。

令 α 表示 G'_{n-1} 中的最后一个串,令 β 表示 G''_{n-1} 中的第一个串。若删去 α,β 中的第一位,则所得的串是相同的。由于 α 的第一位是 0,β 的第一位是 1,所以 G'_{n-1} 的最后一个串和 G''_{n-1} 的第一个串只有一位不同。类似地,G'_{n-1} 的第一个串和 G''_{n-1} 的最后一个串也只有一位不同。因此,证得 G_n 为格雷码。证毕。

例如,从 G_1 开始来构造 G_3,结果见表 3.5.1。

表 3.5.1　三阶格雷码

G_1	0	1						
G_1^R	1	0						
G'_1	00	01						
G''_1	11	10						
G_2	00	01	11	10				
G_2^R	10	11	01	00				
G'_2	000	001	011	010				
G''_2	110	111	101	100				
G_3	000	001	011	010	110	111	101	100

按格雷码顺序,很容易找到超立方体的一条哈密顿回路。比如,图 3.5.5 所示 4 维超立方体 Q_4,按 4 阶格雷码顺序得到 Q_4 的一条哈密顿回路为 0000—0001—0011—0010—0110—0111—0101—0100—1100—1101—1111—1110—1010—1011—1001—1000—0000。一般地,按 n 阶格雷码顺序即得到 n 维超立方体 Q_n($n\geqslant 2$)的一条哈密顿回路。

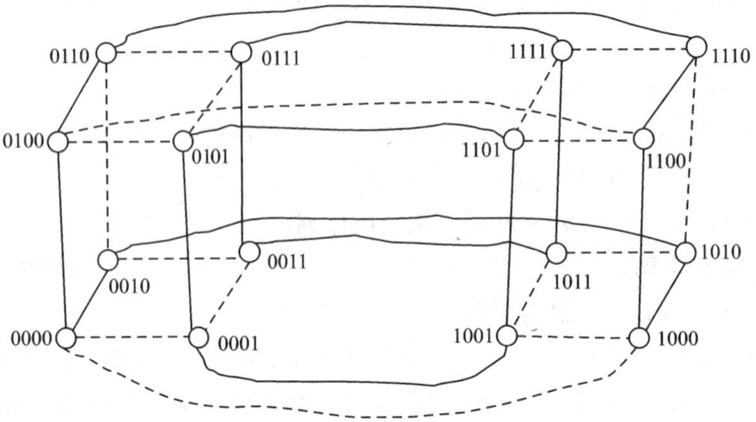

图 3.5.5

3.5.3 旅行推销商问题

旅行推销商问题(travelling salesman problem)是求加权完全无向图中访问每个顶点恰好一次且返回出发点的总权数最小的闭路,又称之为最优哈密顿回路。如果将加权图中的结点看作城市,加权边看作距离,旅行推销商问题即为找出一条最短路线,使得旅行推销商从某个城市出发,遍历每个城市一次,最后再回到出发城市。

旅行推销商问题等价于完全加权图中总权数最小的哈密顿回路,是 NPC 问题。虽然旅行推销商问题同时具有实践和理论的重要性,但目前还没有找到一个有效算法。

解决实际问题时,常用"最邻近方法"给出旅行推销商问题的近似解。

最邻近方法的步骤如下:

(1) 由任意选择的结点开始,指出与该结点最靠近(即权最小)的结点,形成有一条边的初始路。

(2) 设 x 表示最新加到这条路上的结点,从不在路上的所有结点中选一个与 x 最靠近的结点,把连接 x 与这一结点的边加到这条路上。重复这一步,直到图中所有结点包含在路上。

(3) 将连接起点与最后加入的结点之间的边加到这条路上,就得到一个哈密顿回路,即得问题的近似解。

例 3.5.4 用"最邻近方法"找出图 3.5.6 所示加权完全图 G 中具有充分小权的哈密顿回路。

解

哈密顿回路 $adcbefa$,权和 55。

哈密顿回路 $bcadefb$,权和 53。

哈密顿回路 $cbadefc$,权和 42。

哈密顿回路 $dabcfed$，权和 42。

哈密顿回路 $eadcbfe$，权和 51。

哈密顿回路 $fcbadef$，权和 42。

由上例可知，所选取的哈密顿回路不同，其近似解也不同。下面用“最邻近插入方法”对该方法进行改进：该方法在每次迭代中都构造一条闭路，每次迭代都是在已建立闭路以外的顶点中，找一个最邻近于闭路中某个结点的结点，然后将其插入该闭路中，并使增加的距离尽可能小，当全部结点插入这个闭路后，就找到了所求最短哈密顿回路的近似解。

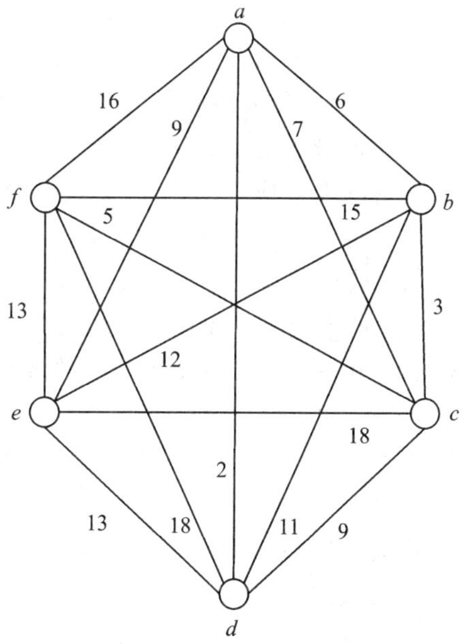

图 3.5.6

例 3.5.5　用“最邻近插入方法”找出图 3.5.6 所示加权完全图 G 中具有充分小权的哈密顿回路。

解　开始于顶点 a，组成闭路 aa。向其插入最邻近 a 的顶点 d，组成闭路 ada。再向其插入最邻近 a 的顶点 b，组成闭路 $adba$。

接下来，由于顶点 c 最邻近 b，将 c 插入，分别组成三条闭路 $acdba$、$adcba$ 和 $adbca$，其长度依次为 33、20 和 23，选取长度最短的闭路 $adcba$。

继而，距闭路 $adcba$ 中顶点 c 最邻近顶点为 f，将 f 插入，分别组成四条闭路 $afdcba$、$adfcba$、$adcfba$ 和 $adcbfa$，其长度依次为 52、34、37 和 45，选取长度最短的闭路 $adfcba$。

最后，把顶点 e 插入闭路 $adfcba$ 组成五条闭路 $aedfcba$、$adefcba$、$adfecba$、$adfceba$ 和 $adfcbea$，其长度依次为 54、42、60、61 和 49。

显然，长度最短的闭路 $adefcba$ 即所要求的最短哈密顿回路的近似解。

习题 3.5

1. 证明，任一个有限集合的全部子集可以这样排序，使任何相邻的两个子集仅相差一个元素。
2. 设 G 是具有 n 个结点的简单无向图，如果 G 中每一对结点度数之和大于或等于 $n-1$，则 G 中存在一条哈密顿路；若 G 中每一对结点度数之和大于或等于 n，则 G 中存在一条哈密顿回路。
3. 某次会议有 20 个人参加，其中每个人都至少有 10 个朋友，这 20 个人围一圆桌入席，使与每个人相邻的两位都是朋友是否可能？

4. 已知 a,b,c,d,e,f,g 七人中，a 会讲英语，b 会讲英语和汉语，c 会讲英语、意大利语和俄语，d 会讲汉语和日语，e 会讲意大利语和德语，f 会讲俄语、日语和法语，g 会讲德语和法语，能否将他们的座位围成圆桌安排，使得每个人都能与他身边的人交谈。

5. 今将 6 人分成 3 组(每组 2 人)去完成 3 项任务，已知每个人至少与其余 5 个人中的 3 人能相互合作，问：

(1) 能否使得每组的 2 个人能相互合作？

(2) 能给出几种不同的分配方案？

6. 找一种 9 个 a，9 个 b，9 个 c 的圆形排列，使由字母 $\{a,b,c\}$ 组成的长度为 3 的 27 个字的每个字仅出现一次。

7. 设 G 是分划为 X,Y 的二分图，且 $\mathrm{card}(X)\neq\mathrm{card}(Y)$，则 G 一定不是哈密顿图。

8. 设简单图 $G=\langle V,E\rangle$，$\mathrm{card}(V)=n$，$\mathrm{card}(E)=m$，若有 $m\geqslant C_{n-1}^{2}+2$，则 G 是哈密顿图。

9. 有一个 $3\times3\times3$ 的立方体，它是由 27 个 $1\times1\times1$ 的子立方体组成的。两个子立方体是相邻的，当且仅当它们具有公共面时。一根导线，从八个角的某一个子立方体出发，穿过公共面进入其相邻的子立方体。问：最后能否穿过所有子立方体而终止于该立方体的中心？

第 4 章 树

4.1 树的基本概念

4.1.1 树的结构

树的术语起源于植物学和家谱学。早在 1857 年，英国数学家 Arthur Cayley (1821—1895 年)就发现了树，当时他正在试图列举形为 C_nH_{2n+2} 的化合物的同分异构体。树具有广泛的应用，特别在计算机科学与管理科学中。例如，用树构造存储和传输数据的有效编码，用树构造最便宜的电话线连接分布式计算机网络，用树模拟一系列决策完成的过程等。

定义 4.1.1 无圈连通无向图称作树(tree)。树中度数为 1 的结点称为树的叶(leafage)，度数大于 1 的结点称为树的分枝点(branch vertex)或内点。不相交的若干树称为森林(forest)，即森林的每个连通分支是树。

由定理 3.1.1 知，非平凡图 G 是二分图当且仅当 G 中不含有长为奇数的圈。因树没有圈，所以树是二分图。

定理 4.1.1 T 是树 $\Leftrightarrow$ T 中无环，且任何不同两顶点间有且仅有一条路。

证明

$(\Rightarrow)$ $\forall x,y\in V(T)$ 且 $x\neq y$。由于 T 是连通图，则 x 与 y 之间一定有路。设 P_1 和 P_2 是 T 中两条不同的 xy 路，则 $P_1\cup P_2$ 是闭链，且存在边 $e\in P_1$ 但 $e\notin P_2$。显然子图 $(P_1\cup P_2)-e$ 是连通图。设边 $e=(u,v)$，则子图 $(P_1\cup P_2)-e$ 中存在 uv 路 P，于是 $P+e$ 是圈，这与已知矛盾。因此树 T 的任何不同两顶点间有且仅有一条路。

$(\Leftarrow)$ 假设 T 中含圈 C。若 $\text{card}(V(C))=1$，则 T 中有环；若 $\text{card}(V(C))=2$，则 T 中有平行边；若 $\text{card}(V(C))\geqslant 3$. $\forall x,y\in V(C)$，有两条不同的 xy 路。这些都与已知矛盾，因此 T 是无圈连通图，即 T 为树。

定理 4.1.2 T 是树 $\Leftrightarrow$ T 连通且 $\forall e\in E(T)$，有 $W(T-e)=2$。

证明

$(\Rightarrow)$ 已知 T 是树，由定理 4.1.1 知 T 是简单连通图。

设边 $e=(x,y)\in E(T)$，则 $W(T-e)\leqslant 2$。另一方面，由定理 4.1.1 知 xey 是 T 中唯一 xy 路，所以 x 和 y 在 $T-e$ 的不同连通分支。于是 $W(T-e)\geqslant 2$。故 $W(T-e)=2$。

$(\Leftarrow)$ 假设 T 含圈 C，并设边 $e=(x,y)\in E(C)$。由于 T 连通且 $W(T-e)=2$，所

以 e 不是环，即 x 和 y 在 $T-e$ 的不同连通分支中。然而 $C-e$ 是 $T-e$ 中 xy 路，矛盾，所以 T 是树。

定理 4.1.3 T 是树$\Leftrightarrow T$ 连通且 $e=n-1$，其中 e 为 T 的边数，n 为 T 的顶点数。

证明

($\Rightarrow$)设 T 的边数为 $e(T)$，顶点数为 $v(T)$。$e(T)=1$，$v(T)=2$ 时显然 $e(T)=v(T)-1$。现假设对所有边数小于 $e(T)$的树，式 $e(T)=v(T)-1$ 成立。

任取 $e\in E(T)$，由定理 4.1.2 知 $T-e$ 有两个连通分支，设其为 T_1 和 T_2，则 $e(T_1)=v(T_1)-1$，$e(T_2)=v(T_2)-1$。而 $e(T)=e(T_1)+e(T_2)+1=v(T_1)+v(T_2)-1=v(T)-1$。即 $e=n-1$。

($\Leftarrow$)$n=1$ 时 $e=0$；$n=2$ 时 $e=2$；显然成立。设任何 n 阶且边数 e 为 $n-1$ 的连通图不含圈。对于 $n+1$ 阶且边数 e 为 n 的连通图 T，有 $\delta(T)\geqslant 1$。若 $\delta(T)\geqslant 2$，则 $2e=2n=\sum\limits_{x\in V(T)}\deg(x)\geqslant 2(n+1)$，这是不可能的。所以存在 $x\in V(T)$使 $\deg(x)=1$。于是 $T-x$ 是 n 阶图且 $T-x$ 只有 $n-1$ 条边。由归纳假设知 $T-x$ 不含圈，从而得到 T 是不含圈的连通图，即 T 为树。

推论 4.1.1 T 是森林$\Leftrightarrow e=n-\omega$，其中 e 为 T 的边数，n 为 T 的顶点数，ω 为 T 的连通分支数。

定理 4.1.4 设 T 是 n 阶非平凡树(平凡图称为平凡树)，则 T 中至少有 2 片树叶。

证明 设 T 是 n 阶非平凡树，则 $\delta(T)\geqslant 1$。并设 T 有 e 条边 k 片叶，则 $2e=\sum\limits_{i=1}^{n}\deg(v_i)\geqslant k+2(n-k)=2n-k$，而 $e=n-1$，故 $k\geqslant 2$。证毕。

如果一个非递增非负整数序列可表示为某个树的度序列，则称该序列为树序列。下面给出一种判别非递增序列是否为树序列的简单方法。

定理 4.1.5 设 n 个正整数组成的序列 $d_1,d_2,\cdots,d_n$，其中 $d_1\geqslant d_2\geqslant\cdots\geqslant d_n$ 且 $d_1+d_2+\cdots+d_n=2(n-1)$，证明存在一颗树，其度序列为 $d_1,d_2,\cdots,d_n$。

证明 $n=1$ 和 $n=2$ 时，定理显然成立。

假设定理当 $n=k$ 时成立。当 $n=k+1$ 时，即证明存在一个 $k+1$ 阶树 T 的度序列为正整数序列 $d_1,d_2,\cdots,d_{k+1}$，其中 $d_1\geqslant d_2\geqslant\cdots\geqslant d_{k+1}$ 且 $d_1+d_2+\cdots+d_{k+1}=2(k+1-1)=2k$。

首先，正整数序列 $d_1,d_2,\cdots,d_{k+1}$ 中至少有一个数为 1，否则 $d_1+d_2+\cdots+d_{k+1}\geqslant 2(k+1)$，这与已知矛盾。所以 $d_{k+1}=1$。其次，增加数 $d^*=d_1-1$ 于序列 $d_2,d_3,\cdots,d_k$ 中适当位置得到一个新序列 S，序列 S 含有 k 个数，且序列和为 $2k-2=2(k-1)$，由归纳假设知存在树 T^* 的度序列为 S。最后，设 T^* 中度数为 d^* 的结点为 u，现向树 T^* 中增加结点 v，连接边(u,v)，所得树即为所求树 T。证毕。

例 4.1.1 画出全部 6 阶非同构树。

解　如图 4.1.1 所示,可按照树最长路的长度进行分类。

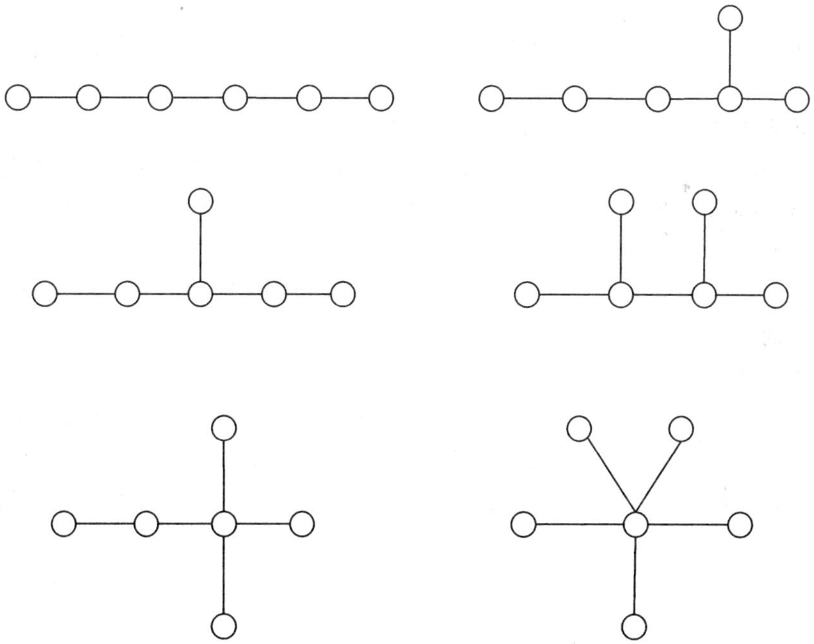

图 4.1.1

例 4.1.2　如图 4.1.2 所示树 T_1 与 T_2,比较其结构性质的不同,说明它们是否同构。

解　它们的度序列均为 4,3,3,1,1,1,1,1,1。最长路的长度也都为 4。但 T_1 的 2 个 3 度结点间最短路的长度为 2,而 T_2 的 2 个 3 度结点间最短路的长度为 1。或 T_1 的 4 度结点与 2 个 1 度结点邻接,而 T_2 的 4 度结点与 3 个 1 度结点邻接。故 T_1 与 T_2 不同构。

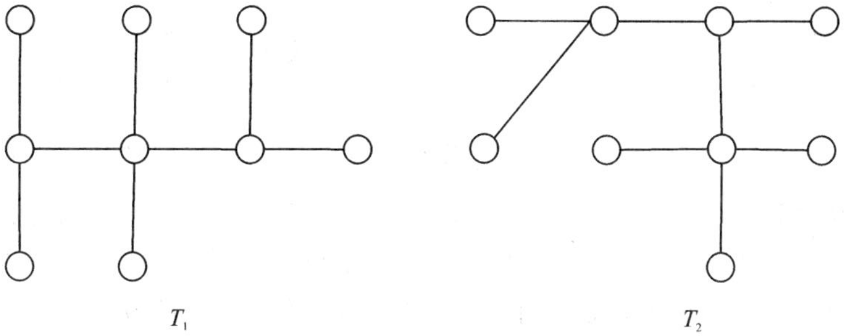

图 4.1.2

4.1.2 根 树

定义 4.1.2 设 T 是有向图，若 T 的基础图是树，称 T 是有向树(directed tree)。

定义 4.1.3 仅一个结点的入度为 0，其余所有结点的入度都为 1 的有向树称为根树(rooted tree)。入度为 0 的结点称为根(root)；出度为 0 的结点(即度数为 1 的结点)仍称为叶；出度不为 0 的结点称为分枝点或内点(根是特殊的分枝点除非它是图中唯一的顶点)。

由根到某一结点 v 的有向路的长度称为顶点 v 的层数(level)。根树的高度就是顶点层数的最大值。

例 4.1.3 用根树可以表示家庭成员之间的关系。

设某祖先 a 有两个儿子 b 和 c，b 与 c 又分别有 3 个儿子 d,e,f 和 g,h,i，而 e 有一个儿子 j，h 有两个儿子 k 和 t。这样的家庭关系可以用如图 4.1.3 所示的根树表示。因此，根树也称为家族树，同时也有一些类似的术语。比如，设 u 是根树的分枝点，若从 u 到 v 有一条有向边 $\langle u,v\rangle$，则可称 v 为 u 的儿子或 u 为 v 的父亲；若一个分枝点有两个儿子，则称他们为兄弟。若从 u 到 z 有一条有向路，则可称 z 为 u 的后代或 u 为 z 的祖先等。

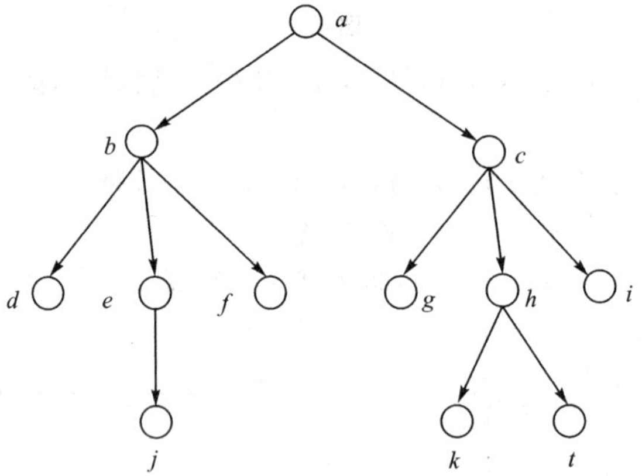

图 4.1.3

根树概念非常重要，原因在于它描述了一个离散结构的层次关系，而层次结构是一种重要的数据结构，因而有着广泛的应用。在画根树时，把根画在图的顶端，表示根树中边的方向的箭头可以省略，因为对根的选择确定了边的方向。

若 a 是根树里的顶点，则以 a 为根的子树是由 a 和 a 的后代及其所关联的边组成该树的子图。

定义 4.1.4 如果在根树中规定了每一层上的顶点的次序，这样的根树称为有序树(ordered tree)。

一般地，在画出的有序树中，规定同一层次的顶点的次序为从左至右（即不能互换）。也可以规定用边的次序来代替顶点的次序。如图 4.1.4 所示的（a）与（b）是两棵不同的有序树。

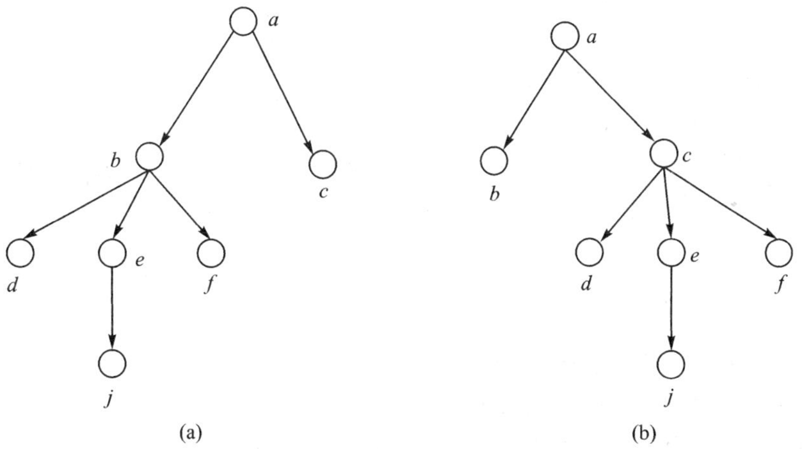

图 4.1.4

例如，用图 4.1.5 所示的有序树表示代数式 $a\times b+(d+e/f)\times c$。

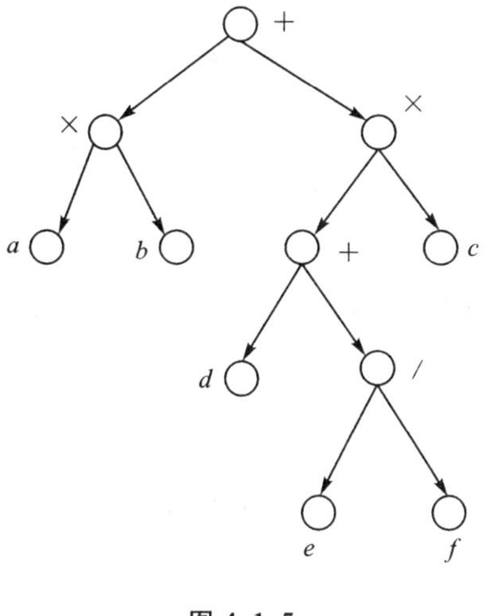

图 4.1.5

树中的叶表示参加运算的元素，分枝点表示相应的运算。运算的次序是先左后右，自下而上。在分枝点上的运算指示，只有在其左右子树均已变成数或式子时才进行。

定义 4.1.5　每个结点的出度不大于 m 的有序根树称为 m 叉树。每个顶点的出度恰好为 m 或零的 m 叉树称为完全 m 叉树。所有树叶层次相同的完全 m 叉树称为正则 m 叉树。

例如，如图 4.1.6 所示(a)～(c)分别为完全三叉树、正则三叉树与三叉树。

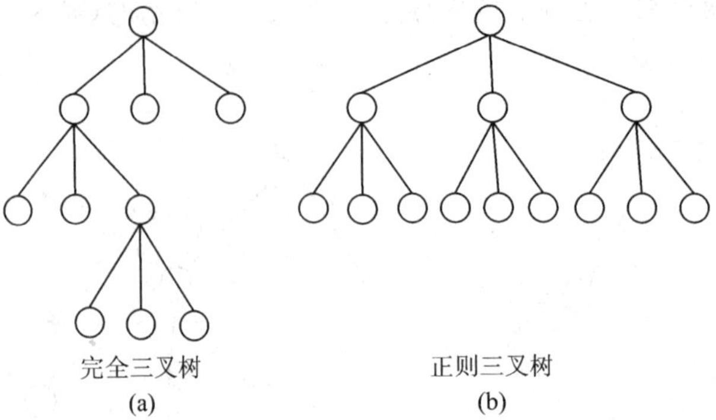

图 4.1.6

定理 4.1.6 设 T 是完全 m 叉树，且 T 的叶数为 t，分枝点数为 i，则 $(m-1)i=t-1$。

证明 在完全 m 叉树中，每片叶的度数为 1，根的度数为 m，其余每个分枝点的度数为 $m+1$。并设 T 有 e 条边，则 $2e=t+m+(i-1)(m+1)$，又因为 $e=t+i-1$，故 $(m-1)i=t-1$。证毕。

习题 4.1

1. 设无向图 G 是由 $k(k\geqslant 2)$ 棵树构成的森林，已知 G 中有 n 个顶点 m 条边，则 $m=n-k$。
2. 设无向图 G 中有 n 个顶点 m 条边，且 $m\geqslant n$，则 G 中必有圈。
3. 已知一棵无向树 T 有三个 3 度顶点，一个 2 度顶点，其余的都是 1 度顶点，试求树 T 中叶的个数。
4. 用图 4.1.7 中所示的三个星形图的并，能构造出多少棵非同构的树？

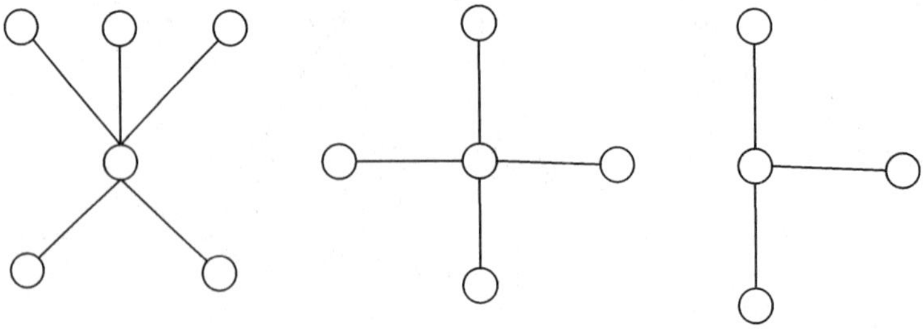

图 4.1.7

5. 画出具有 7 个顶点的所有非同构的树。
6. 有多少棵非同构的带有 5 个顶点的根树(使用有向图的同构)？
7. 假定 1 000 人参加围棋巡回赛。若一个选手输掉一盘就遭到淘汰，而且比赛进行到只有一位参加者还没有输过为止，则利用这个巡回赛的根树模型，来

确定为了决出冠军必须下多少盘棋？（假定没有平局）

8. 证明，在高度为 h 的 m 叉树里至多有 m^k 个叶（对高度使用数学归纳法）。

9. 标记树是其中每个顶点都指定了标记的树。当在两个标记树之间存在保持顶点标记的同构时，就把这两个标记树当作同构的。过 3 个顶点的不同构的标记树有多少棵？过 4 个顶点呢？过 n 个定点呢？

10. 证明，存在一颗树的度序列为 3,3,2,2,1,1,1,1。并用此序列构造 3 棵非同构的树。

4.2　生成树

4.2.1　生成树的概念

定义 4.2.1　如果 T 是图 G 的一个生成子图且又是一棵树，则称 T 是图 G 的一棵生成树（spanning tree）。生成树 T 中的边称为树 T 的树枝（branch），不在生成树 T 中的 G 的边，称为树 T 的弦（chord）。

定理 4.2.1　图 G 有生成树⇔图 G 为连通图。

证明

(⇒)如果图 G 不是连通图，那么它的生成子图都不连通，因而 G 不能有生成树。

(⇐)已知图 G 为连通图。设 T 是 G 的边数最少的连通生成子图。于是对任意边 $e \in E(T)$，$T-e$ 不是连通图，即 T 的每一边都是割边，因此 T 是一棵树，而 T 又是 G 的生成子图，因而 T 是 G 的一棵生成树。证毕。

因为 n 个结点的树有 $n-1$ 条边，生成树连通而且没有圈，所以对一个含 n 个结点 m 条边的连通图 G 构造生成树，必须从 G 中删除不是桥的边，使得余下 $n-1$ 条边。

例 4.2.1　找出图 4.2.1(a)中带标记图 G 的所有生成树。

解　因为图 G 有 6 个结点 7 条边，所以要删除 2 条边。因为边 (a,b) 是桥，必须保留。其所有生成树如图 4.2.1(b)～(l)所示。

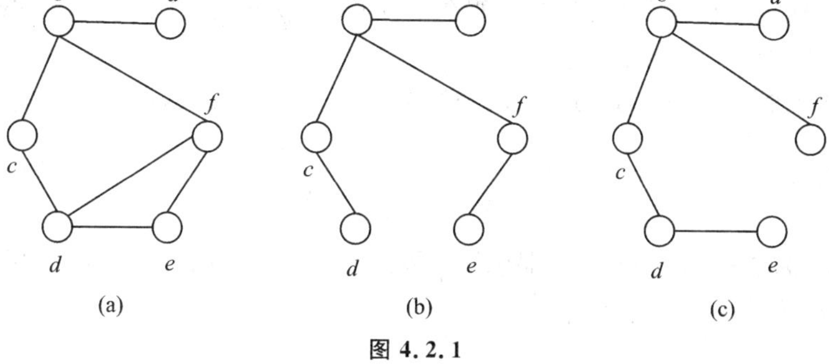

图 4.2.1

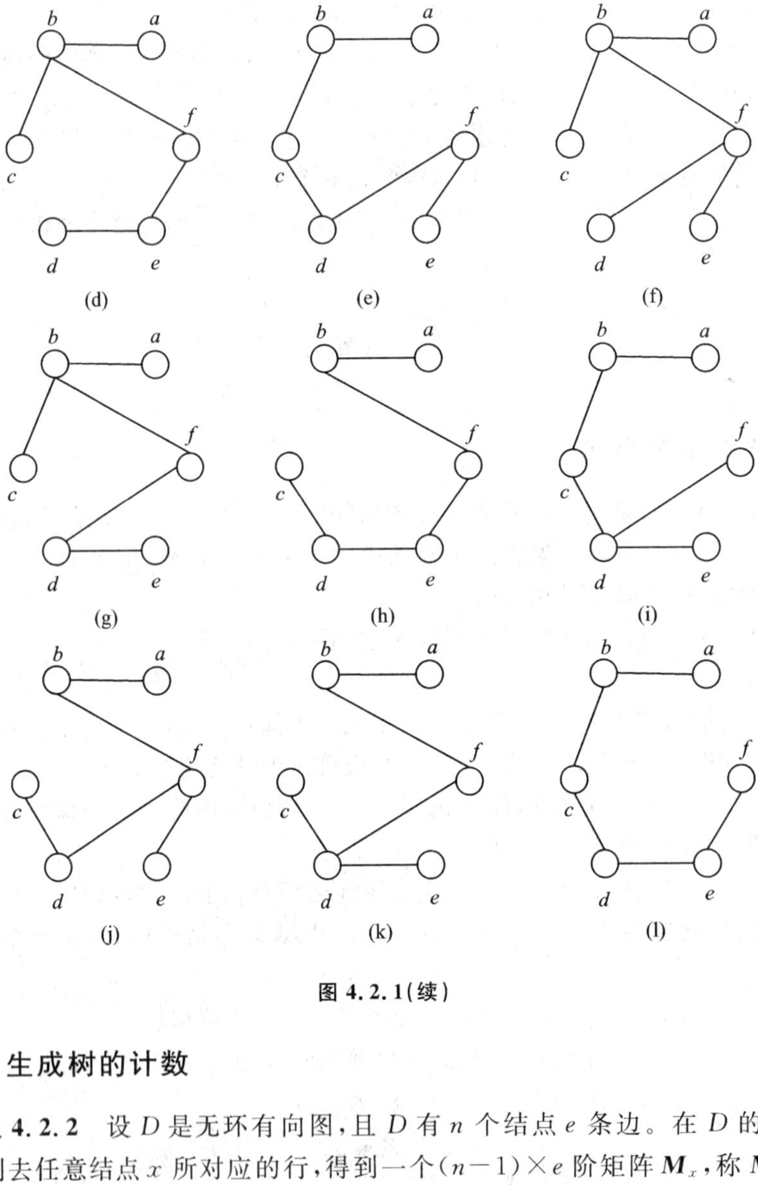

图 4.2.1(续)

4.2.2 生成树的计数

定义 4.2.2 设 D 是无环有向图，且 D 有 n 个结点 e 条边。在 D 的关联矩阵 $\boldsymbol{M}_{n\times e}$ 中划去任意结点 x 所对应的行，得到一个 $(n-1)\times e$ 阶矩阵 $\boldsymbol{M}_x$，称 $\boldsymbol{M}_x$ 为 D 的一个基本关联矩阵。

定理 4.2.2 (Binet - Cauchy)已知两个矩阵 $\boldsymbol{A}=(a_{ij})_{m\times n}$，$\boldsymbol{B}=(b_{ij})_{n\times m}$。若 $m\leqslant n$，则

$$\det(\boldsymbol{AB}) = \sum_i \boldsymbol{A}_i \boldsymbol{B}_i$$

其中 $\boldsymbol{A}_i$ 和 $\boldsymbol{B}_i$ 都是 m 阶行列式，$\boldsymbol{A}_i$ 是从 $\boldsymbol{A}$ 中取不同的 m 列所成的行列式，$\boldsymbol{B}_i$ 是从 $\boldsymbol{B}$ 中取相应的 m 行所构成的行列式。

例如，已知 $\boldsymbol{A}=\begin{pmatrix}4 & 3 & 2\\ -2 & 4 & 3\end{pmatrix}$，$\boldsymbol{B}=\begin{pmatrix}5 & 1\\ 0 & 3\\ 4 & 2\end{pmatrix}$，$\boldsymbol{AB}=\begin{pmatrix}28 & 17\\ 2 & 16\end{pmatrix}$，$\det(\boldsymbol{AB})=414$；

另一方面，有

$$\det(\boldsymbol{AB})=\begin{vmatrix}4 & 3\\ -2 & 4\end{vmatrix}\begin{vmatrix}5 & 1\\ 0 & 3\end{vmatrix}+\begin{vmatrix}4 & 2\\ -2 & 3\end{vmatrix}\begin{vmatrix}5 & 1\\ 4 & 2\end{vmatrix}+\begin{vmatrix}3 & 2\\ 4 & 3\end{vmatrix}\begin{vmatrix}0 & 3\\ 4 & 2\end{vmatrix}=414$$

定理 4.2.3　设 $\boldsymbol{B}_k$ 是有向弱连通图 D 的某个基本关联矩阵，则 D 的不同生成树的数目为 $\det(\boldsymbol{B}_k\boldsymbol{B}_k^{\mathrm{T}})$，其中 $\boldsymbol{B}_k^{\mathrm{T}}$ 为 $\boldsymbol{B}_k$ 的转置矩阵。

例 4.2.2　设图 D 如图 4.2.2 所示。(1)求 D 的不同生成树的数目；(2)求 D 的不含边 e_4 的不同生成树的数目；(3)求 D 的必含边 e_3 的不同生成树的数目。

解　(1) D 的关联矩阵 $\boldsymbol{M}$ 为

$$\boldsymbol{M}=\begin{pmatrix}1 & 1 & 0 & 0 & 0\\ -1 & 0 & -1 & -1 & 0\\ 0 & 0 & 0 & 1 & -1\\ 0 & -1 & 1 & 0 & 1\end{pmatrix}$$

选 v_4 的基本关联矩阵，并记作 $\boldsymbol{B}_4$，则

$$\boldsymbol{B}_4=\begin{pmatrix}1 & 1 & 0 & 0 & 0\\ -1 & 0 & -1 & -1 & 0\\ 0 & 0 & 0 & 1 & -1\end{pmatrix}$$

于是 $\det(\boldsymbol{B}_4\boldsymbol{B}_4^{\mathrm{T}})=\det\begin{pmatrix}2 & -1 & 0\\ -1 & 3 & -1\\ 0 & -1 & 2\end{pmatrix}=8$，所以 D 中有 8 棵不同的生成树。

(2) 求图 D 中不含边 e_4 的生成树的数目，转化为求图 4.2.3 所示图 D_1 的不同生成树的数目。图 D_1 的关联矩阵 $\boldsymbol{M}_1$ 为

$$\boldsymbol{M}_1=\begin{pmatrix}1 & 1 & 0 & 0\\ -1 & 0 & -1 & 0\\ 0 & 0 & 0 & -1\\ 0 & -1 & 1 & 1\end{pmatrix}$$

选 v_4 的基本关联矩阵，记作 $\boldsymbol{C}_4$，则

$$\boldsymbol{C}_4=\begin{pmatrix}1 & 1 & 0 & 0\\ -1 & 0 & -1 & 0\\ 0 & 0 & 0 & -1\end{pmatrix}$$

于是 $\det(\boldsymbol{C}_4\boldsymbol{C}_4^{\mathrm{T}})=\det\begin{pmatrix}2 & -1 & 0\\ -1 & 2 & 0\\ 0 & 0 & 1\end{pmatrix}=5$，所以图 D 中不含边 e_4 的生成树的数目为 5。

(3) 求图 D 中必含边 e_3 的生成树的数目，转化为求图 4.2.4 所示 D_2 的不同生成树数目。

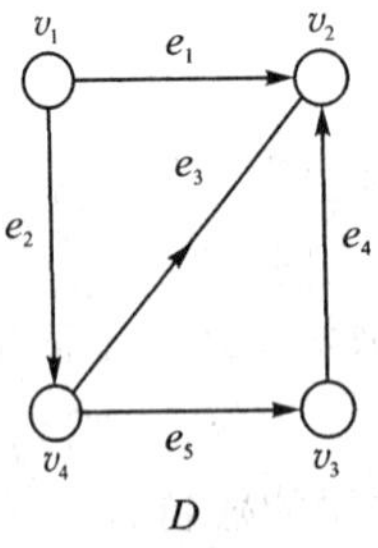

图 4.2.2

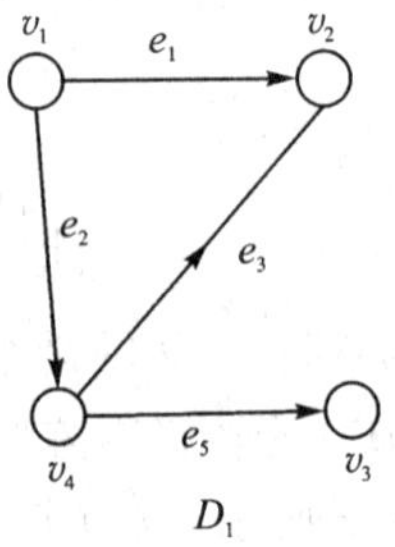

图 4.2.3

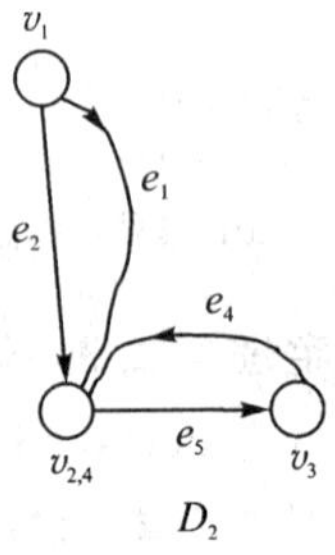

图 4.2.4

图 D_2 的关联矩阵 $\boldsymbol{M}_2$ 为

$$\boldsymbol{M}_2=\begin{pmatrix}-1 & -1 & 0 & 0\\ -1 & -1 & -1 & 1\\ 0 & 0 & 1 & -1\end{pmatrix}$$

取 $v_{2,4}$ 的基本关联矩阵，记作 $\boldsymbol{B}$，则

$$\boldsymbol{B}=\begin{pmatrix}-1 & -1 & 0 & 0\\ 0 & 0 & 1 & -1\end{pmatrix}$$

于是 $\det(\boldsymbol{BB}^{\mathrm{T}})=\det\begin{pmatrix}2 & 0\\ 0 & 2\end{pmatrix}=4$，所以图 D 中必含边 e_3 的不同生成树有 4 棵。

说明

(1) 记 $\boldsymbol{C}=\boldsymbol{B}_k\boldsymbol{B}_k^{\mathrm{T}}=(C_{ij})\quad i\neq k, j\neq k$，则

$$C_{ij}=\begin{cases}d_D(v_i) & i=j\\ -\text{关联}v_i\text{ 与}v_j\text{ 的边数} & i\neq j\end{cases}$$

(2) 对于连通无向图 G 的生成树计数，只需考虑 G 的定向图。

下面考虑生成根树的计数。

先看一个实际问题，如图 4.2.5(a)所示根树 T 的关联矩阵记为 $\boldsymbol{M}$，v_0 的基本关联矩阵记为 $\boldsymbol{B}_0$，则

$$\boldsymbol{M}=\begin{pmatrix}1 & 1 & 0 & 0\\ -1 & 0 & 1 & 1\\ 0 & 0 & -1 & 0\\ 0 & 0 & 0 & -1\\ 0 & -1 & 0 & 0\end{pmatrix},\quad \boldsymbol{B}_0=\begin{pmatrix}-1 & 0 & 1 & 1\\ 0 & 0 & -1 & 0\\ 0 & 0 & 0 & -1\\ 0 & -1 & 0 & 0\end{pmatrix}$$

现对根树 T 的结点和边重新编号，使每边 $e=<v_i, v_j>$都满足 v_i 的编号小于 v_j 的编号，同时边 $e=<v_i, v_j>$的编号为 e_j；这样得到如图 4.2.5(b)所示根树 T'。树 T' 的结点 v_0 的基本关联矩阵 $\boldsymbol{B}_0'$ 为

$$\boldsymbol{B}_0' = \begin{pmatrix} -1 & 0 & 0 & 0 \\ 0 & -1 & 1 & 1 \\ 0 & 0 & -1 & 0 \\ 0 & 0 & 0 & -1 \end{pmatrix}$$

这样 $\boldsymbol{B}_0'$ 是对角矩阵，且 $\boldsymbol{B}_0'$ 可以由 $\boldsymbol{B}_0$ 通过初等变换得到。显然

$$\det(\boldsymbol{B}_0) = \det(\boldsymbol{B}_0') = \det \begin{pmatrix} -1 & 0 & 0 & 0 \\ 0 & -1 & 1 & 1 \\ 0 & 0 & -1 & 0 \\ 0 & 0 & 0 & -1 \end{pmatrix}$$

当然，只有有向树才有此特征。

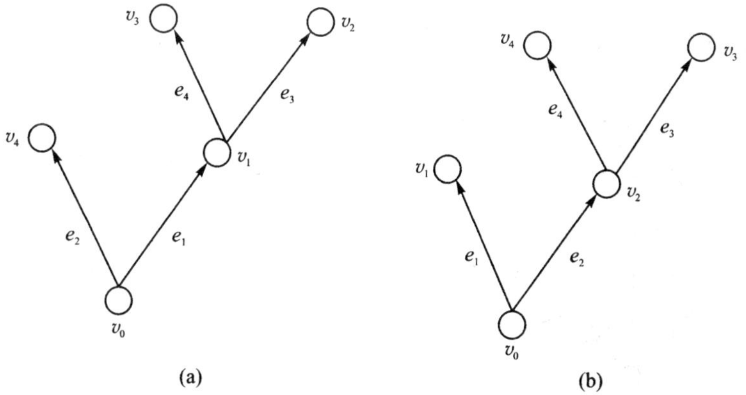

图 4.2.5

定理 4.2.4　有向弱连通图 D 中以 v_k 为根的不同生成根树数目为 $\det(\vec{\boldsymbol{B}}_k\vec{\boldsymbol{B}}_k^{\mathrm{T}})$，其中 $\vec{\boldsymbol{B}}_k$ 表示 D 的 v_k 的基本关联矩阵 $\boldsymbol{B}_k$ 中将全部 1 元素改为 0 元素之后的矩阵。

4.2.3　最小生成树

定义 4.2.3　连通加权图里权和最小的生成树称为最小生成树(minimum cost spanning tree)。

在加权连通图中，寻找最小生成树的问题有其实际背景。例如，在某一个国家或地区，需建造一铁路网，把一些城市连接起来，需要总长度最短或造价最低。

下面介绍构造最小生成树的两种著名算法。这两个算法都是通过添加还没有使用过的具有规定性质且权最小的边来进行的，且这两个算法都是贪心算法的例子。贪心算法是在每个步骤上都做最优选择的算法，该原理可概括为“局部最优化”。但要注意，在算法的每个步骤上都最优化，并不保证产生全局最优解。不过，下面给出的两个算法都是产生最优解的贪心算法。

第一种算法是罗伯特・普林(Robert Clay Prim)在 1957 年给出的。这个算法的

基本思想：首先选择带最小权的边，把它放进生成树里。相继向树里添加带最小权的边，这些边与已在树里的顶点相关联，并且不与已在树里的边形成圈。当已经添加了 $n-1$ 条边为止（n 为结点数）。其伪代码描述如下：

算法 4.2.1 普林算法

```
procedure prim(G:带 n 个顶点的连通无向图)
T = 权最小的边
for = 1 to n - 2
begin
e = 与 T 里顶点相关联的权最小的边，并且若添加到 T 里则不形成圈
T = 添加 e 之后的 T
end {T 是 G 的最小生成树}
```

例 4.2.3 用普林算法求图 4.2.6(a)所示图的最小生成树。

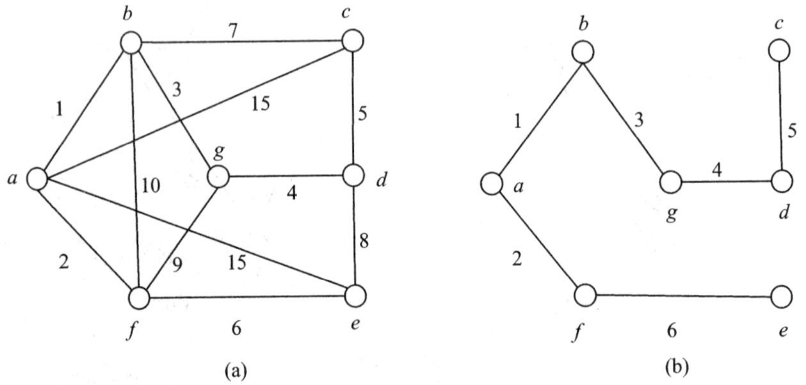

图 4.2.6

解 用普林算法所构造的最小生成树显示在图 4.2.6(b)里。相继选择的边也做了显示。

选择	1	2	3	4	5	6
边	(a,b)	(a,f)	(b,g)	(g,d)	(d,c)	(f,e)
权	1	2	3	4	5	6

定理 4.2.5 普林算法是正确的，即在算法结束时，得到一棵最小生成树。

证明 设 G 是一个连通加权图。假定普林算法相继选择的边是 $e_1, e_2, \cdots, e_{n-1}$。设 T_k 是算法 for 循环经过 k 次迭代之后所生成的树，即 T_k 的边集依次为 $e_1, e_2, \cdots, e_k$。

假定 T_k 包含在 G 的最小生成树 T 中。令 V 是 T_k 的结点集。则算法选择一条具有最小权的边 (a,b)，其中 $a \in V$ 且 $b \notin V$，把它加入到 T_k 中 得到 T_{k+1}。如果 (a,b) 在 T 中，则 T_{k+1} 包含在最小生成树 T 中；如果 (a,b) 不在 T 中，则 $T+(a,b)$ 包含一个圈 S。在 S 中选一条不同于边 (a,b) 的边 (x,y)，其中 $x \in V$ 且 $y \notin V$，则边 (x,y) 的

权不小于边(a,b)的权。于是 $T'=T+(a,b)-(x,y)$有不大于 T 的权。因为 T'是生成树，因而 T'是一个最小生成树。而 T_{k+1}包含在 T'中，从而对所有的 k $(k=1,2,\cdots,n-1)$，T_k都包含在 G 的最小生成树里。证毕。

下面给出普林算法的另一种形式。

设 G 是具有结点 $1,2,\cdots,n$ 的连通加权图。在每一步一些结点具有临时标号，而另一些结点具有固定标号，结点 i 的标号表示为 L_i。若结点 i 与 j 之间有一边，则 $\omega(i,j)$等于边(i,j)的权值；若结点 i 与 j 之间没有边，则 $\omega(i,j)=\infty$。在图 G 中，任取一个结点为初始结点 s。

算法 4.2.2　普林算法的另一种形式

```
procedure prim - alternate{G:加权连通图}
    for
        j = 1 to n do
    begin
        Lj = ω(s,j){临时标号}
        B(j) = s
    end
        Ls = 0
        设置 Ls 为固定的
While 遗留临时标号 do
    begin
        选择最小临时标号 Li
        设置 Li 为固定的
        边(i,B(i))加入 T
        结点 i 加入 T
    for 每个临时标号 Lk  do
        if ω(i,k)<Lk  then
        begin
        Lk = ω(i,k)
        B(k) = i
        end
    end
    return
end {T 为 G 的最小生成树}
```

例 4.2.4　用算法 4.2.2 求图 4.2.6(a)所示图的最小生成树。

解　取结点 a 为初始点，T 为所求的最小生成树，如图 4.2.6(b)所示。解题步骤如下：

第一步：

$L_a=\infty$　$L_b=1$　$L_c=15$　$L_d=\infty$　$L_e=16$　$L_f=2$　$L_g=\infty$

$B(a)=B(b)=B(c)=B(d)=B(e)=B(f)=a$

$L_a = 0 \quad L_a = *$

第二步：

$L_i = L_b \quad L_b = *$

$(b,a) \to T \quad b \to T$

$\omega(b,c) = 7 < L_c$

$\omega(b,d) = \infty$

$\omega(b,e) = \infty$

$\omega(b,f) = 10$

$\omega(b,g) = 3 < L_g$

$L_c = 7 \quad B(c) = b \quad L_g = 3 \quad B(g) = b$

第三步：

$L_i = L_f \quad L_f = *$

$(f,a) \to T \quad f \to T$

$\omega(f,c) = \infty$

$\omega(f,d) = \infty$

$\omega(f,e) = 6 < L_e$

$\omega(f,g) = 9$

$L_e = 6 \quad B(e) = f$

第四步：

$L_i = L_g \quad L_g = *$

$(g,b) \to T \quad g \to T$

$\omega(g,c) = \infty$

$\omega(g,d) = 4 < L_d$

$\omega(g,e) = \infty$

$L_d = 4 \quad B(d) = g$

第五步：

$L_i = L_d$

$(d,g) \to T \quad d \to T$

$\omega(d,c) = 5 < L_c$

$\omega(d,e) = 8$

$L_c = 5 \quad B(c) = d$

第六步：

$L_i = L_c \quad L_c = *$

$(c,d) \to T \quad c \to T$

$\omega(c,e) = \infty$

第七步：

$L_i = L_e$

$(e,f) \to T \quad e \to T$

第二种算法是约瑟夫·克鲁斯卡尔(Joseph Bernard Kruskal)在 1956 年发现的，其基本思想：选择图中权最小的一条边，相继添加不与已知选择的边形成圈的权最小的边，挑选 $n-1$ 条边为止(其中 n 为结点的个数)。该算法的伪代码如下：

算法 4.2.3 克鲁斯卡尔算法

```
procedure Kruskal(G:n 个顶点的连通加权无向图)
```

```
    T = 空图
for i = 1 to n - 1
Begin
    e = 当添加到 T 里时不形成圈的 G 里权最小的边
    T = 添加 e 之后的 T
end {T 是 G 的最小生成树}
```

例 4.2.5　用克鲁斯卡尔算法求图 4.2.6(a)所示图的最小生成树。

解　所构造的最小生成树如图 4.2.6(b)所示，且相继选择的边显示如下：

选择	1	2	3	4	5	6
边	(a,b)	(a,f)	(b,g)	(d,g)	(c,d)	(e,f)
权	1	2	3	4	5	6

定理 4.2.6　由 Kruskal 算法构作的任何生成树 $T=G[e_1,e_2,\cdots,e_{n-1}]$都是 G 的最小生成树，其中 n 为 G 的结点数。

证明　设 T 不是 G 的最小生成树。对 G 的任何异于 T 的生成树 $\bar{T}$，定义 $\bar{T}$ 的函数 $f(\bar{T})$为 $f(\bar{T})=\min\{i|e_i$不在 $\bar{T}$ 中$\}$。

选取 G 的一棵最小生成树 T_0使 $f(T_0)$最大。设 $f(T_0)=k$，则 $e_1,e_2,\cdots,e_{k-1}$同时在 T_0中和 T 中，但 e_k不在 T_0中。因此 T_0+e_k包含唯一的一个回路，记为 C，则 C 中至少有一条边 e 不在 T 中。取 $T'=(T_0+e_k)-e$，则 T'是含有 $n-1$ 条边的连通图，因此 T'也是 G 的生成树，易得：

$$\omega(T')=\omega(T_0)+\omega(e_k)-\omega(e) \tag{4.2.1}$$

由于 Kruskal 算法中选取的边 e_k是使 $G[e_1,e_2,\cdots,e_k]$为无回路图的权最小的边，而 $G[e_1,e_2,\cdots,e_{k-1},e]$是 T_0的子图，它也是无回路图，于是可得：

$$\omega(e)\geqslant\omega(e_k) \tag{4.2.2}$$

结合式(4.2.1)和(4.2.2)有 $\omega(T')\leqslant\omega(T_0)$。所以 T'也是 G 的一棵最小生成树。然而，由于$\{e_1,e_2,\cdots,e_k\}\subseteq E(T')$，有 $f(\bar{T})>k=f(T_0)$。

与 T_0的选取相矛盾。因此 T 是 G 的最小生成树。证毕。

再介绍求最小生成树的破圈法，是由中国管梅谷教授提出的。

设 G 是连通加权简单图，若 G 不是树，则 G 中必有回路，删去 G 中含在某回路内权最大的一条边，所得图记为 G_1，G_1是 G 的连通生成子图。下一步，若 G_1不是树，又从 G_1的某回路内删去权最大的一条边，如此下去，最后不能按上述方式删边时，得到的图 T 便是 G 的一棵生成树。不难证明 T 是 G 的最小生成树。

已知连通加权简单图 G 如图 4.2.7(a)所示。图 4.2.7(b)～(f)显示了用破圈法逐次去边得到的 G_k。其中图 4.2.7(f)是 G 的最小生成树。

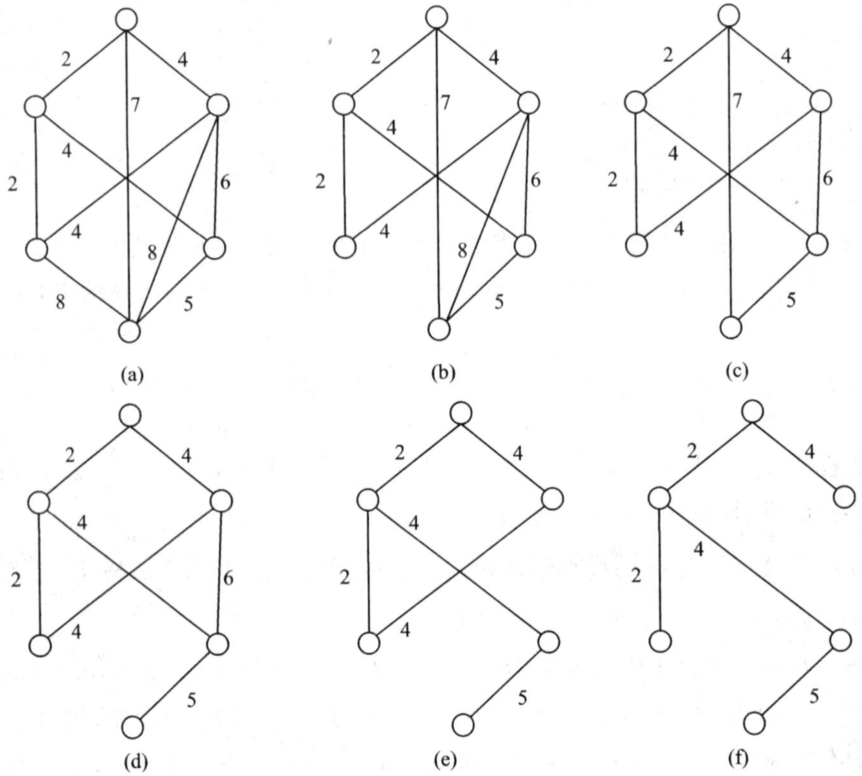

图 4.2.7

习题 4.2

1. 图 4.2.8(a)所示的加权图中共有多少棵生成树,它们的权各为多少? 求图 4.2.8(b)的生成树。

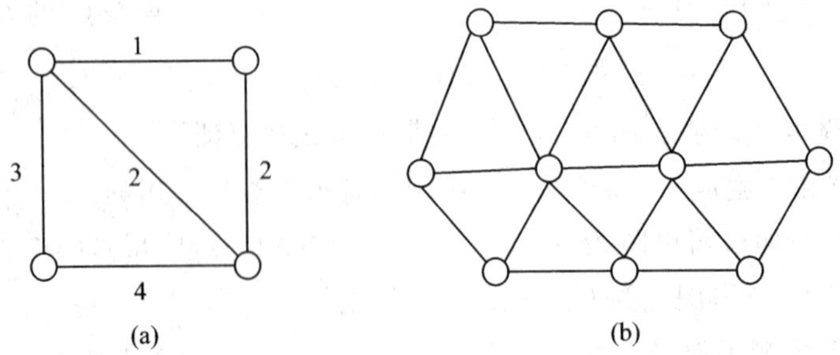

图 4.2.8

2. 通过删除圈里的边求图 4.2.9 的生成树。

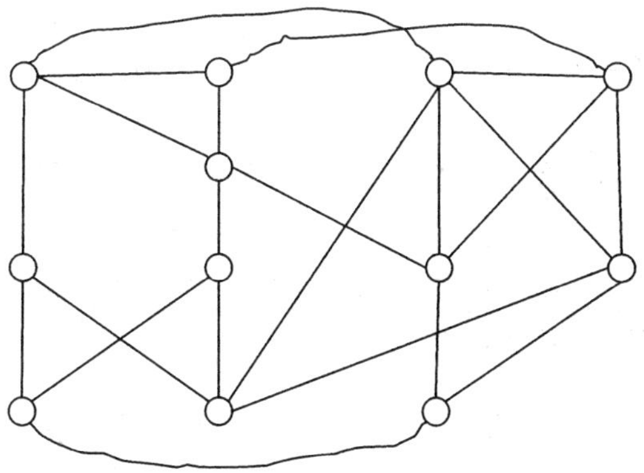

图 4.2.9

3. 证明，每个顶点的入度和出度都相等的弱连通有向图有生成根树（使用欧拉回路）。

4. 如果连通加权图 G 的权值互不相同，则 G 有唯一最小生成树。

5. 如果 e 是 G 的一条边，它的权值比其他所有边的权值都要小，则 e 存在于 G 的每个最小生成树中。

6. 画出网格 $M(2,4)$ 的所有非同构生成树。

4.3　树编码

4.3.1　二进制编址

两个 n 位二进制序列的汉明距离是指相应元素不同的位数。

例如，二进制序列 010 0110 和 100 1010 的汉明距离是 4，因为它们在第 1，2，4，5 位上不同。汉明距离可用来对纠错码进行分析。

结点在图中的距离与结点标记的汉明距离相等，这种标记方法叫做二进制编址。

二进制编址是由 n 维超立方体 Q_n 引入的，此时二进制序列的长度为 n。例如，图 4.3.1显示了四维超立方体 Q_4 的一个 4 位二进制编址。

图 4.3.2 显示了星 $K_{1,4}$ 的一个 4 位二进制编址。

能进行二进制编址的图称作二进制汉明图。

显然，n 维超立方体 Q_n 是二进制汉明图，但完全图 K_3 不是二进制汉明图。

定理 4.3.1　若 T 为 n 阶非平凡树，则可以用 $n-1$ 位二进制序列对其结点进行二进制编址。

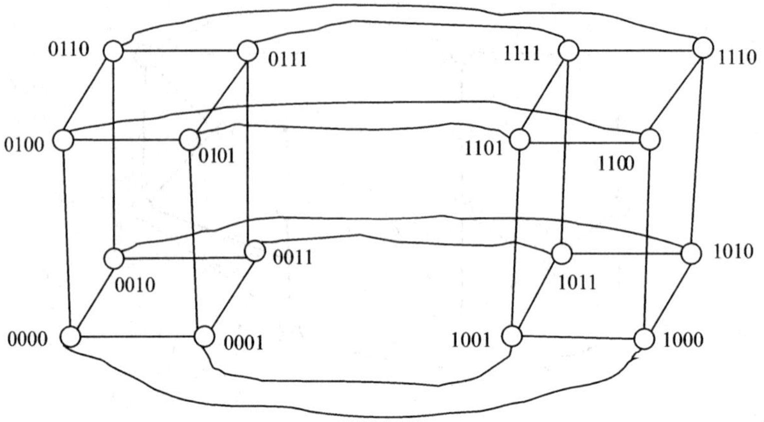

图 4.3.1

证明 当 $n=2$ 时，树 T 是完全图 K_2，可以用 1 位二进制序列 0 与 1 对其两个结点进行二进制编址。

假设 $n=k$ 时定理成立。

令 T 是 $k+1$ 个结点的树，v 是 T 的一个叶结点，u 是 v 的邻接点。由于 $T-v$ 是 k 阶树，所以由归纳假设知，可以用 $k-1$ 位二进制序列对其结点进行二进制编址。对任意结点 $x\in V(T-v)$，不妨设 x 的标记为 $x_1x_2\cdots x_{k-1}$，而在树 T 中，则将结点 x 的标记改为 $0x_1x_2\cdots x_{k-1}$；同时将结点 v 标记为 $1u_1u_2\cdots u_{k-1}$，其中 $0u_1u_2\cdots u_{k-1}$ 是结点 u 在树 T 中的标号。于是得到树 T 的 k 位二进制编址。证毕。

由定理 4.3.1 的构造性证明过程，得到树的二进制编址的算法如下：

算法 4.3.1 非平凡树的二进制编址

(1) 以树 T 的任意边 (u,v) 开始，将结点 u 标记为 0，结点 v 标记为 1，得到树 T_1，令 $k=1$。

(2) 若 $T_k=T$ 则停止。

(3) 若 $T_k\neq T$，令边 (x,y) 为与 T_k 相交但不包含在 T_k 中，且 T_k 中结点 x 的当前编址为 $x_1x_2\cdots x_k$。将 T_k 的所有结点 $w(w_1w_2\cdots w_k)$ 赋予新的编址 $(0w_1w_2\cdots w_k)$，赋予结点 y 的编址为 $1x_1x_2\cdots x_k$。令 $k=k+1$。转步骤(2)。

例 4.3.1 求图 4.3.3 所示树 T 的二进制编址。

解 树 T 的一个 7 位二进制编址如图 4.3.4(g)所示，图 4.3.4(a)～(g)显示了该二进制编址的步骤。

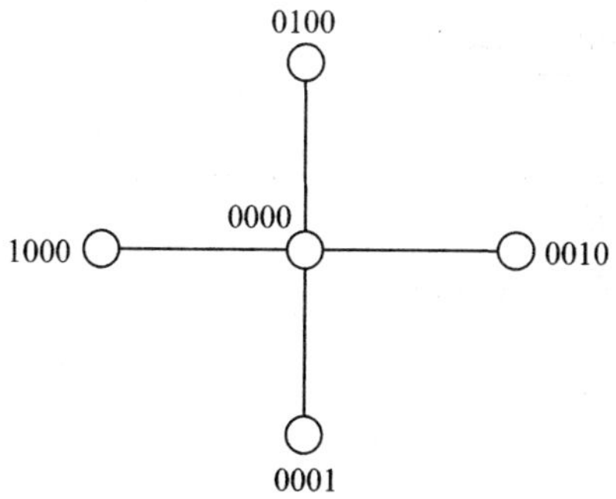

图 4.3.2

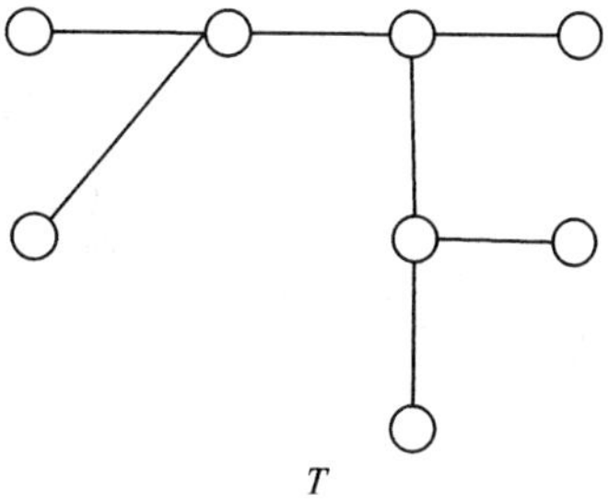

图 4.3.3

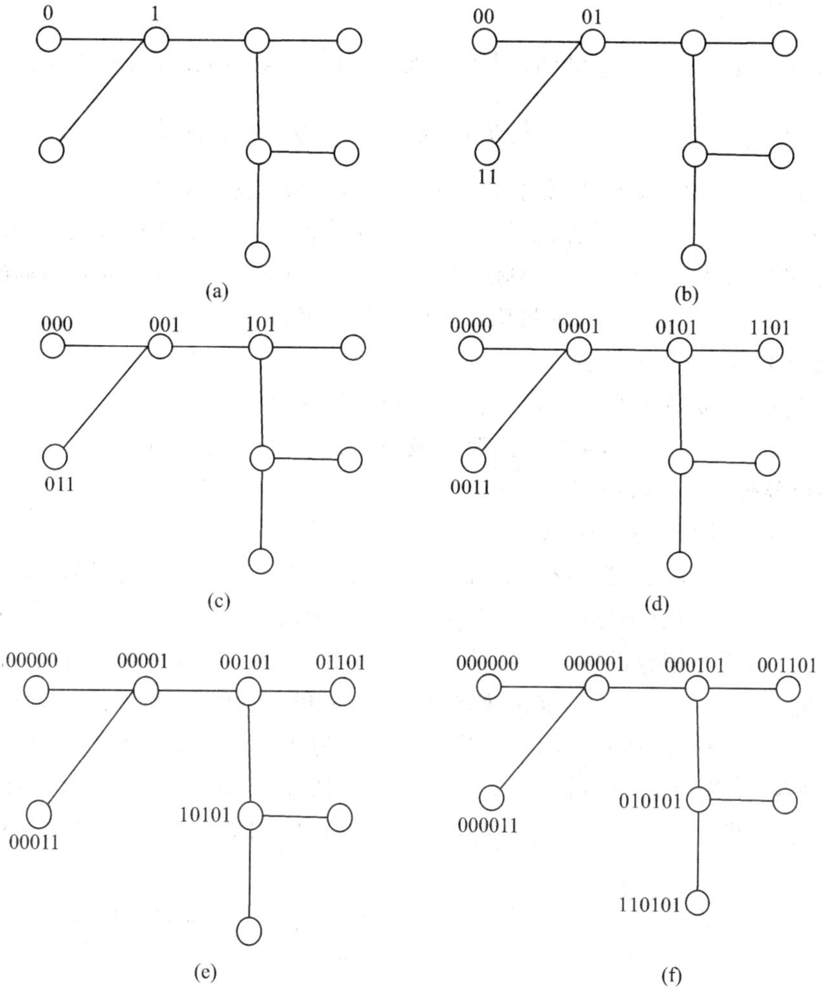

图 4.3.4

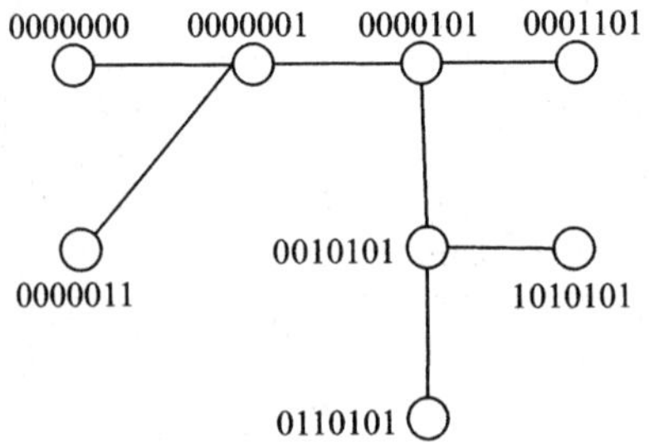

(g)

图 4.3.4(续)

4.3.2 最优树

定义 4.3.1 设二叉树 T 的 t 片叶分别带有权 $\omega_1,\omega_2,\cdots,\omega_t$,则称 T 为加权二叉树。称 $\omega(T)=\sum_{i=1}^{t}\omega_i h_i$ 为二叉树 T 的权,其中 h_i 为带权 ω_i 的叶 v_i 的层数。在所有带权 $\omega_1,\omega_2,\cdots,\omega_t$ 的二叉树中,带权最小的二叉树称为最优二叉树。

最优二叉树问题源于计算机科学、生产管理等领域。1952 年哈夫曼(Huffman)给出了求最优二叉树的算法。该算法的核心思想是从带权 $\omega_1+\omega_2,\omega_3,\cdots,\omega_t$ 的最优二叉树可得带权 $\omega_1,\omega_2,\cdots,\omega_t$ 的最优二叉树。其步骤如下:

给定实数 $\omega_1,\omega_2,\cdots,\omega_t$ 且 $\omega_1\leqslant\omega_2\leqslant\cdots\leqslant\omega_t$。

(1) 连接 ω_1,ω_2 为权的两片叶,得一分枝点,其权为 $\omega_1+\omega_2$。

(2) 在 $\omega_1+\omega_2,\omega_3,\cdots,\omega_t$ 中选出两个最小的权,连接它们对应的顶点(不一定都是树叶)得分枝点及所带的权。

(3) 重复步骤(2),直到形成 $t-1$ 个分枝点,t 片叶为止。

引理 4.3.1 存在一棵带权 $\omega_1\leqslant\omega_2\leqslant\cdots\leqslant\omega_t$ 的最优二叉树 T,使得在 T 中一定能使带权 ω_1,ω_2 的顶点为兄弟,且他们的层数均为树高。

证明 设 T 是带权 $\omega_1,\omega_2,\cdots,\omega_t$ 的最优二叉树。在 T_1 中设 v 是层数最大的分枝点之一,它的两个儿子 v_a 和 v_b 都是叶,分别带权 ω_a 和 ω_b(而不是 ω_1 与 ω_2),且它们的层数分别为 $h_a=h(v_a)$ 和 $h_b=h(v_b)$,其中 $h_a=h_b$ 为 T_1 的高。现把叶 v_a 的权 ω_a 换为 ω_1,叶 v_b 的权 ω_b 换为 ω_2,得到一棵新的带权二叉树 T_2。下面证明 T_2 也是带权 $\omega_1,\omega_2,\cdots,\omega_t$ 的最优二叉树,且带权 ω_1 与 ω_2 的叶是兄弟。因为 ω_1 与 ω_2 是最小的两个权。又

$$\omega(T_1)=\omega_1 h(v_1)+\omega_2 h(v_2)+\cdots+\omega_a h(v_a)+\omega_b h(v_b)+\cdots$$

$$\omega(T_2)=\omega_a h(v_1)+\omega_b h(v_2)+\cdots+\omega_1 h(v_a)+\omega_2 h(v_b)+\cdots$$

于是 $\omega(T_1)-\omega(T_2)\geqslant 0$,所以 $\omega(T_1)\geqslant\omega(T_2)$。

又因为 T_1 是带权 $\omega_1,\omega_2,\cdots,\omega_t$ 的最优二叉树,因此 $\omega(T_1)=\omega(T_2)$。从而可知

T_2是带权 $\omega_1,\omega_2,\cdots,\omega_t$ 的最优二叉树，且带权 ω_1 与 ω_2 的叶是兄弟，其层数为树高。证毕。

定理 4.3.2　设 T 为带权 $\omega_1 \leqslant \omega_2 \leqslant \cdots \leqslant \omega_t$ 的最优二叉树，若将以带权 ω_1 与 ω_2 的叶为儿子的分枝点改为带权 $\omega_1+\omega_2$ 的叶，得到一棵新树 T^*，则 T^* 也是最优二叉树。

证明　由题设有 $\omega(T)=\omega(T^*)+\omega_1+\omega_2$。

若 T^* 不是最优二叉树，则必有另一棵带权 $\omega_1+\omega_2,\omega_3,\cdots,\omega_t$ 的最优二叉树 T^{**}，对 T^{**} 中带权 $\omega_1+\omega_2$ 的叶生成两个儿子，得到新树 $\bar{T}$，则 $\omega(\bar{T})=\omega(T^{**})+\omega_1+\omega_2$。因为 T^{**} 是带权 $\omega_1+\omega_2,\omega_3,\cdots,\omega_t$ 的最优树，故 $\omega(T^{**})\leqslant\omega(T^*)$。若 $\omega(T^{**})<\omega(T^*)$，则 $\omega(\bar{T})<\omega(T)$，这与 T 是带权 $\omega_1,\omega_2,\cdots,\omega_t$ 的最优二叉树矛盾，因此 $\omega(T^{**})=\omega(T^*)$，即 T^* 是带权 $\omega_1+\omega_2,\omega_3,\cdots,\omega_t$ 的最优二叉树。证毕。

由定理 4.3.2，要画一棵带有 t 个权的最优二叉树，可简化为画一棵带有 $t-1$ 个权的最优二叉树，而这又可简化为画一棵带有 $t-2$ 个权的最优二叉树，以此类推。

例 4.3.2　求带权为 1,3,5,7,8,11,13 的最优二叉树。

解　图 4.3.5(a)～(f)给出了求最优二叉树的过程，且 $\omega(T)=124$。

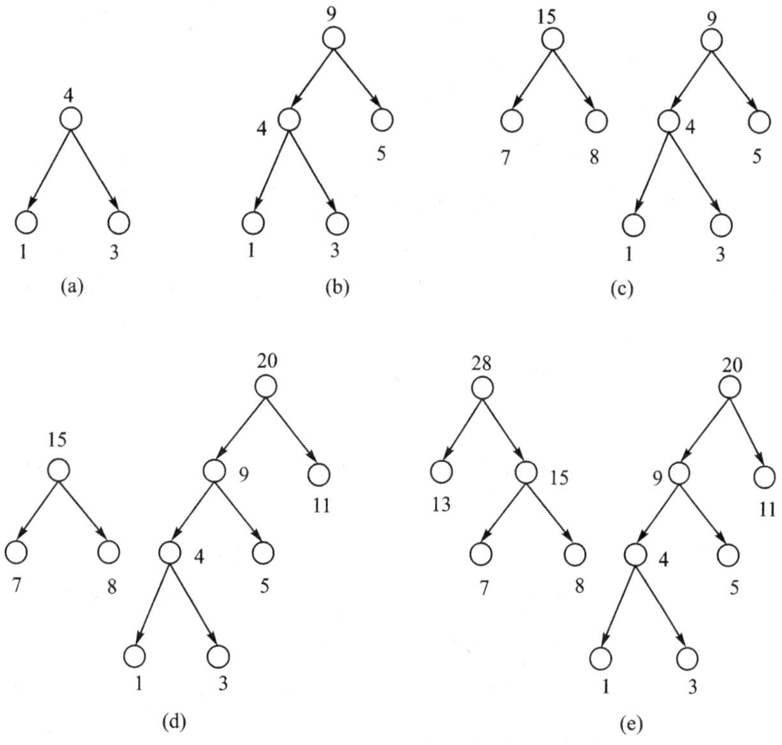

图 4.3.5

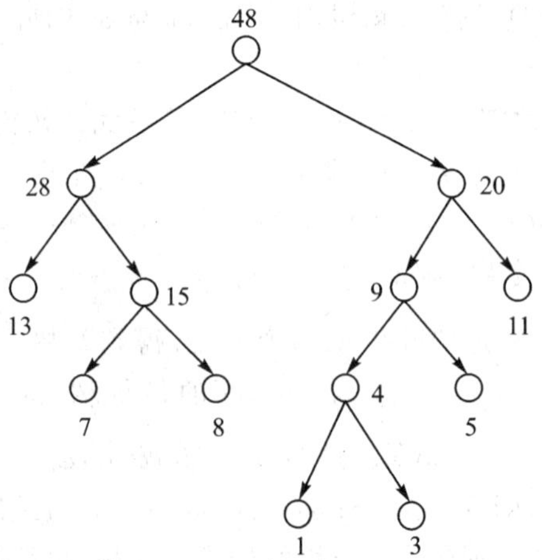

(f)

图 4.3.5(续)

利用哈夫曼算法可产生最优前缀码。

通信中常用 0 和 1 组成的二进制序列表示 26 个英文字母。长度为 1 的二进制序列有 2 个;长度为 2 的二进制序列有 2^2 个;长度为 3 的二进制序列有 2^3 个;…;长度为 i 的二进制序列有 2^i 个。因此,用长度不超过 4 的二进制序列就可以表达 26 个不同的英文字母。由于字母使用的频率不同,为尽量缩小传输量,把出现频率高的字母用较短的二进制序列表示。但在接收端,必须把收到的一长串二进制序列分割成单个字母对应的二进制序列,即正确译码。比如,用 00 表示 e,用 01 表示 t,用 0001 表示 q,那么当接收端收到信息串 0001 时,就不能决定传递的信息是 et 还是 q,为此要引入前缀码。

定义 4.3.2 在一个序列的集合中,如果任何序列都不是另一个序列的前缀,则称这个集合为前缀码。

例如,001 是 001011 的前缀,集合{000,001,01,10,11}是前缀码,而{1,00,01,000,0001}不是前缀码。

由一棵二叉树可以产生一个前缀码,将一棵二叉树的每个分枝点与它左儿子之间的边记为 0,和它右儿子之间的边记为 1,把从根到每个叶子所经过边的记号序列作为叶子的记号,这些叶子标记的集合就是一个前缀码。

例如,图 4.3.6 所示二叉树产生的前缀码为{00,10,011,111,0100,0101}。

对 26 个英文字母,设各字母使用的频率分别为 $P_1,P_2,\cdots,P_{26}$,求出带权 $P_1,P_2,\cdots,P_{26}$的最优二叉树,即可解决最佳编码问题。

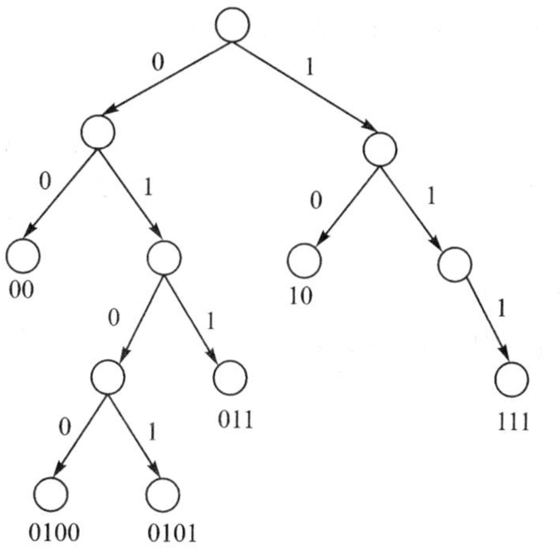

图 4.3.6

习题 4.3

1. 求星 $K_{1,n}$ 的一个 $n-1$ 位二进制编址，并证明其不存在 k 位二进制编址，满足 $k<n-1$。
2. 求路 P_n 的一个 $n-1$ 位二进制编址。
3. 画出 6 个不同构的 6 阶树，并求它们的二进制编址。
4. 求图 4.3.7 的二进制编址。

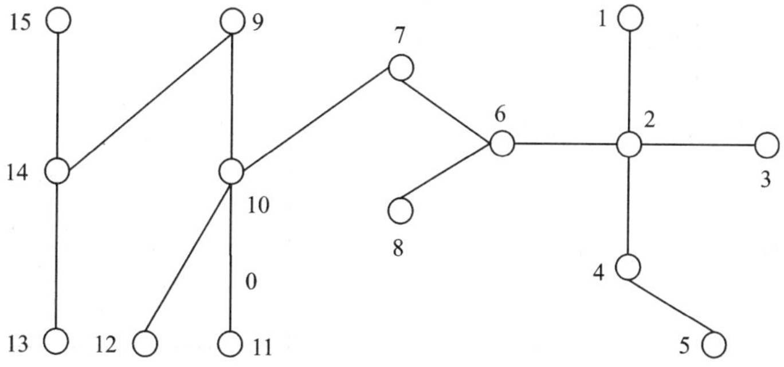

图 4.3.7

5. 对表 4.3.1 中的字符集构造一个最优哈夫曼码。

表 4.3.1　字符集

字　符	频　率	字　符	频　率
a	5	d	11
b	6	e	20
c	6		

6. 根据图 4.3.8,使用哈夫曼码对下列每个二进制序列进行解码。

(1) 0 1100 0010

(2) 011 1010 0110

(3) 01 1110 0100 1110

(4) 1110 0111 0100 1111

7. 根据图 4.3.8,使用哈夫曼码对下列单词进行解码。

(1) den　　(2) need

(3) leaden　　(4) penned

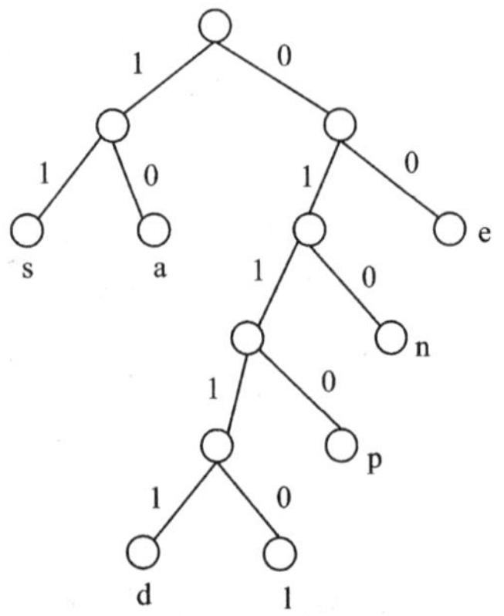

图 4.3.8

4.4　树算法

许多图论问题需要在图中遍历来寻找某个特定的结构,例如生成树、哈密顿回路、欧拉回路、割点、匹配等。下面介绍两种最重要的搜索技术。

在描述这两种搜索算法时,假定图是以邻接表存储的,这通常比用邻接矩阵更有效。例如,图 4.4.1 所示图 G 的邻接表如表 4.4.1 所列。

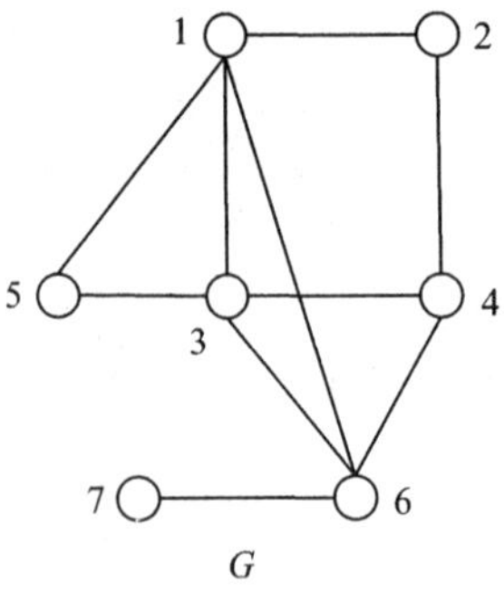

图 4.4.1

表 4.4.1　图 G 的邻接表

结点 v	邻接表 $N(v)$
1	2,3,5,6
2	1,4
3	1,4,5,6
4	2,3,6
5	1,3
6	1,3,4,7
7	6

4.4.1　广度优先搜索

给定连通简单图 G,下面给出的生成其生成树的算法,称为广度优先搜索(breadth first search),是计算机科学中非常重要的算法。

广度优先搜索的基本思想:从图 G 的顶点中任意选择一个根,然后添加与这个顶点相关联的所有边,在这个阶段添加的新顶点成为生成树 1 层上的顶点,任意地排序它们。下一步,按顺序访问 1 层上的每个顶点,只要不产生回路,就添加与这个顶点关联的每条边,这样就产生了生成树 2 层上的顶点。遵循同样的原则继续下去,经有限步骤后就产生了生成树。

例 4.4.1 用广度优先搜索生成图 4.4.1 所示图 G 的生成树。

解 选择顶点 1 为根，添加与 1 关联的所有边，所以 2,3,5,6 为生成树 1 层上的顶点；再添加与 2 关联的边(2,4)，与 6 关联的边(6,7)，因此顶点 4,7 为生成树 2 层上的顶点；其步骤如图 4.4.2(a)～(b)所示。以顶点 4 为根开始，其步骤是类似的，但是得到一棵不同的生成树，其步骤如图 4.4.3(a)～(b)所示。

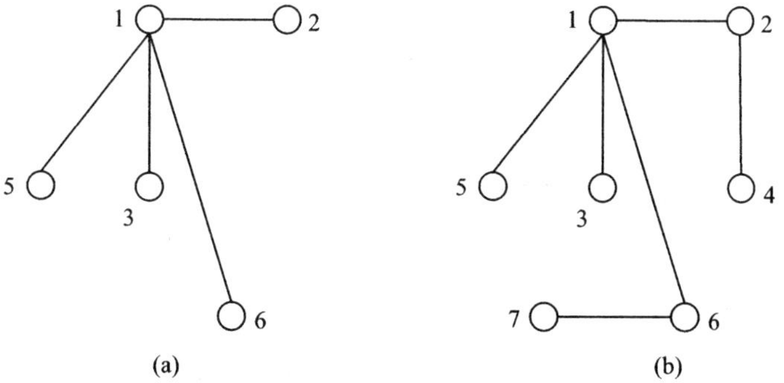

图 4.4.2

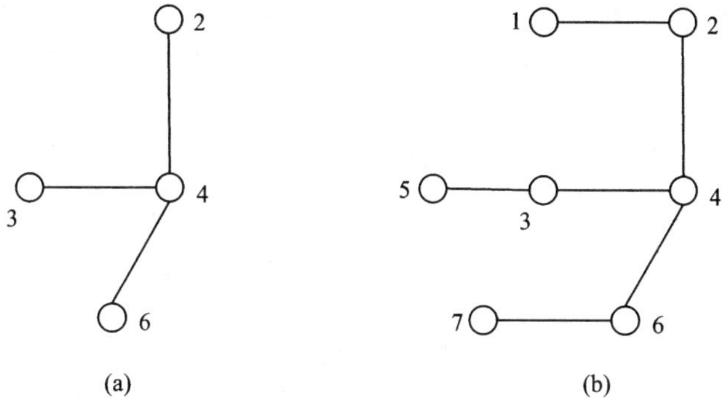

图 4.4.3

值得注意，对于给定的一个无标记图，通常存在许多广度优先搜索生成树；而对于标记图，其广度优先搜索生成树取决于标记的顺序，不同的顺序影响根结点和邻接表的顺序，最终也影响了广度优先搜索生成树。

4.4.2 深度优先搜索

深度优先搜索(depth first search)是另一种重要搜索算法，其基本思想：任选图 G 的一个结点 u 作为根，沿着一条从 u 发散出来的路 P 尽可能远地搜索，若 P 经过图 G 的所有顶点，则 P 即为图 G 的一棵生成树，否则沿 P 逆向回溯，一旦遇到结点 v 有未到达过的邻接点 w，就接着再沿边 (v,w) 向其余没有到达的结点尽可能远地移动，于是算法又生成了一个路 P^*，若路 P 和路 P^* 没经过图 G 的所有顶点，则继续重复上述过程，从所访问的最后一个顶点开始回溯，直到不能添加更多的边形成新的路为止。

例 4.4.2 用深度优先搜索生成图 4.4.1 所示图 G 的生成树。

解 选择顶点 1 为根，生成尽可能长的路 $P(1,2,4,3,6,7)$，因路 P 没经过图 G 的全部顶点，于是沿路 P 回溯至其顶点 3 生成新路 $P^*(3,5)$，因为路 P 和路 P^* 已经过图 G 的全部顶点，故路 P 和路 P^* 为图 G 的深度优先搜索生成树，其步骤如图 4.4.4(a)～(b)所示。

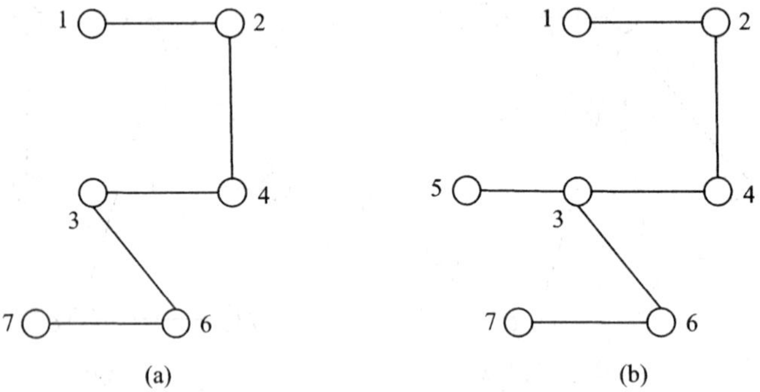

图 4.4.4

例 4.4.3 n 皇后问题：要求在 $n\times n$ 格的棋盘上摆放 n 个皇后，使其不能互相攻击，即任意两个皇后都不处在同一行、同一列或同一斜线上，问有多少种摆法？

解 把行坐标定为 i，列坐标定为 j，i 与 j 的值都从 $1\sim n$。为此，必须在 $n\times n$ 棋盘上找出 n 个位置，使得这些位置中没有两个在同一行、同一列或在同一斜线上，其中斜线是由对某个 m 来说满足 $i+j=m$ 或 $i-j=m$ 的所有位置 $<i,j>$ 组成的。

可用回溯来解决 n 皇后问题：从空棋盘开始，在 $k+1$ 阶段上，尝试在棋盘的第 $k+1$ 列里放置第 $k+1$ 个皇后，其中在前 k 列里已经有了第 k 个皇后；从第一行开始，检查第 $k+1$ 列格子，寻找放置这个皇后的位置，使它与已经在棋盘上的皇后不在同一行或同一斜线上；若第 $k+1$ 列里找不到放置皇后的位置，则回溯到第 k 列，释放第 k 个皇后原来的位置，并在 k 列里下一个允许行里放置皇后，如果这样的行存在的话，否则继续回溯。

比如，对于 4×4 格的棋盘，在第一列位置 $<1,1>$ 放置皇后 1，然后在第二列位置 $<3,2>$ 放置皇后 2；由于在第三列找不到放置皇后 3 的位置，于是回溯第二列，释放皇后 2 原有位置 $<3,2>$，在该列的下一个允许行找到可行位置 $<4,2>$ 放置皇后 2；在第三列选可行位置 $<2,3>$ 放置皇后 3；由于在第四列找不到放置皇后 4 的位置，于是回溯第三列，释放皇后 3 原有位置 $<2,3>$，而在该列的下一个允许行找不到可行位置放置皇后 3，再回溯第二列，释放皇后 2 原有位置 $<4,2>$，同样由于没有下一个允许行，继续回溯到第一列，释放皇后 1 原有位置 $<1,1>$；在下一个允许行找到可行位置 $<1,2>$ 放置皇后 1；依次在第二列找到位置 $<4,2>$ 放置皇后 2；在第三列找到位置 $<1,3>$ 放置皇后 3；在第四列找到位置 $<3,4>$ 放置皇后 4。这样就得到

图 4.4.5所示的解。

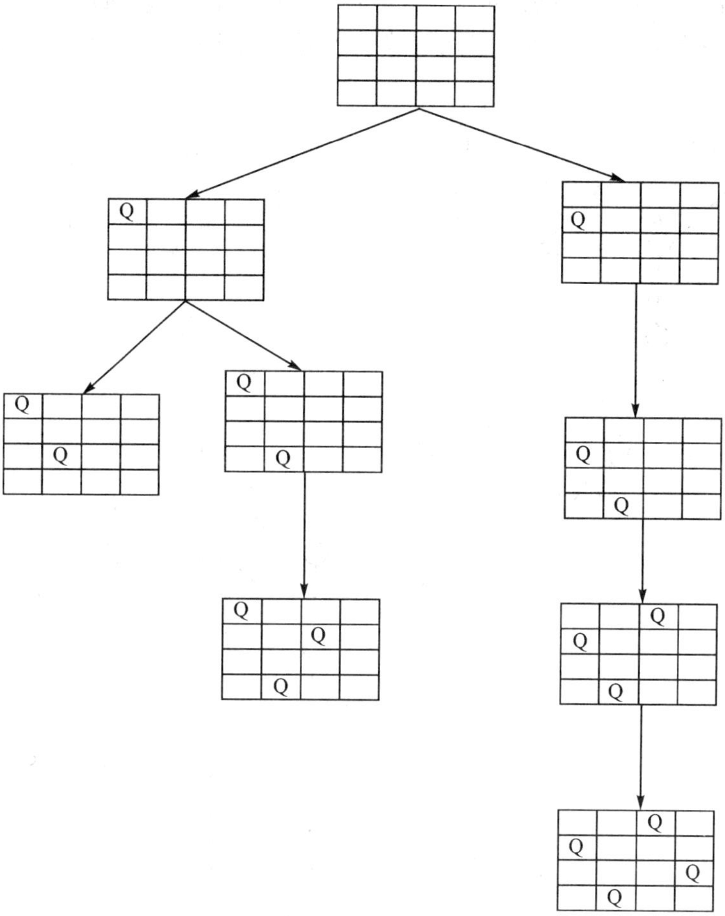

图 4.4.5

例 4.4.4　用深度优先搜索生成图 4.4.6 所示图 G 的生成树。

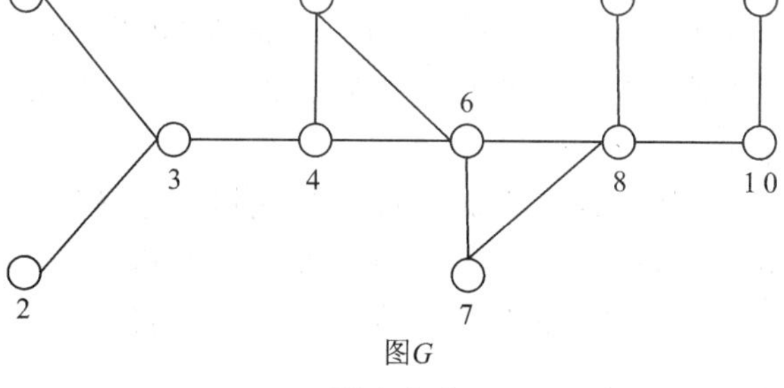

图G

图 4.4.6

解 选择顶点 4 为根，生成尽可能长的路 $P(4,5,6,7,8,10,11)$，因路 P 没经过图 G 的全部顶点，于是沿路 P 回溯至其顶点 8 生成新路 $P^{*}(8,9)$，继续沿所访问最后顶点 9 回溯至顶点 3 生成新路 $P'(3,1)$，再继续沿路所访问最后顶点 1 回溯至顶点 3 生成新路 $P''(3,2)$，得到图 G 的深度优先搜索生成树，其步骤如图 4.4.7(a)～(d)所示。

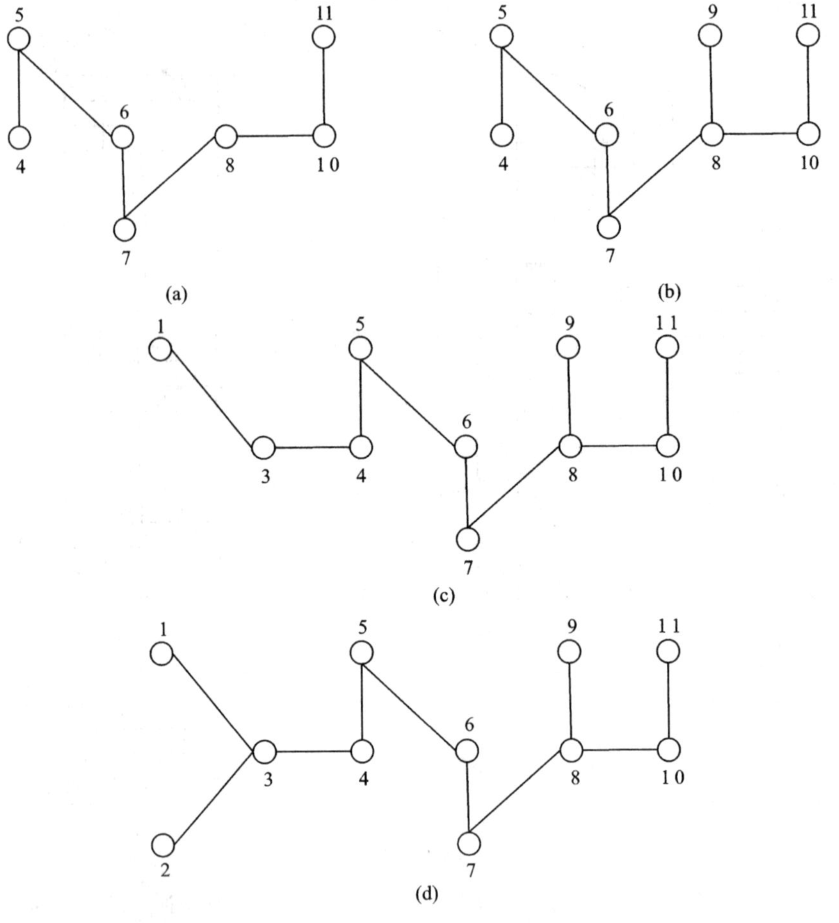

图 4.4.7

例 4.4.5 图 4.4.8 所示图 G 为某城市的道路图，由于新商业区引起了交通严重阻塞，于是该城市交通主管决定将所有街道改为单行道，以缓解交通阻塞使道路畅通。试求出一个单行道方案。

解 首先，运用深度优先搜索生成图 G 的生成树。选择顶点 a 为根，生成尽可能长的路 $P(a,b,c,d,e,k,j,i,q,u,t,s,r,m,n,g,h,p)$，因路 P 没经过图 G 的全部顶点，于是沿路 P 回溯至其顶点 g 生成新路 $P^{*}(g,f)$，得到图 G 的深度优先搜索生成树 T，其步骤如图 4.4.9～图 4.4.10 所示。

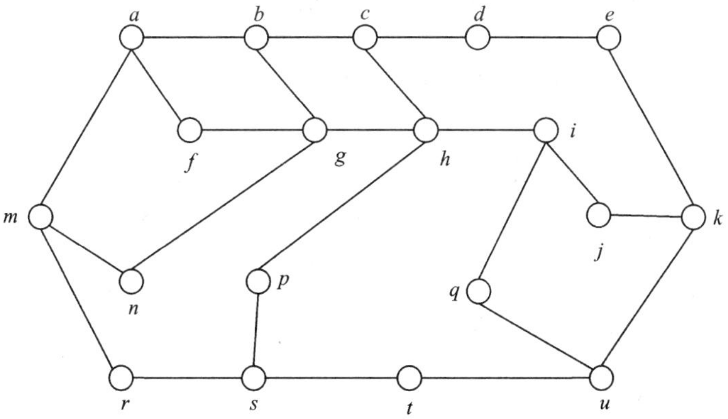

图G

图 4.4.8

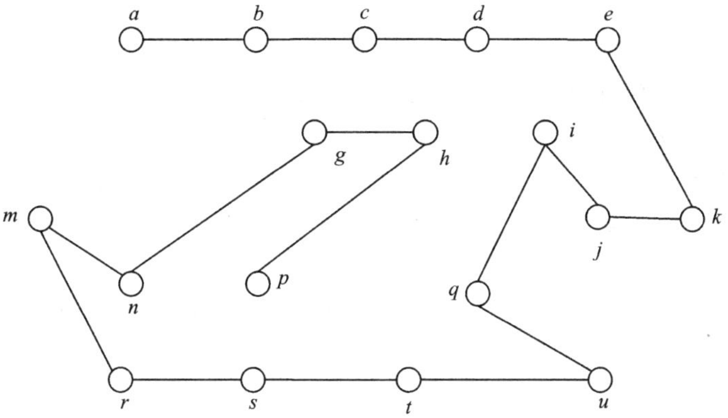

尽可能长的路P

图 4.4.9

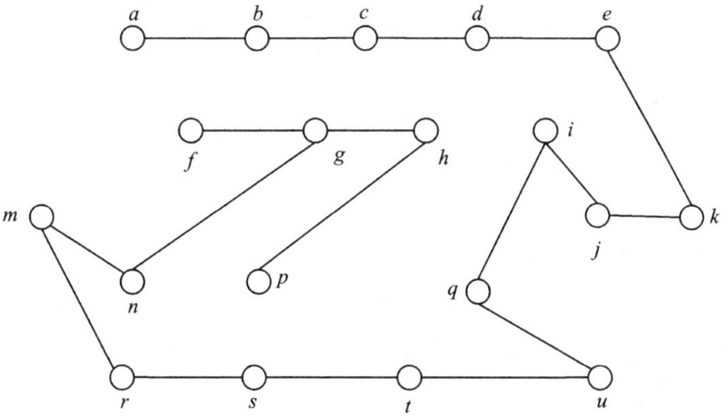

生成树T

图 4.4.10

其次，规定生成树 T 的每条边的方向指向标记较大结点，如图 4.4.11 所示。

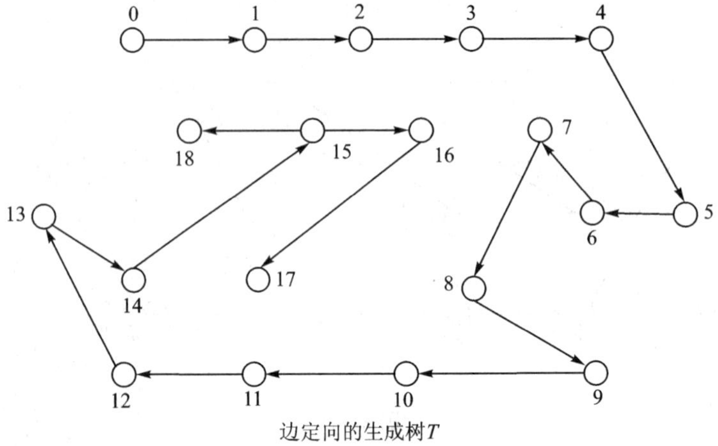

图 4.4.11

同时，规定图 G 中不在生成树 T 中的每条边的方向指向标记较小结点，如图 4.4.12虚边所示。

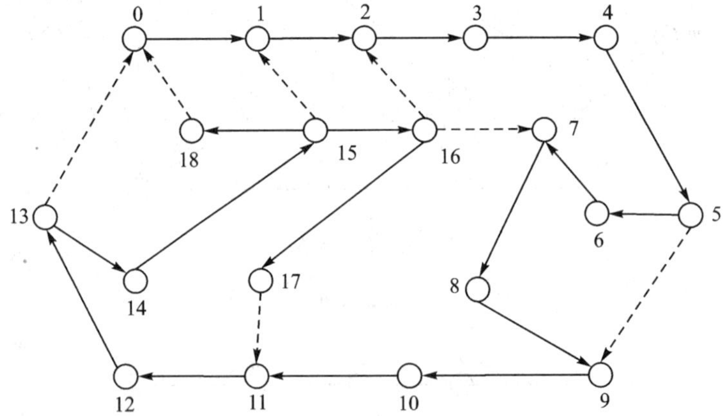

图 4.4.12

最后，得到如图 4.4.13 所示的强连通有向图 D，即为题意要求的一个单行道方案。

给定连通图 G，将其每一条边赋予方向的操作称为图的有向化，如果得到的是强连通有向图，则称为强有向化。连通图强有向化有很多实际意义，如上例中交通阻塞的道路单行化。连通图 G 可强有向化，当且仅当 G 没有桥。

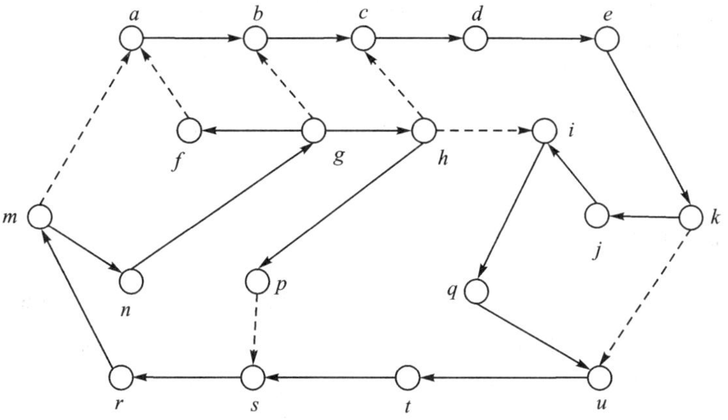

强连通有向图D

图 4.4.13

习题 4.4

1. 如果图 G 不连通,简述怎样修改深度优先算法来求一个生成森林。
2. 用广度优先搜索算法从 2-网格 $M(5,5)$ 中获取 3 棵不同的生成树。
3. 在轮 $W_{1,7}$ 中用广度优先搜索算法求出所有生成树。
4. 在图 4.4.14 中以 1,2,3,4,5,6,7,8 的结点序应用广度优先搜索。

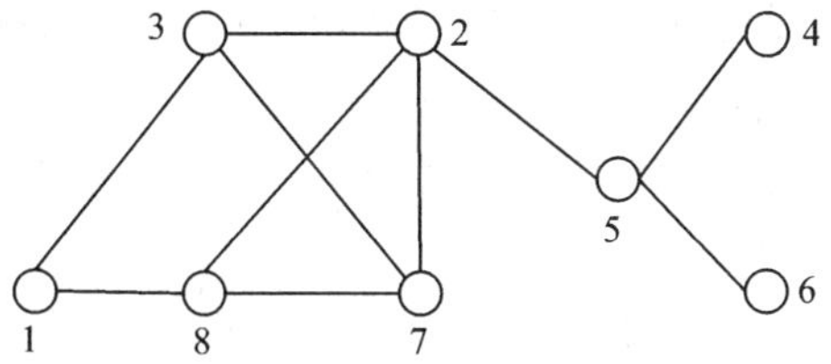

图 4.4.14

5. 图 4.4.15 所示图 G 为某城市的道路图,由于新商业区引起了交通严重阻塞,

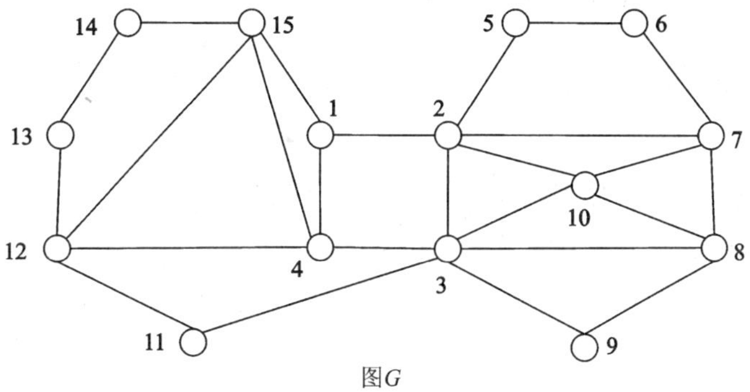

图G

图 4.4.15

于是该城市交通主管决定将所有街道改为单行道，以缓解交通阻塞使道路畅通。试求出一个单行道方案。

4.5 树的中心与决策树

4.5.1 树的中心

设 v 是图 G 的一个给定顶点，v 的偏心距是指 v 与和它相距最远的结点间的距离，记作 $e(v)$。若结点 w 满足 $d(v,w)=e(w)$，则称 w 为 v 的偏心结点。（**注意：** *w 为 v 的偏心结点，但 v 未必是 w 的偏心结点，即偏心结点不是相互的。*）若两个结点中的任何一个都是另一个的偏心结点，则称它们是互为偏心的。图 G 的所有结点中的最小偏心距称为 G 的半径，记作 $\mathrm{rad}(G)$。具有最小偏心距的结点组成的集合称为 G 的中心，记作 $C(G)$。

例如，在设施定位问题中，用图对一个社区进行模拟：结点代表各个地点，边表示两个地点间的公路，则图中心里的结点就应该是设置如警察局、消防站、医院等应急设施的最佳位置。对于给定结点 v，其偏心距代表了从 v 到其最远结点的响应时间，应急设施的地点要使得这个时间尽可能小。

图 G 的边界是指具有最大偏心距的结点组成的集合，记作 $P(G)$。G 中最大偏心距称为 G 的直径，记作 $\mathrm{diam}(G)$。非平凡图的边界至少包含一对结点 u 与 v，满足 $d(u,v)=\mathrm{diam}(G)$，此对结点称为相对结点对，其中一个结点称为另一个结点的相对结点。相对结点总是互为偏心的，但其逆命题不真。中心结点集中的某个结点与其偏心结点间的最短路称为半径路，其长度必然是 $\mathrm{rad}(G)$。相对结点对间的最短路称为直径路，其长度必然是 $\mathrm{diam}(G)$。

例如，如图 4.5.1 所示图 G 中，p 是 i 的偏心结点，但 i 不是 p 的偏心结点；q 与 k 互为偏心结点。由于只有 $e(c)=e(m)=4$，其余结点的偏心距都大于 4，所以 $\mathrm{rad}(G)=4$，$C(G)=\{c,m\}$。而 $\mathrm{diam}(G)=7$，$P(G)=\{p,q,k\}$。且 p 与 k、q 与 k 是图 G 中的两对相对结点对，但 p 与 q 不是相对结点对。

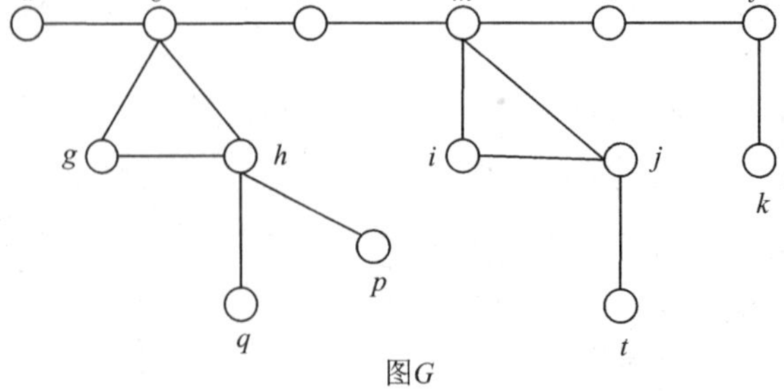

图G

图 4.5.1

下面再介绍一些树的性质。

性质 4.5.1　设 u、v 与 w 为树中给定的三个结点，若 u 与 v 邻接，那么 $|d(u,w)-d(v,w)|=1$。

性质 4.5.2　树的所有偏心结点都是叶结点。

性质 4.5.3　树的所有相对结点也都是叶结点。

性质 4.5.4　树的边界由叶结点组成。

性质 4.5.5　对任意树，每条直径路都包括其所有中心结点。

设 T 为至少含 3 个结点的树，若删去 T 的所有叶结点，那么树 T 显然变小了，所有余下结点的偏心距都减少了 1，从而树的中心没变，此过程称为剪枝，重复有限步后，最终得到由一个孤立结点或两个邻接点组成的图。

定理 4.5.1　树的中心是由一个结点或两个邻接点组成。

定理 4.5.2　对任意树 T，若 $\text{card}(C(T))=1$，那么 $\text{diam}(T)=2\text{rad}(T)$；若 $\text{card}(C(T))=2$，那么 $\text{diam}(T)=2\text{rad}(T)-1$。

4.5.2　决策树

每个内点都对应着一次决策，这些顶点的子树都对应着该决策的每种可能结果，这样的有序树称为决策树。

例 4.5.1　有 8 枚外观相同的硬币，其中有 7 枚质量相同，而剩余的一枚伪币的质量较小。用一架天平以比较质量的方法去找出伪币。

解　为了便于描述这一问题的解决过程，用 1～8 标记硬币。每次测量恒有 3 种可能：左盘上翘，保持水平，右盘上翘。图 4.5.2 给出这一解决过程的决策图。图中 $\varnothing$ 表示不会出现的结果；决策树的结点左侧标记着状态，这里表示包含有伪币的硬币集合；右侧标记测试内容。

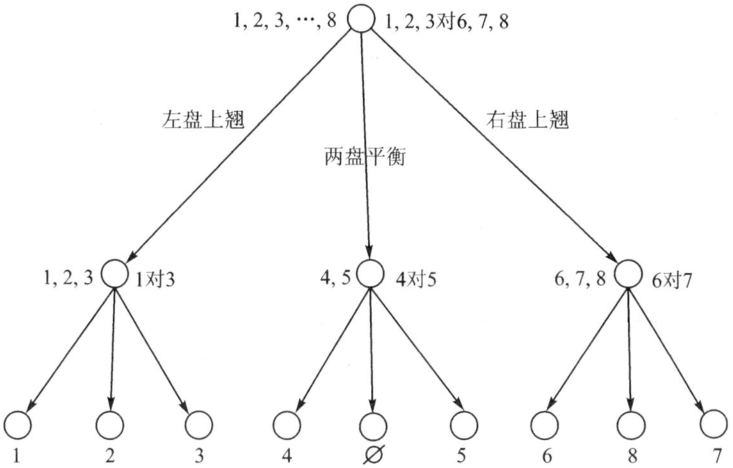

图 4.5.2

上面例子说明:决策树的每一内点对应于一个部分解;每个叶对应一个解。每一个内点联结于一个获得新信息的测试。从每一结点出发的每一枝标记着不同的测试结果。一个解决过程的执行对应于通过从根到叶的一条路。一个决策树是所有可能的解决路的集合。

例 4.5.2 有 5 枚外观相同的硬币,其中有 4 枚质量相同,而剩余的一枚伪币的质量或小或大。以比较质量的方法用一架天平找出其中的伪币。

解 用 1～5 表示硬币。图 4.5.3 给出这一解决过程的决策图。叶对应伪币,且 L 表示伪币质量较小,H 表示伪币质量较大。

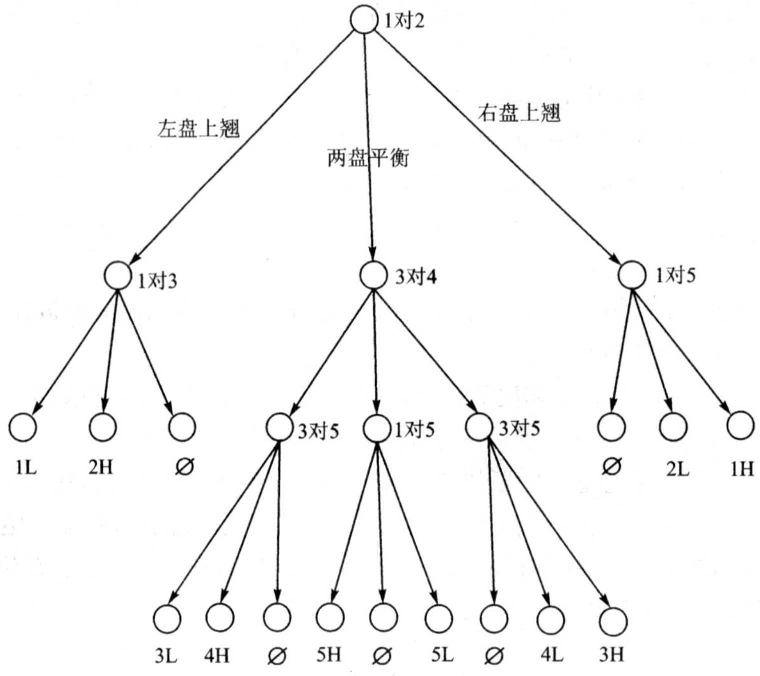

图 4.5.3

需要注意,一个决策树是一个算法的描述,而不是一个数据结构。

习题 4.5

1. 若 u 与 v 为一连通图的两个邻接点,则 $|e(u)-e(v)|\leqslant 1$。
2. 证明,对任意图 G,有 $\mathrm{rad}(G)\leqslant \mathrm{diam}(G)\leqslant 2\mathrm{rad}(G)$。
3. 证明,若 $\mathrm{diam}(G)\geqslant 3$,那么 $\mathrm{diam}(\bar{G})\leqslant 3$。
4. 证明,若图 G 是自补图,那么 $\mathrm{diam}(G)\leqslant 3$。
5. 证明,任意非平凡自补图的直径为 2 或 3。
6. 阐述怎样用广度优先搜索算法来求图的中心和边界。
7. 如图 4.5.4 所示图 G,求:

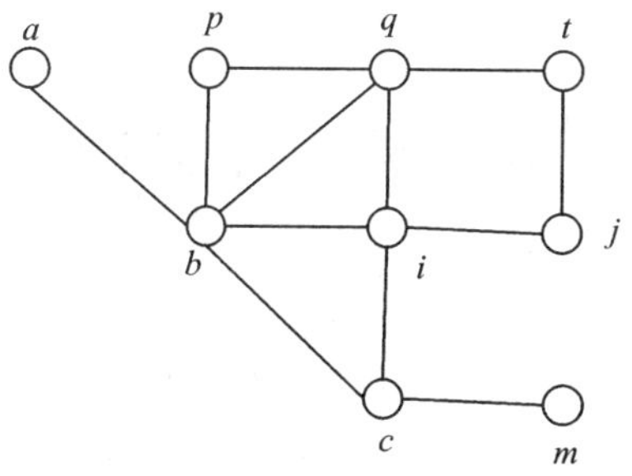

图G

图 4.5.4

(1) 求 G 中每个结点的偏心距。

(2) 求 $\mathrm{rad}(G)$与 $\mathrm{diam}(G)$。

(3) 求 $C(G)$与 $P(G)$。

(4) 找出 G 中所有半径路和直径路。

(5) 求出结点 j 的所有偏心结点。

(6) 找出所有互为偏心的结点对。

(7) 哪些结点与 j 是相对的?

8. 有 12 枚外观相同的硬币,其中有一枚比其他的或轻或重,试用决策树来描述一个算法,使得只用一个天平且最多进行三次比较就可以确定出坏币并且判断出它是轻是重。

9. 有 4 枚外观相同的硬币,其中有三枚质量相等,另一枚比它们或轻或重。试用决策树描述一个算法,使得仅用一个天平且最多进行两次比较就可以确定出坏币(不必确定它是轻是重)。

第 5 章　平面图

图的平面性曾受到长期广泛的关注，可以说是源于四色猜想。如今，图的平面性除了它的理论意义外，还有许多实际应用。例如，运筹学中的场地布局，单面印刷电路板和集成电路的布线问题等。近年来，大规模集成电路的发展更促进了图的平面性的研究。

5.1　可平面图

5.1.1　平面图的定义

定义 5.1.1　如果图 G 能够表示画在无限长宽的平面内，且使得它的边仅在端点处相交，则称 G 是可平面图(plan graph)，已经画在平面内的图 G' 称为 G 的平面表示。

可平面图 G 与 G 的平面表示 G' 是同构的。在不产生混淆的情况下，这两个概念通常不加以区别，都简称为平面图(planar graph)。

例如，图 5.1.1 中，G_3 与 G_4 是平面图 K_4 的两种画法，G_1 与 G_2 也是同一个平面图的两种画法，G_5 与 G_6 同样也是同一个平面图的两种画法。

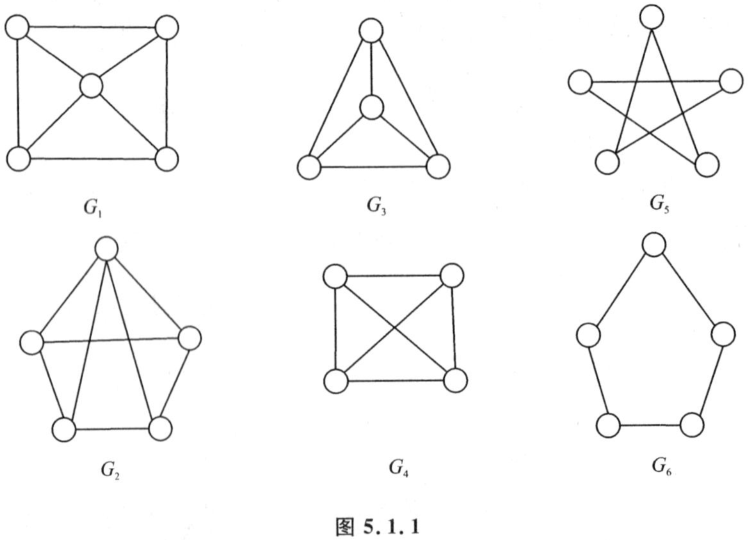

图 5.1.1

所有的树都是平面图，因为树都能以根树的形式画出来。单圈图即仅包含一个圈的连通图，也是平面图。如图 5.1.1 中平面图 G_5 与 G_6 就是同构的两个单圈图。

如果图 G 比较小，其平面性较容易判定；而一旦图 G 比较大，其平面性将会很难判定。更进一步，如果一个图是不可平面图，也不总是能简单地说出，怎样将其画出才能使边相交次数最少，这个最少的边相交次数叫做图的交叉数。

例如，图 5.1.2 是不可平面图 $K_{3,3}$ 的三种画法，可见 $K_{3,3}$ 的交叉数为 1。

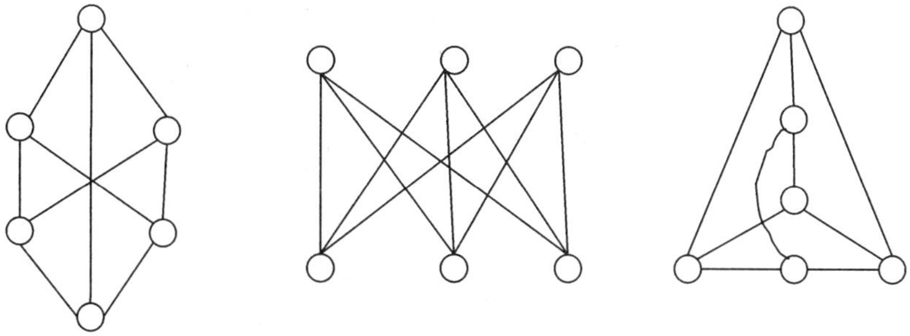

G_1　　G_2　　G_3

图 5.1.2

完全图 K_5 是最小阶不可平面图，且 K_5 的交叉数是 1，图 5.1.3 给出了 K_5 的两种画法。当 $n \geqslant 5$ 时，K_n 是不可平面图，因为 K_5 是它们的子图。

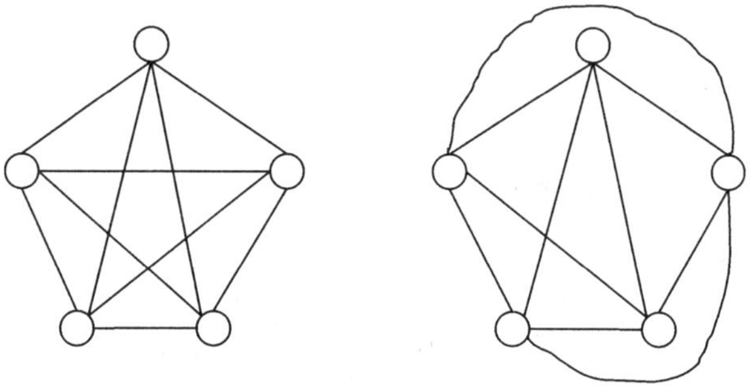

G_1　　G_2

图 5.1.3

二分图 $K_{1,n}$ 是树，当然是平面图；$K_{2,n}$ 也是平面图，例如，图 5.1.4 给出了 $K_{2,5}$ 的一个画法；当 $n \geqslant 3$ 时，$K_{3,n}$ 是不可平面图，因为不可平面图 $K_{3,3}$ 是它们的子图。

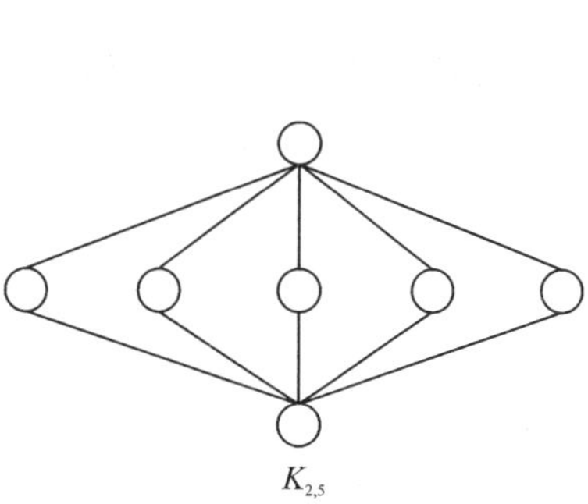

$K_{2,5}$

图 5.1.4

定义 5.1.2　设 G 是一个平面图，由 G 中的边所包围的区域，在区域内既不包含 G 的结点，也不包含 G 的边，这样的区域称为 G 的一个面(face)。有界区域称为内部面，无界区域称为外部面。包围面的长度最短的闭链称为该面的边界(boundary)。面的边界的长度称为该面的度数(degree of a face)。

例 5.1.1 指出图 5.1.5 所示平面图的面、面的边界、面的度数。

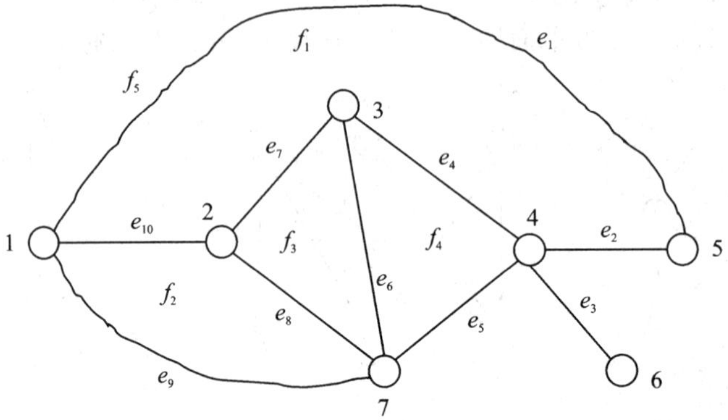

图 5.1.5

解

面 f_1,其边界 $1e_1 5e_2 4e_4 3e_7 2e_{10} 1$,$d(f_1)=5$。

面 f_2,其边界 $1e_{10} 2e_8 7e_9 1$,$d(f_2)=3$。

面 f_3,其边界 $2e_7 3e_6 7e_8 2$,$d(f_3)=3$。

面 f_4,其边界 $3e_4 4e_5 7e_6 3$,$d(f_4)=3$。

外部面 f_5,其边界 $1e_1 5e_2 4e_3 6e_3 4e_5 7e_9 1$,$d(f_5)=6$。

定理 5.1.1 对任何平面图 G,面的度数之和为边数的 2 倍。

5.1.2 欧拉公式

定理 5.1.2 (欧拉公式) 设 G 是带 e 条边,v 个顶点和 r 个面的平面图,则 $v-e+r=2$。

证明

(1) 当 $e=1$ 时,图 G 有两种情形,如图 5.1.6(a)和(b)所示,其中任一情况都满足欧拉公式。

(a) (b)

图 5.1.6

(2) 假设公式对有 n 条边的图成立。设 G 有 $n+1$ 条边。

若 G 不含圈，任取一结点 x，从结点 x 开始沿路行走。因 G 不含圈，所以每次沿一边总能达到一个新结点，最后会到达一个度数为 1 的结点，不妨设为 a，在结点 a 不能再继续前进。删除结点 a 及其关联的边得图 G'，G' 含有 n 条边。由假设公式对 G' 成立，而 G 比 G' 多一个结点和一条边，且 G 与 G' 面数相同，故公式也适用于 G。

若 G 含有圈 C。设 y 是圈 C 上的一边，则边 y 一定是两个不同面的边界的一部分，这时删除边 y 得图 G'，则 G' 有 n 条边，由假设公式对 G' 成立，而 G 比 G' 多一边和多一面，G 与 G' 的顶点数相同，故公式也适合于 G。

(3) 由(1)与(2)及数学归纳法知定理成立。证毕。

推论 5.1.1　设 G 是带 e 条边和 v 个顶点的连通简单平面图，其中 $v\geqslant 3$，则 $e\leqslant 3v-6$。

证明　由于 G 是简单图，因此 G 的每个面的度数至少为 3。所以图 G 的面的度数之和 $2e\geqslant 3r$，其中 r 为 G 的面数。由欧拉公式得 $e\leqslant 3v-6$。证毕。

推论 5.1.2　设 G 是带 e 条边和 v 个顶点的连通简单平面图，其中 $v\geqslant 3$ 且没有长度为 3 的圈，则 $e\leqslant 2v-4$。

证明　G 的每个面的度数至少为 4。证毕。

例 5.1.2　完全图 K_5 和完全二分图 $K_{3,3}$ 均是非平面图。

解　图 K_5 有 5 个顶点 10 条边，而 $3\times 5-6=9$，即 $10>9$，故由推论 5.1.1 知 K_5 是非平面图。

图 $K_{3,3}$ 没有长度为 3 的圈，且有 6 个顶点 9 条边，因而 $9>2\times 6-4$，故由推论 5.1.2 知 $K_{3,3}$ 是非平面图。

推论 5.1.3　设 G 是带 e 条边，v 个顶点和 r 个面的平面图，则 $v-e+r=1+w$，其中 w 为连通分支数。

推论 5.1.4　设 G 是任意平面图，则 $\delta(G)\leqslant 5$。

证明　设 G 有 v 个顶点 e 条边。若 $e\leqslant 6$，结论显然成立；若 $e>6$，假设 G 的每个顶点的度数不小于 6，则 $6v\leqslant \sum\limits_{v_i\in V(G)} d(v_i)=2e\leqslant 6v-12$，因而假设不成立，即 $\delta(G)\leqslant 5$。证毕。

例 5.1.3　平面上有 n 个点，其中任两点之间的距离至少为 1。证明在这 n 个点中，距离恰好为 1 的点的对数至多是 $3n-6$。

证明　首先建立图 $G=\langle V,E\rangle$，其中 V 就取平面上给定的 n 个点(位置也不变)，两个点之间的距离恰好为 1 时，该两顶点之间用一条边连接。显然图 G 是一个 n 阶简单图。只要证明 G 是平面图即可。

若 G 中存在两条不同的边 (a,b) 和边 (x,y) 相交于非端点处 O，如图 5.1.7(a)所示，记它们的夹角为 $\theta(0<\theta<\pi)$。

若 $\theta=\pi$，这时情形如图 5.1.7(b)所示，存在两点其距离小于 1，这是不可能的，因而 $0<\theta<\pi$。由于 a 到 b 的距离为 1，x 到 y 的距离为 1，a、b、x、y 中至少有两个点，从交点 O 到这两点的距离不超过 $\frac{1}{2}$，不妨设为 a 与 x，则点 a 与 x 之间的距离小于 1，矛盾。

因此 G 是平面图，即命题得证。

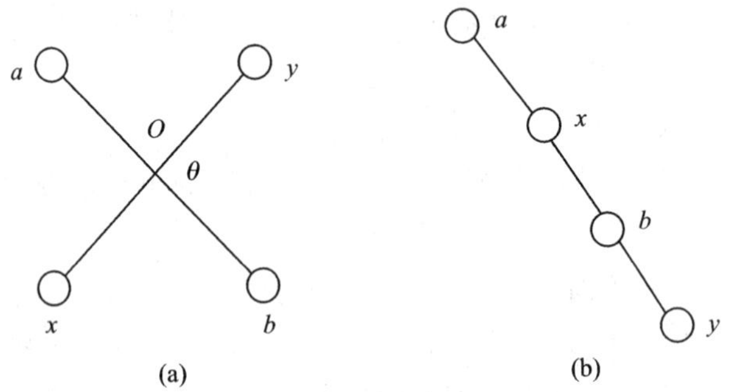

图 5.1.7

习题 5.1

1. 证明图 5.1.8 中所示的 4 个图均为平面图。

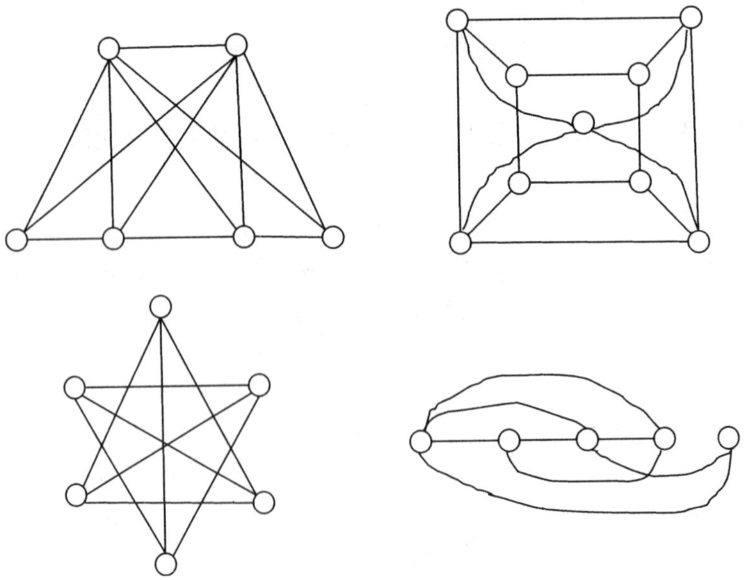

图 5.1.8

2. 设一个连通平面图有 6 个顶点，每个顶点的度都为 4，问这个平面图有多少个面？
3. 设一个连通平面图有 30 条边和 20 个面，问这个图有多少个顶点？
4. 设简单平面图 G 中的顶点数 $v=7$，边数 $\varepsilon=15$，证明 G 是连通图。
5. 求下面每个非平面图的交叉数。

(1) K_6　(2) K_7　(3) $K_{3,4}$　(4) $K_{4,4}$　(5) $K_{5,5}$

6. 证明若一个图的结点数小于或等于 4，则它一定是平面图。
7. 证明若一个图的结点数小于或等于 5，并且存在一个度为 2 的结点，则它一定是平面图。
8. 证明若一个简单图 G 的结点数不小于 11，则 G 或 G 的补图 $\bar{G}$ 不是平面图。

5.2　库拉图斯基定理

5.2.1　同　胚

定义 5.2.1　设 G 是一个平面图，通过删除 G 的一条边 (x,y)，并且添加一个新结点 a 和两条边 (x,a) 与 (a,y)（所获得的任何图也是平面图），这样的操作称为初等细分。若可以从相同的图 G 通过一系列初等细分来获得图 G_1 和 G_2，称 G_1 和 G_2 是同胚的（homeomorphism）。

如图 5.2.1 所示的三个图 G_1，G_2 和 G_3 都是同胚的。

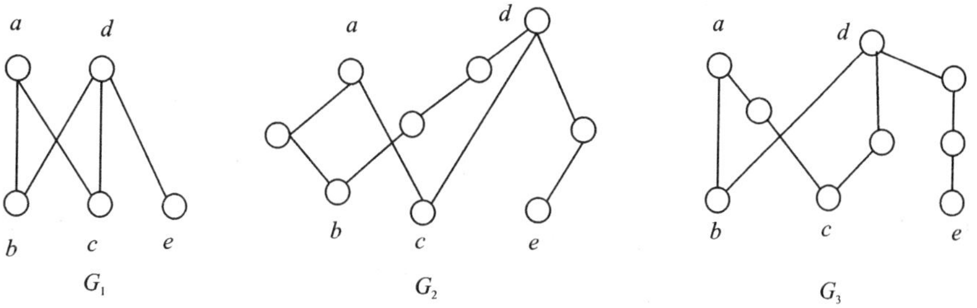

图 5.2.1

波兰数学家库拉图斯基（Kazimierz Kuratowski，1896—1980 年）在 1930 年证明了下面的定理，用图同胚的概念刻画了平面图。

定理 5.2.1　（Kuratowski 定理）一个图是非平面图，当且仅当它包含一个同胚于 $K_{3,3}$ 或 K_5 的子图。

证明略。

例 5.2.1　用 Kuratowski 定理说明图 5.2.2 所示图 G 不是平面图。

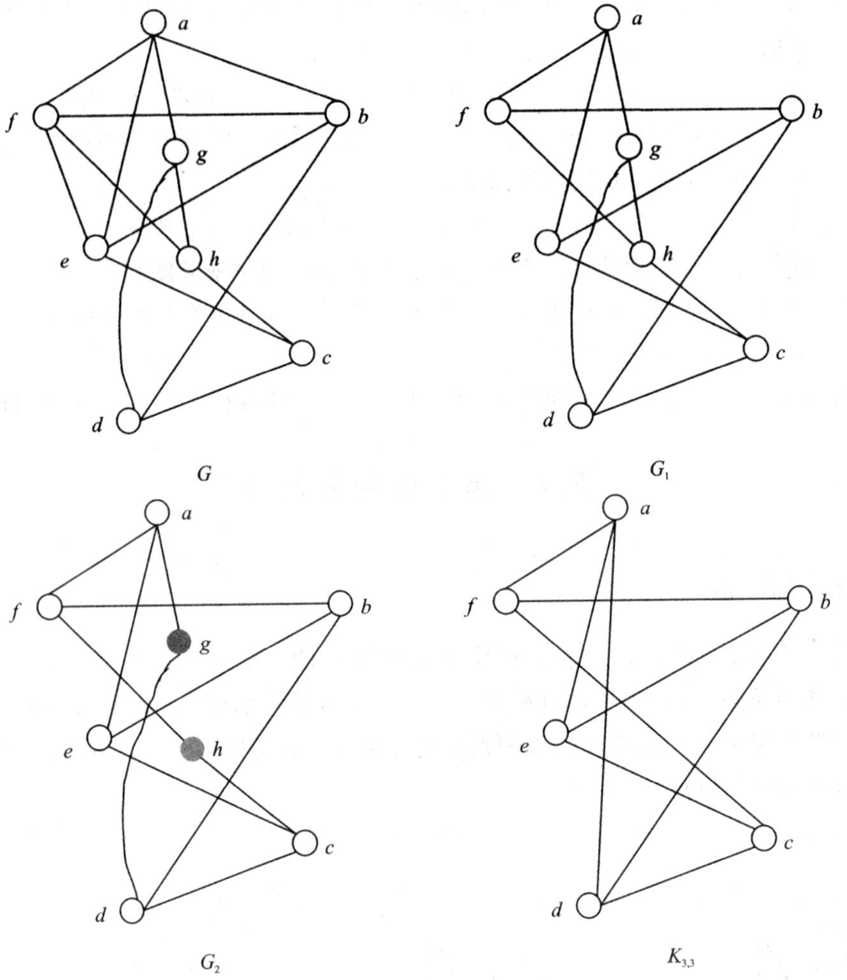

图 5.2.2

解 将从图 G 中找出一个同胚于 $K_{3,3}$ 的子图。图 G 中结点 a、b、f 和 e 的度数均为 4，删去 G 中边 (a,b) 与 (f,e) 得到图 G 的一个子图 G_1，且 G_1 中每个结点的度数均为 3。再删去图 G_1 中边 (g,h) 得到图 G_2，图 G_2 当然是图 G 的子图，且图 G_2 中有两个 2 度结点 g 与 f。而图 G_2 同胚于 $K_{3,3}$，因此图 G 不是平面图。

例 5.2.2 说明彼得森(petersen)图不是平面图。

解 删去图 5.2.3(a)彼得森图的结点 b，得到它的一个子图为图 5.2.3(b)或(d)所示 H。而 H 同胚于 $K_{3,3}$，故彼得森图不是平面图。

显然，由库拉图斯基定理并不能得出判别一个图是否为平面图的有效算法，但它给出了平面图的充要条件。

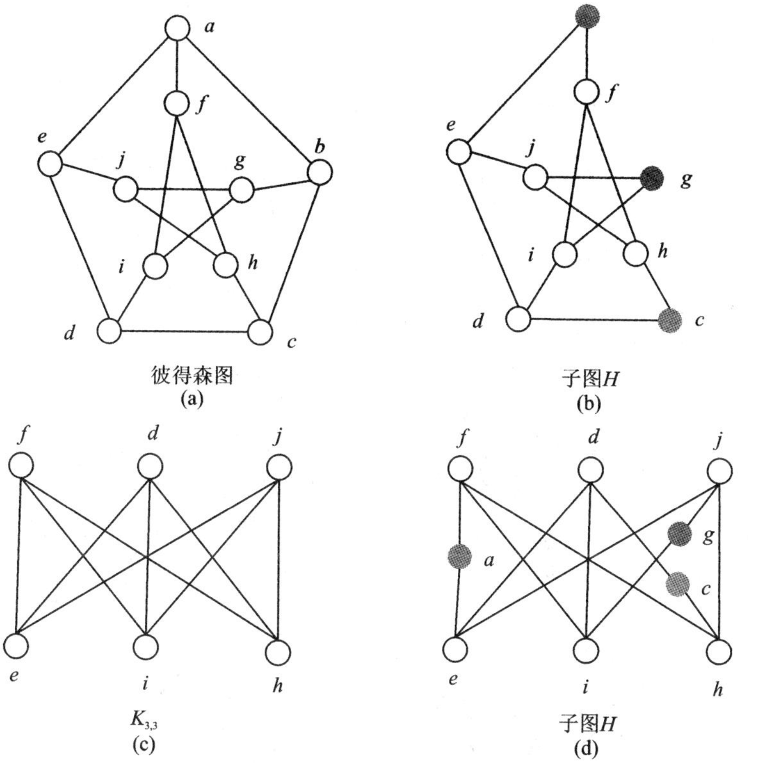

图 5.2.3

5.2.2　正多面体

平面图的理论与多面体的研究密切相关：事实上，由于每个凸多面体 P 可以与一个连通可平面图 G 相对应，G 的顶点和边是 P 的顶点和棱，那么 G 的每个顶点的度至少为 3。由于 G 是一个平面图，那么 P 的面就是 G 的面，并且 G 的每一条边落在两个不同面的边界上。图 5.2.4 显示了凸多面体和它相对应的平面图。

一个多面体 P 的顶点、棱和面的数目分别用 V,E 和 F 来表示，而且这些分别是连通平面图 G 的顶点、边和面的数目。因此由欧拉公式可写成 $V-E+F=2$，这就是著名的Euler 凸多面体公式。

为方便，用 V_n 和 F_n 分别表示凸多面体 P(或对应的平面图 G)的 n 度点和 n 度面的数目。于是 $n\geqslant 3$ 且有 $2E=\sum\limits_{n\geqslant 3} nV_n=\sum\limits_{n\geqslant 3} nF_n$。

定理 5.2.2　每个凸多面体中都至少有一个 n 度面，其中 $3\leqslant n\leqslant 5$。

证明　假设 $F_3=F_4=F_5=0$，则 $2E=\sum\limits_{n\geqslant 6} nF_n\geqslant\sum\limits_{n\geqslant 6} 6F_n=6\sum\limits_{n\geqslant 6} F_n=6F$ 即有 $F\leqslant\frac{1}{3}E$。

四面体

立方面体

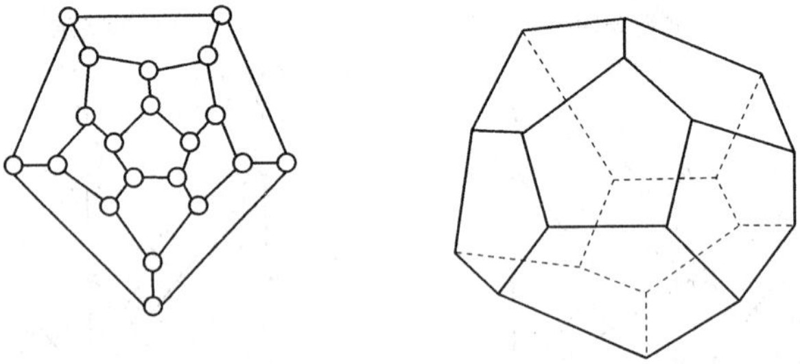

十二面体

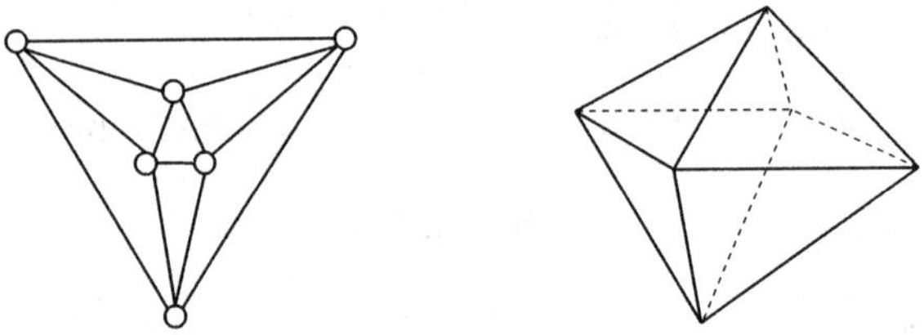

八面体

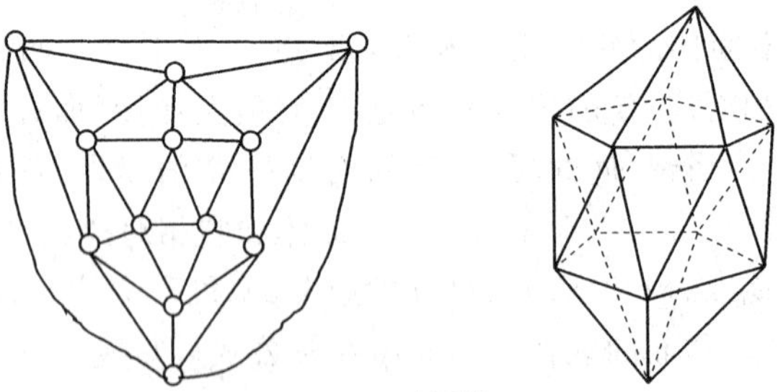

二十面体

图 5.2.4

另一方面，有 $2E=\sum\limits_{n\geqslant 3} nV_n \geqslant 3\sum\limits_{n\geqslant 3} V_n = 3V$，即 $V\leqslant \frac{2}{3}E$。

于是矛盾 $E=V+F-2\leqslant \frac{2}{3}E+\frac{1}{3}E-2=E-2$。证毕。

每个面并且每个多面角都相等的凸多面体称为正多面体(regular polyhedrom)，

也称为Plato 体。对应的平面图可称为 Plato 图。

定理 5.2.3　仅有五个正多面体，如图 5.2.4 所示。

证明　设 P 是正多面体且 G 是对应的平面图，对任何凸多面体，均有

$$\begin{aligned}-8 &= 4E-4V-4F \\ &= 2E+2E-4V-4F \\ &= \sum_{n\geqslant 3} nF_n + \sum_{n\geqslant 3} nV_n - 4\sum_{n\geqslant 3} V_n - 4\sum_{n\geqslant 3} F_n \\ &= \sum_{n\geqslant 3}(n-4)F_n + \sum_{n\geqslant 3}(n-4)V_n\end{aligned}$$

因为 P 是正多面体，所以存在两个整数 $h(\geqslant 3)$ 和 $k(\geqslant 3)$ 使 $F=F_h$ 且 $V=V_k$，因此有

$$-8=(h-4)F_h+(k-4)V_k \text{ 且 } hF_h=2E=kV_k$$

由于 $3\leqslant h\leqslant 5$

(1) 当 $h=3$ 时，有 $12=(6-k)V_k$，由于 $3\leqslant k\leqslant 5$

当 $k=3$ 时，$V_3=4$，$F_3=4$，因此 P 是四面体；

当 $k=4$ 时，$V_4=6$，$F_3=8$，因此 P 是八面体；

当 $k=5$ 时，$V_5=12$，$F_3=20$，因此 P 是二十面体。

(2) 当 $h=4$ 时，有 $8=(4-k)V_k$，所以 $k=3$，$V_3=8$，$F_4=6$，即 P 是立方体。

(3) 当 $h=5$ 时，有 $20=(10-3k)V_k$，所以 $k=3$，$V_3=20$，$F_5=12$，即 P 是十二面体。

例 5.2.3　对哪些 n，存在 n 条棱的凸多面体？

解　以多面体的顶点为图的顶点，以多面体的棱为图的边，得到一个平面图 G，若用 $p(G)$、$q(G)$ 和 $\varphi(G)$ 分别表示 G 的顶点数、边数和面数，则 $p(G)\geqslant 4$，$\varphi(G)\geqslant 4$ 且每个面的度数至少是 3。由 Euler 公式 $q(G)\geqslant 6$，即没有棱数小于 6 的凸多面体。

四面体是棱数为 6 的凸多面体。若有 7 条棱的凸多面体，则存在满足上述条件 $q(G)=7$ 的平面图，由 Euler 公式得

$$p(G)+\varphi(G)=q(G)+2=9 \tag{5.2.1}$$

但 G 的每个面的度至少是 3，故

$$2q(G)=\sum d_G(f)\geqslant 3\varphi(G)(f \text{ 为 } G \text{ 的面})$$

即

$$\varphi(G)\leqslant \frac{2}{3}q(G)=\frac{14}{3}$$

但 $\varphi(G)$ 为整数，所以 $\varphi(G)\leqslant 4$。同样 $p(G)\leqslant 4$，于是 $p(G)+\varphi(G)\leqslant 8$，这与式(5.2.1)矛盾。所以 7 条棱的凸多面体不存在。

当 $k\geqslant 4$，以 k 边形为底的棱锥即为 $2k$ 条棱的凸多面体。若在底为 $k-1$ 边形的棱锥中，把底角处的一个三面角“据掉一个尖儿”，得到的是一个有 $2k+1$ 条棱的凸多面体。故当 $n\geqslant 6$，$n\neq 7$ 时，才有 n 条棱的凸多面体。

习题 5.2

1. 确定图 5.2.5 所示的图 G_1、G_2 和 G_3 是否同胚于 $K_{3,3}$？

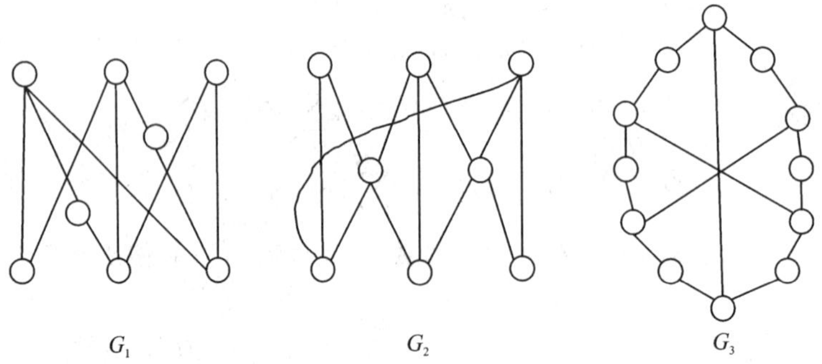

图 5.2.5

2. 用库拉图斯基定理来确定图 5.2.6 所示的 G_1、G_2 和 G_3 是否为平面图？

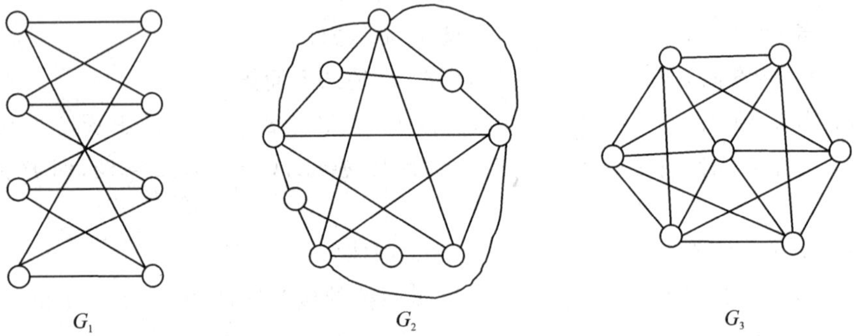

图 5.2.6

3. 设简单平面图 G 的顶点数 $v=7$，边数 $\varepsilon=15$，证明 G 是连通图。
4. 一个简单平面图 G 的三角形剖分(triangulation)是指在保持图的平面性不变且不引入任何平行边或环的前提下，尽可能多地连接图 G 中的结点。
5. 求图 5.2.7 所示简单平面图 G 的三角形剖分。

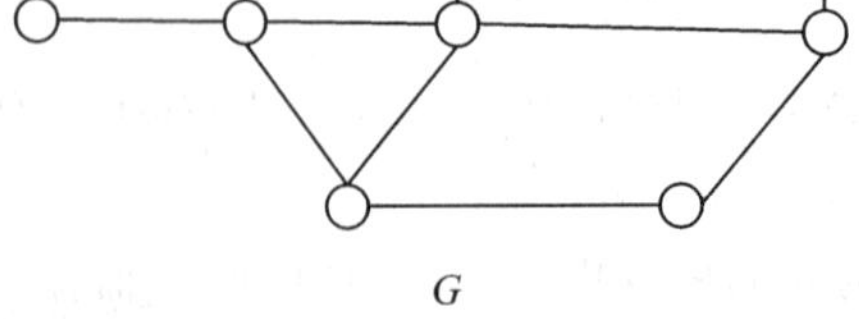

图 5.2.7

6. 证明任何简单平面图的三角形剖分都满足 $3r=2e$，其中 e 为边数，r 是面数。
7. 设 G 是阶不小于 3 的简单可平面图，若在 G 的任意两个不相邻的结点间增加一条边就会失去可平面性，则称 G 是极大平面图(maximal planar graph)。证明，阶不小于 3 的简单可平面图 G 是极大平面图，当且仅当 G 的每个面的度数都是 3。
8. 证明，阶不小于 3 的简单可平面图 G 是极大平面图，当且仅当 $3r=2e$，其中 e 为 G 的边数，r 是 G 的面数。
9. 证明，阶不小于 3 的简单可平面图 G 是极大平面图，当且仅当 $e=3v-6$，其中 e 为 G 的边数，v 是 G 的结点数。
10. 证明，阶不小于 3 的简单可平面图 G 是极大平面图，当且仅当 $r=2v-4$，其中 v 为 G 的结点数，r 是 G 的面数。

5.3　图的嵌入

定义 5.3.1　如果图 G 能够画在曲面 S(如平面、球面、双环面等)上，且使得它的边仅在端点处相交，则称 G 可嵌入曲面 S(embeddable in the surface)。

如图 5.3.1 所示，设有限圆与无限直线在点 S 处相切，过 S 作直线的垂线交圆于 N 点，从点 N 引出一些直线 NaA，NbB，……，当点 b 越来越接近 N 时，点 B 越来越趋向于无限远处，因此有限圆与无限直线的点一一对应。再将图 5.3.1 中的有限圆与无限直线绕直线 SN 旋转一周，圆旋转一周得到一个球面，直线旋转一周得到一个平面，从而球面上的点与平面上的点存在一一对应。

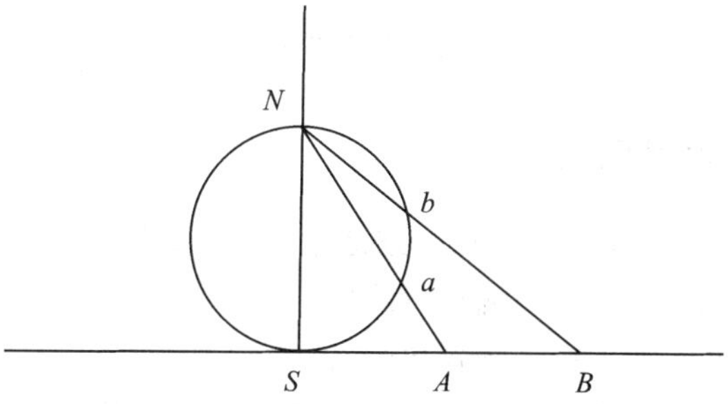

图 5.3.1

定理 5.3.1　图 G 可嵌入球面等价于图 G 可嵌入平面。

例 5.3.1　图 5.3.2(a)所示的 Q_3 是否为可平面图?

解　Q_3 是可平面图，它的一种平面表示如图 5.3.2(b)所示。

显然，平面图是可平面图在平面上的嵌入。虽然不可平面图 G 不能嵌入到平面上，但是可以将 G 嵌入到一个复杂的曲面上。比如，完全图 K_5 在环面上的一种嵌入如图 5.3.3 所示，其中的虚线边从环的后面穿过隧道。

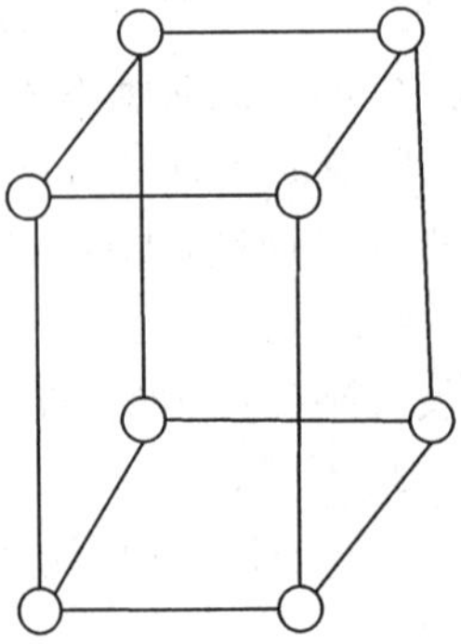

(a)　　(b)

图 5.3.2

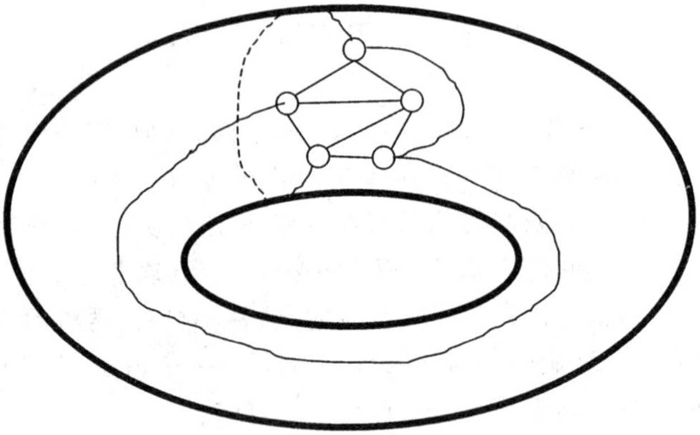

图 5.3.3　嵌入环面的 K_5

5.3.1　平面图的对偶图

定义 5.3.2　设 G 是无孤立结点的连通平面图，且 G 有 k 个面 $F_1, F_2, \cdots, F_k$（包括外部面）。按下列过程作 G 得对偶图 G'。

（1）在 G 的每个面内设置一个结点 $v_i(1 \leqslant i \leqslant k)$。

（2）过 F_i 与 F_j 的每一条公共边 e_k，作一条且仅作一条边 $(v_i, v_j)(1 \leqslant i, j \leqslant k)$ 与 e_k 相交。

（3）当且仅当 e_k 只是面 F_i 的边界时，v_i 恰有一条自回路与 e_k 相交。

这样所得的图 G' 称为图 G 的对偶图(dual graph)。若 G' 与 G 同构，称 G 自对偶(self dual)。

如图 5.3.4 所示图 G，以虚线为边的图即为 G 的对偶图 G'。

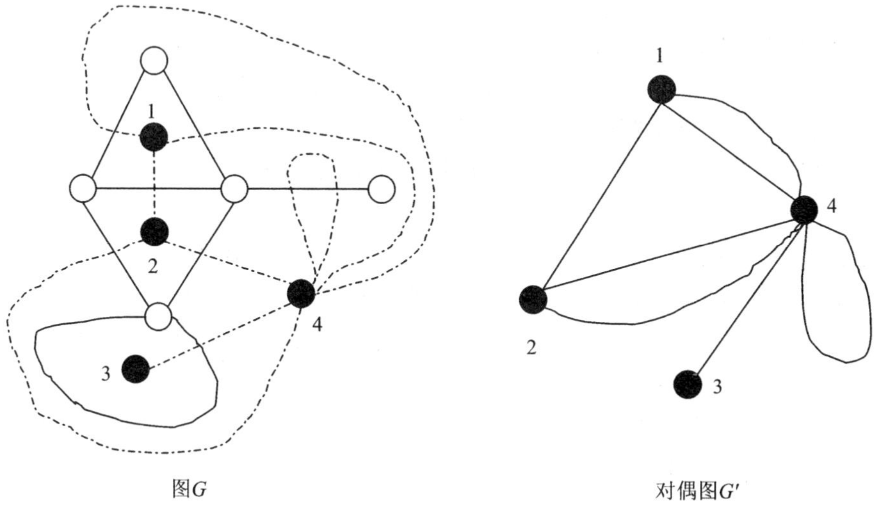

图 5.3.4

5.3.2　四色猜想

定义 5.3.3　简单图的着色(coloring)是指对该图的每个顶点都指定一种颜色，使得没有两个相邻的顶点指定为相同的颜色。

定义 5.3.4　图 G 的色数(chromatic number)是着色这个图 G 所需要的最少颜色数，记做 $x(G)$。

对于 G 的任何子图 H，均有 $x(H) \leqslant x(G)$。若 G 是 n 阶完全图，则 $x(G)=n$；若 G 是至少有一边的二分图，则 $x(G)=2$；若 G 是长为奇数的圈，则 $x(G)=3$。

平面地图实际上是一种平面图，它的面代表区域，边表示区域之间的边界，而点则是边界的交汇处。对平面地图(假定地图里所有区域都是连通的)G 的着色，就是使地图边界相邻的区域有不同的颜色。显然，对地图 G 的面着色问题等价于对 G 的对偶图 G'的顶点进行着色的问题。求平面图的色数等于是求平面地图着色所需要的最少颜色数，使得没有两个相邻的区域指定为相同的颜色。这个问题已经研究了 100 多年。

四色问题(four-colour problem)，连通简单平面图的色数不超过 4。

四色问题的起源有些模糊，但可以肯定，在 1852 年 10 月 23 日，盖思里(Gurhrie)在给他的老师德·摩根(De Morgan，1806—1871 年)的信里提出猜想："任意地图都可以用四种颜色着色，使有共同边界的地区着不同颜色"，并非"地区越多、地图越复杂所需的颜色就越多"。德·摩根收到信后，写信向 Hamilton 求助，可 Hamilton 也爱莫能助。这就是后来广为人知的四色猜想，也称四色问题。

四色猜想最初沉寂了二十多年，直到 1878 年，著名数学家 Cayley 在伦敦数学会议上提出这个问题，四色猜想才正式登上数学殿堂，开始广泛流传并进入一个研究高潮。

1879 年，肯普(Kempe)发表了四色猜想的第一个证明。1880 年，泰特(Tait)根据另一猜想“每个平面三次图都有 Hamilton 圈”给出了四色猜想的另一个证明。一时间，人们误以为四色难题已经解决。然而，11 年后即 1896 年，时为牛津大学学生的希伍德(Heawood)，构造一个反例图，指出了肯普证明中的漏洞。而 64 年后即 1946 年，著名图论大师塔特(Tutte)构造出了没有 Hamilton 圈的平面三次图，又说明了泰特证明存在的错误。1976 年，美国科学家肯尼思·阿佩尔(Kenneth Appel)和沃尔夫冈·黑肯(Wolfgang Haken)宣布了一个借助计算机的证明。但是，这个证明引起了广泛争论，原因是在他们的证明中使用了超过 1 000 h 的机时，它是不是真正的证明？

四色猜想曾一度被列为与数学中的 Fermat 猜想，函数论中的 Riemann 假设相提并论的三大数学难题之一，受到世界上许多最有才华的数学家的冲击。

5.3.3 五色定理

定理 5.3.2 (五色定理)连通简单平面图的色数不超过 5。

证明 对图的结点数作归纳。

当顶点数 $n\leqslant 5$ 时，显然成立。假设 $n-1$ 个顶点时成立，现证明 n 个顶点时也成立。

设平面图 G，则 $\delta(G)\leqslant 5$。因此 G 中至少存在一顶点 v_0，其度数 $d(v_0)\leqslant 5$。在图 G 中删去顶点 v_0 得图 G'，由归纳假设知 G' 的色数不超过 5。然后将 v_0 又加回去，有两种情况：

(1) $d(v_0)<5$，或 $d(v_0)=5$ 和 v_0 邻接的 5 个结点着的颜色数小于 5。则 v_0 极易着色，只要选与四周顶点不同的颜色着色即可。

(2) $d(v_0)=5$ 且和 v_0 邻接的 5 个结点着的是 5 种颜色，如图 5.3.5(a)所示。为方便，称 G' 中所有红、黄色顶点为红黄集，G' 中所有黑、白色顶点为黑白集。于是又有两种可能：

① v_1 和 v_3 属于红黄集导出子图的两个不同块，如图 5.3.5(b)所示。将 v_1 所在块的红、黄色对调，并不影响 G' 的正常着色。然后将 v_0 着上红色，即得图 G 的正常着色。

② v_1 和 v_3 属于红黄集导出子图的同一个块，则 v_1 和 v_3 之间必有一条顶点属于红黄集的路 P，路 P 加上结点 v_0 可构成圈 C：$v_0v_1Pv_3v_0$，如图 5.3.5(c)所示。由于 C 的存在，将黑白集分为两个子集，一个在 C 内，另一个在 C 外，于是问题转化为①的类型，对黑白集按①的办法处理，即得图 G 的正常着色。证毕。

例 5.3.2 考虑一个有 9 家店的小商业区的场地布局问题，需要的邻接关系如表 5.3.1 所列。运用图的嵌入和图的着色知识，给出该商业区的一种最优布局。

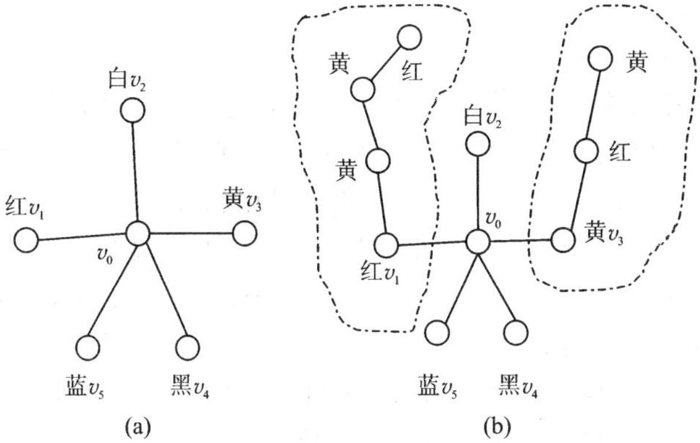

图 5.3.5

表 5.3.1　场地邻接要求

区　域	需要的邻接区域	区　域	需要的邻接区域
a	b,d,i	f	c,e,g
b	a,c,e	g	d,f,h,i
c	b,d,e,f,h	h	c,d,g,i
d	a,c,g,h	i	a,e,g,h
e	b,c,f,i		

解　如图 5.3.6(a)所示，构作简单无向图 $G=\langle V,E\rangle$，其中

$$V(G)=\{a,b,c,d,e,f,g,h,i\}$$

边$(x,y)\in E(G)\Leftrightarrow x$ 和 y 是邻接区域。

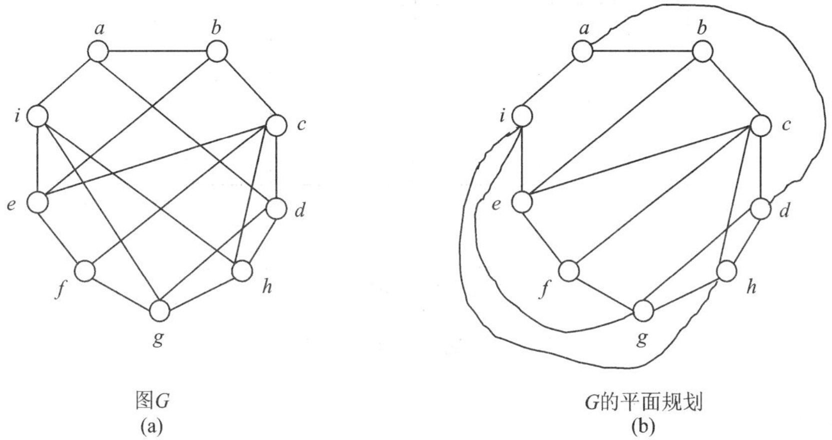

图G
(a)

G的平面规划
(b)

图 5.3.6

如果图 G 是平面图,则需要的邻接关系就可以满足。现在的问题是如何重新排列图 G 的边,使其尽量少的边相交,即求出图 G 的交叉数。选定图 G 的一条哈密顿回路,将其包围的边赋予标记,不妨以其两端点为标记,比如,边(b,e)标记为 be,得到图 H:以上述选定的哈密顿回路包围的边为 H 的结点,H 的两结点间有边,当且仅当图 G 中的两条边相交。比如,边(b,e)与边(a,d) 在图 G 中相交,于是图 H 中结点 be 与结点 ad 间有一条边,如图 5.3.7 所示。图 G 是平面图,当且仅当 H 的色数 $\chi(H)=2$。而求得 H 的色数为 3,得到 H 的一个着色方案如图 5.3.8 所示,其中结点 ad、gi 与 hi 着红色,结点 be、ce、cf 与 ch 着白色,结点 dg 着绿色。于是可平面规划图 G:将红边(a,d)、(g,i) 与(h,i)画到哈密顿回路外面,如图 5.3.6(b)所示。由于图的交叉数为 1,因而只有一种邻接关系不能满足。因此,图 5.3.9 给出了该商业区的一种最优布局。

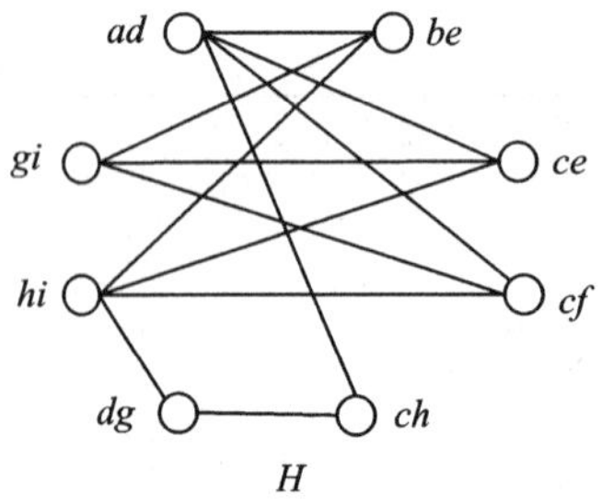

图 5.3.7

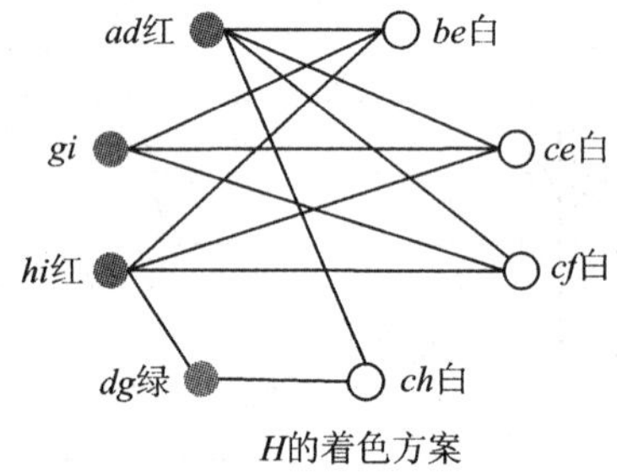

图 5.3.8

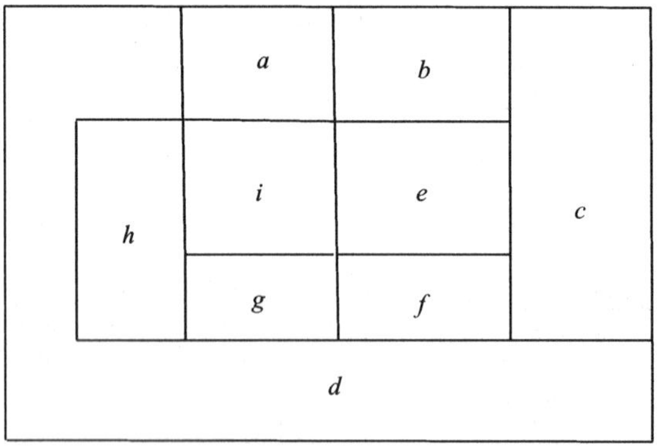

商业区的布局

图 5.3.9

习题 5.3

1. 求图 5.3.10 所示各图的色数。

2. 对 $n\geqslant 3$ 来说,当给圈图 C_n 添加另一个顶点,而且把这个新顶点与 C_n 里 n 个

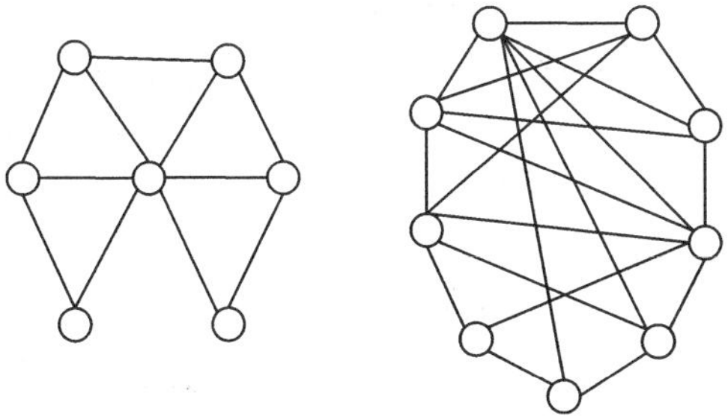

图 5.3.10

顶点逐个连接时，就得到轮图 W_n。问 W_n的色数是多少？

3. 证明：设 G 有 v 个顶点 ε 条边，且 G 是自对偶平面图，则 $\varepsilon=2v-2$。
4. 证明：轮图 W_n的对偶图 W_n^* 是轮图，且 $W_n \cong W_n^*$。
5. 证明：一个平面图 G 的对偶图 G^* 是 Euler 图当且仅当 G 中每一个面均由偶数条边围成。
6. 设 G 是连通图，证明 G 为二分图当且仅当 G 的对偶图为 Euler 图。
7. 对于图 5.3.11 所示的两个图，各自能否找到一条闭折线，使其穿过图中每边一次且仅一次？为什么？

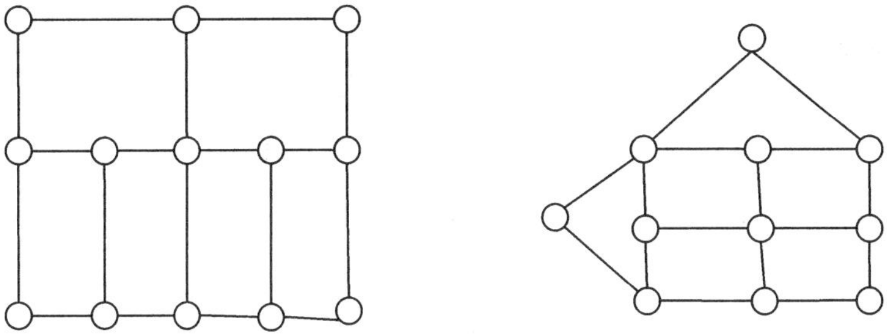

图 5.3.11

8. 证明：平面图地图的对偶图一定是平面图。
9. 证明：若简单平面图 G 的三角形部分 G^* 可用 n 种颜色进行着色，则 G 也可以。
10. 若一个地图的对偶图有一个 3 度结点，那么这个地图应是怎样的？
11. 说明完全图 K_4 是自对偶的。
12. 画超立方体 Q_3 的对偶图，并说明 Q_3 的对偶图是八面体。
13. 说明二十面体的对偶图是十二面体。
14. 证明，若非平凡平面图是欧拉图，则其对偶图是二分图。
15. 考虑一个有 8 家店的小商业区的场地布局问题，需要的邻接关系如表 5.3.2 所列。运用图的嵌入和图的着色知识，给出该商业区的一种最优布局。

表 5.3.2 场地邻接关系

区 域	需要的邻接区域	区 域	需要的邻接区域
a	b,f,h	e	d,f,h
b	a,c,f	f	a,b,d,e,g
c	b,d,g,h	g	c,f,h
d	c,e,f	h	a,c,e,g

5.4 图的着色

5.4.1 顶点着色

图的着色(coloring)是对该图的每个顶点都指定一种颜色,使得没有两个相邻的顶点指定为相同的颜色,所以,图的着色又称为图的顶点着色(vertex coloring)。

例 5.4.1 图 5.4.1 所示的图 G 和 H 的色数是多少?

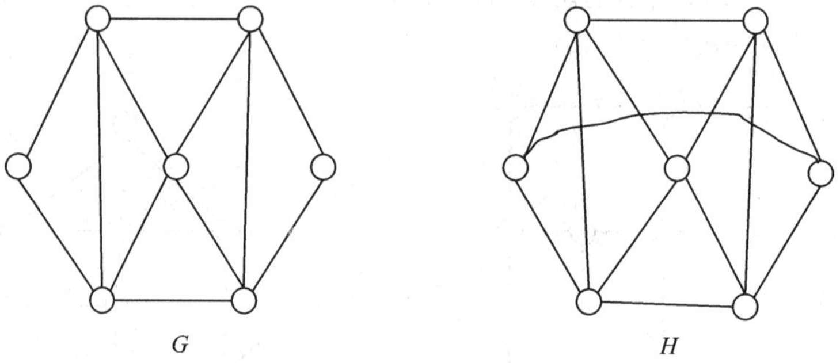

图 5.4.1

解 图 G 的色数 $x(G)=3$。H 的色数 $x(H)=4$。

例 5.4.2 由 $n(n\geqslant 3)$ 个顶点 $v_1,v_2,\cdots,v_n$ 以及边 $(v_1,v_2),(v_2,v_3),\cdots,(v_{n-1},v_n),(v_n,v_1)$ 组成的图称为圈图,记做 C_n。试问圈图 C_n 的色数是多少?

解 当 n 是偶数时,对 C_n 着色需要两种颜色。为构造这样的着色,任选一个顶点把它着成红色,然后以顺时针方向绕图前进,把第二个顶点着成蓝色,把第三个顶点着成红色,依次类推。第 n 个顶点着成蓝色,因为与他相邻的两个顶点(即第一个顶点和第 $n-1$ 个顶点)都着成红色。

当 n 是奇数时,C_n 的色数为 3。为了看出这一点,挑选一个初始顶点。为了只用两种颜色,当以顺时针方向遍历这个图时,必须使用交替的颜色。而第 n 个顶点的两个相邻顶点(即第一个顶点和第 $n-1$ 个顶点)是同色,因此第 n 个顶点必须使用第三种颜色。

例 5.4.3　完全图 K_n 和二分图 $K_{m,n}$ 的色数分别为多少？

解　由于完全图 K_n 的每两个顶点都相邻，而两个相邻的顶点必须指定不同的颜色，因而完全图 K_n 的色数为 n。

二分图 $K_{m,n}$ 的色数为 2。用一种颜色着色 m 个顶点，用另一种颜色着色 n 个顶点。

1941 年，R. L. Brookd 证明了定理 5.4.1。

定理 5.4.1　设 G 是一个连通简单图，其顶点的最大度为 $\Delta(G)$。如果 G 既不是完全图 K_n，也不是奇数阶圈图 C_n，则 $x(G) \leqslant \Delta(G)$。

5.4.2　图着色算法

给图的顶点着色，要求使用的颜色数量最少，这是图论的又一个难题，目前还没有一个有效算法，即便是判断一个图是否可 3 着色也是 NP 完全问题。下面介绍一个着色算法——最大色度着色。该算法由 Brelaz 于 1979 年提出，该算法的基本思想是尽可能早地将度数高的结点着色，同时，若某结点有许多邻接结点已着色，算法也将尽可能早地处理该结点。

为了表述该算法，先引入色度这个概念。给定图 G，假设图 G 的部分结点已经着色，则结点 v 的色度，就是 v 的邻接结点已经使用的颜色数量。

算法 5.4.1　最大色度着色

(1) 将图 G 的所有结点按其度数从大到小排序，存放于集合 S 中。

(2) 将 S 中的第一个结点 v 着色为 1，并从 S 中删除结点 v。

(3) 若 $S=\varnothing$，则算法结束。否则转步骤(4)。

(4) 选 S 中最靠前且色度最大的结点 u，将 u 着为最小可用色，并从 S 中删除结点 u，再转步骤(3)。

例 5.4.4　运用算法 5.4.1，求出图 5.4.2(a)所示彼得森(petersen)图的结点着色方案。

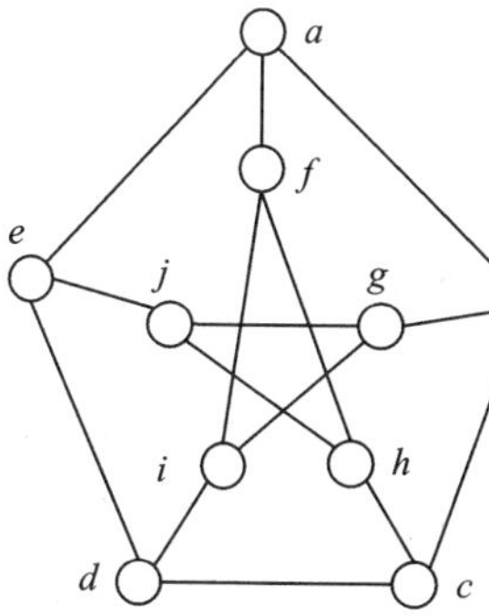

彼得森图
(a)

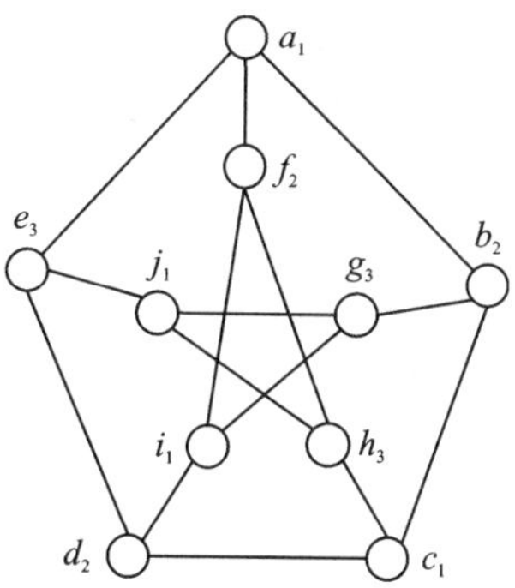

最大色度着色
(b)

图 5.4.2

解 用表 5.4.1 显示最大色度着色算法对彼得森图着色的步骤，其着色方案如图 5.4.2(b)所示。

表 5.4.1 着色过程

步 骤	内 容
首 先	$S=\{a,b,c,d,e,f,g,h,i,j\}$ 将结点 a 着色为 1
1 次迭代	$S=\{b,c,d,e,f,g,h,i,j\}$ $u=b$ 将结点 b 着色为最小可用色 2
2 次迭代	$S=\{c,d,e,f,g,h,i,j\}$ $u=c$ 将结点 c 着色为最小可用色 1
3 次迭代	$S=\{d,e,f,g,h,i,j\}$ $u=d$ 将结点 d 着色为最小可用色 2
4 次迭代	$S=\{e,f,g,h,i,j\}$ $u=e$ 将结点 e 着色为最小可用色 3
5 次迭代	$S=\{f,g,h,i,j\}$ $u=f$ 将结点 f 着色为最小可用色 2
6 次迭代	$S=\{g,h,i,j\}$ $u=h$ 将结点 h 着色为最小可用色 3
7 次迭代	$S=\{g,i,j\}$ $u=i$ 将结点 i 着色为最小可用色 1
8 次迭代	$S=\{g,j\}$ $u=g$ 将结点 g 着色为最小可用色 3
9 次迭代	$S=\{j\}$ $u=j$ 将结点 j 着色为最小可用色 1
结 束	$S=\varnothing$ 算法结束

5.4.3　图着色应用

图着色在图论中那么令人感兴趣，毫无疑问是由于它与四色问题有关。同时，图着色有许多应用，又为图着色注入了活力。下面介绍几个应用的列子。

储藏问题　某工厂生产 n 种化学制品 $C_1, C_2, \cdots, C_n$，其中某些制品是互不相容的，若它们互相接触，则会引起爆炸。作为一种预防措施，该工厂必须把仓库分成若干个隔间，以便把不相容的化学制品储藏在不同的隔间里，试问这个仓库至少应该分成几个隔间？

构造简单无向图 $G=\langle V, E\rangle$，其中

$$V(G)=\{C_1, C_2, \cdots, C_n\}$$

$$边(C_i, C_j)\in E(G) \Leftrightarrow 化学制品\ C_i\ 与\ C_j\ 互不相容$$

于是不难看出仓库的最小隔间数等于图 G 的色数 $\chi(G)$。

例 5.4.5　某化工厂生产编号 $a \sim n$ 的 14 种化学品，如图 5.4.3 图 G 所示，且两种化学品之间有一边，代表它们互相接触可能产生化学反应而引起爆炸。由于受预算限制，工厂需要建设尽可能少的仓库来存储产品，以减少生产成本。求最少需要多少间仓库？并指出每种化学品放入哪间仓库。

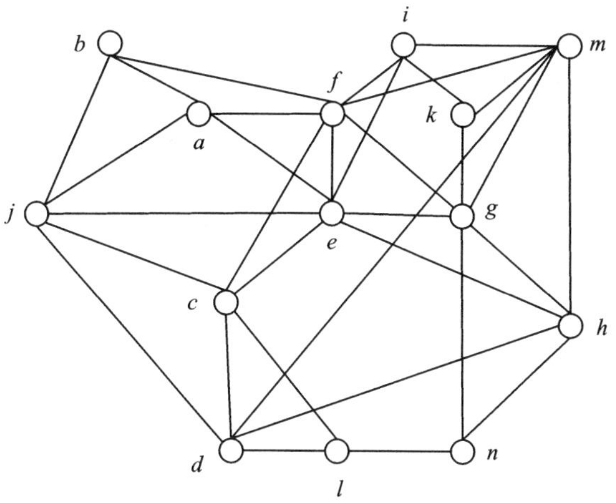

图G

图 5.4.3

解　虽然图 G 看起来有点复杂，但图 G 含有 K_3 子图，所以可估计图 G 的色数至少为 3。将图 G 中的一个 K_3 子图用 3 种不同的颜色着色之后，移动到与该 K_3 相邻的结点，如果这个结点的颜色已经唯一确定，继续处理直到完成整个过程。比如，将图 G 中的一个 K_3 子图三角形 cdj 的结点 c 着黑色、结点 d 着白色、结点 j 着红色，先将与三角形 cdj 相邻的三角形 cdl 的结点 l 着红色、三角形 cej 的结点 e 着白色，再将与三角形 cej 相邻的三角形 cef 的结点 f 着红色、三角形 aej 的结点 a 着黑色，等

等。如此继续，得到图 G 的色数为 3，且图 G 的一种着色方案如图 5.4.4 所示。所以，最少需要 3 间仓库，其中化学品 f、h、j、k 与 l 存储在红颜色仓库，化学品 a、c、i 与 g 存储在黑颜色仓库，化学品 b、d、e、m 与 n 存储在白颜色仓库。

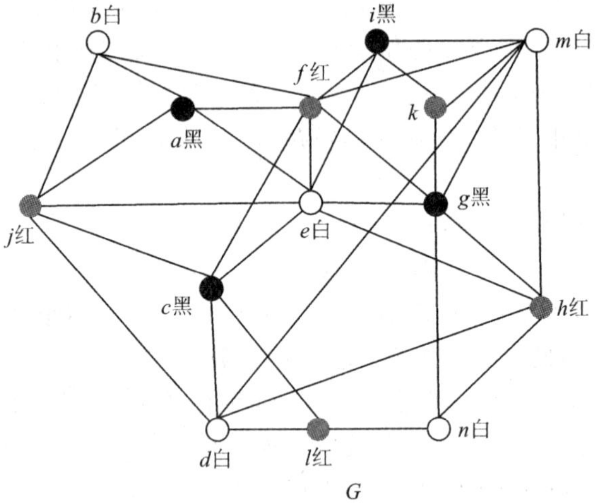

图 5.4.4

电视频道分配问题　某地区内有 n 家电视发射台 $T_1,T_2,\cdots,T_n$，主管部门为每家电视台分配一个频道。为排除干扰，使用同一个频道的发射台之间的距离必须大于指定的正数 d。试问该地区至少需要多少频道。

构作简单无向图 $G=\langle V,E\rangle$，其中

$$V(G)=\{T_1,T_2,\cdots,T_n\}$$

$$边(T_i,T_j)\in E(G)\Leftrightarrow T_i与T_j之间的距离\leqslant d$$

于是需要的最小频道数等于 $x(G)$。

考试安排问题　某高校有 n 门选修课 $v_1,v_2,\cdots,v_n$ 需要进行期末考试。同一学生不能在同一天里参加两门课的考试。问该校的期末考试至少需要几天？

构作简单无向图 $G=\langle V,E\rangle$，其中

$$V(G)=\{v_1,v_2,\cdots,v_n\}$$

$$边(v_i,v_j)\in E(G)\Leftrightarrow v_i和v_j被同一位学生选修$$

于是考试需要的最小天数等于 $x(G)$。

变址寄存器　在有效的编译器里，当把频繁使用的变量暂时保存在中央处理单元而不是保存在常规内存时，可以加速循环的执行。对于给定的循环来说，需要多少个变址寄存器？

可以用图着色模型来讨论这个问题。设图的每个顶点表示循环里面的一个变量。若在循环执行期间两个顶点所表示的变量必须同时保存在变址寄存器里，则在这两个顶点之间有一条边。因此，所需要的变址寄存器数就是这个图的色数。

例 5.4.6　某大学中某学院的 8 名教师本学期所开设课程的课程表如表 5.4.2 所列。

表 5.4.2　课程表

教　授	主讲课程(课程编码)	教　授	主讲课程(课程编码)
张　三	32,36,11	赵　六	31,38,54
李　四	27,31,53	秦　七	32,36,01
王　二	31,32,11	魏　八	27,31,38
刘　五	27,31,05	朱　九	53,54,05

在安排考试时，已确定每门课程都将考试，且同一编码的课程必须同时考试，每位教授必须主考自己所讲授的课程。学校教室足够多，且每位教师都希望考试能尽早结束，这样他们就能尽情投入到暑假中，完成科研项目或发现一些定理。问整个考试最少需要多少时段？

解　如图 5.4.5 所示，构作简单无向图 $G=\langle V,E\rangle$，其中

$$V(G)=\{01,05,11,27,31,32,36,38,53,54\}$$

$$边(x,y)\in E(G)\Leftrightarrow 课程\ x\ 和课程\ y\ 由同一位教授讲授$$

问题即为求图 G 的色数。由于图 G 含有一个 K_4 子图，所以可估计图 G 的色数至少为 4。将图 G 中的这个 K_4 子图的 4 个结点 05、53、31 与 27 分别着以白色、黑色、红色和绿色后，再对其他结点着色，得到图 G 的一个着色方案如图 5.4.6 所示。因此图 G 的色数为 4，即最少需要 4 个考试时段。若仅仅考虑每位教授主考自己所授课程，可得到一个完整的考试安排如表 5.4.3 所列。

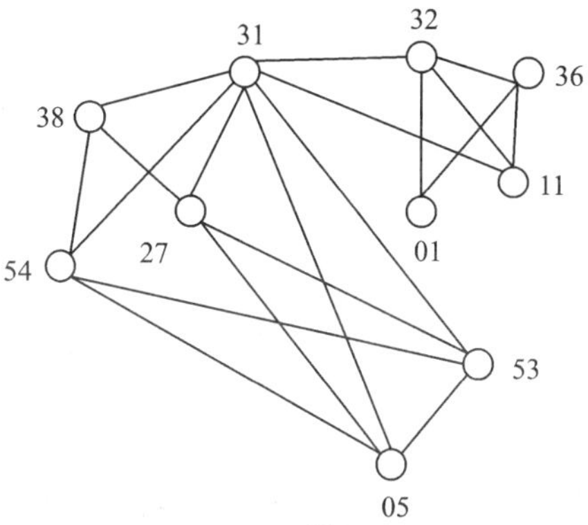

图G

图 5.4.5

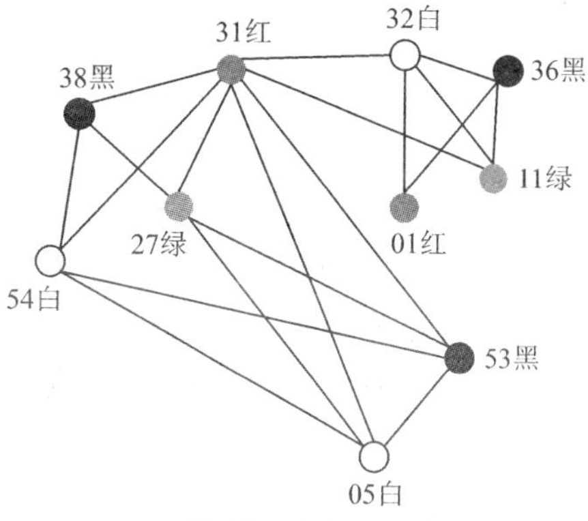

图G的一种着色方案

图 5.4.6

表 5.4.3 考试安排

时间段	考试科目	主考教授
1(白)	05,32,54	刘五 05,朱九 05,张三 32,王二 32,秦七 32,赵六 54,朱九 54
2(黑)	36,38,53	张三 36,秦七 36,赵六 38,巍八 38,李四 53,朱九 53
3(红)	01,31	秦七 01,李四 31,王二 31,刘五 31,赵六 31,巍八 31
4(绿)	11,27	张三 11,王二 11,李四 27,刘五 27,巍八 27

习题 5.4

1. 某学院需要安排 7 门课的考试,课程编号为 1～7。下列成对的课程有公共的学生选修:1 与 2,1 与 3,1 与 4,1 与 7,2 与 3,2 与 4,2 与 5,2 与 7,3 与 4,3 与 6,3 与 7,4 与 5,4 与 6,5 与 6,5 与 7,6 与 7。问整个考试最少需要多少时段？并给出一个具体安排方案。
2. 假定当两家电视台相距在 150 英里以内时,他们就不能使用相同的频道,那么对于表 5.4.4 中所列距离的 6 家电视台来说,需要多少个不同的频道？

表 5.4.4 题 设

电视台 \ 距离 \ 电视台	1	2	3	4	5	6
1	—	85	175	200	50	100
2	85	—	125	175	100	160
3	175	125	—	100	200	250
4	200	175	100	—	210	220
5	50	100	200	210	—	100
6	100	160	250	220	100	—

3. 有 7 个变量出现在计算机程序的循环里。这些变量和必须保存它们的计算步骤分别是:
   t:步骤 1～6;u:步骤 2;v:步骤 2～4;w:步骤 1,3 和 5;x:步骤 1 和 6;y:步骤 3～6;z:步骤 4 和 5。在执行期间需要多少个不同的变址寄存器来保存这些变量？
4. 图 G 的边着色(edge coloring)是对图 G 的每条边都指定一种颜色,使得没有两个相邻的边指定为相同的颜色。图 G 的边色数(edge chromatic number)是着色这个图 G 所需要的最少颜色数,记做 $x'(G)$。证明,如果 G 是连通简单图,且 G 的最大结点度为 $\Delta(G)$,则

$$\Delta(G) \leqslant x'(G) \leqslant \Delta(G)+1$$

5. 证明，完全图的边色数有如下关系：$x'(K_{2n})=x'(K_{2n-1})=2n-1$。

6. 如果 G 是二分图，则 $x'(G)=\Delta(G)$。

7. 现有 5 位教师 a、b、c、d 和 e，另有编号为 1、2、3、4、5、6 与 7 的 7 个班级。每周教师 $i(i=a,b,c,d,e)$ 必须给班级 $j(j=1,2,3,4,5,6,7)$ 上 m_{ij} 节课，其中

$$\boldsymbol{M}=(m_{ij})=\begin{pmatrix}2&3&0&2&0&0&0\\2&0&3&0&3&0&0\\0&2&2&0&0&3&0\\0&0&1&0&4&0&2\\0&0&0&2&2&0&3\end{pmatrix}$$

运用图的边着色，按每周 5 个工作日，给出一个适当的课程表。

第 6 章　专题讨论

6.1　最短路问题

6.1.1　Dijkstra 算法

边上有数的图称为加权图(weighted graph)。若边 e 标记数 k，称边 e 的权(weight)为 k。在加权图中，链(迹、路)的长度为链(迹、路)上的所有边的权值的和。在加权图中，经常需要找出两个指定结点之间的最短路(如有最小长度的路)，通常称其为最短路问题(shortest path problem)。解决最短路问题存在几个不同的算法，下面介绍的是 Dijkstra 算法，这是荷兰计算机科学教授 Edsger W. Dijkstra(1930—2002 年)在 1959 年发现的一个算法，他在 1972 年获得美国计算机协会授予的图灵奖，这是计算机科学中最具声望的奖项之一。

Dijkstra 算法是求出一个连通加权无向简单图中从结点 a 到结点 z 的最短路。边 (i,j) 的权 $\omega(i,j)>0$，且结点 x 的标号为 $L(x)$。结束时 $L(z)$ 是从 a 到 z 的最短路的长度。

算法 6.1.1　求最短路的 Dijkstra 算法

```
procedure  Dijkstra(G:每个权都为正数的加权连通无向简单图)
(G 带有结点 a = v0,v1,…,vn = z 和权 ω(vi,vj),若(vi,vj)不是 G 的边,则 ω(vi,vj) = ∞)
for i = 1 to n
L(vi) = ∞
L(a) = 0
T = {a,v1,…,vn-1,z}
(初始化标号,a 的标号为 0,其余结点标号为∞,T 是图 G 的所有结点的集合)
while  z∈T
begin
从 T 中找到具有最小 L(u)的顶点 u
T = T - {u}
for 所有与 u 邻接的结点 x∈T
L(x) = min{L(x),L(u) + ω(u,x)}
end (L(z) = 从 a 到 z 的最短路的长度)
```

下面通过一个实例来说明 Dijkstra 算法是如何工作的。

例 6.1.1　用 Dijkstra 算法求图 6.1.1 所示的加权图 G 中结点 a 与 z 之间最短

路的长度。

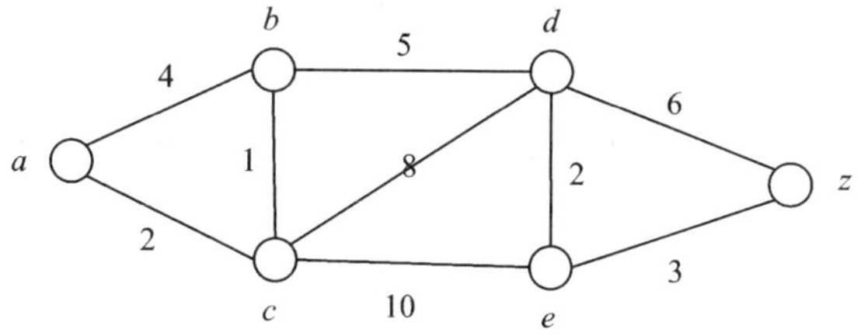

图G

图 6.1.1

解　表 6.1.1 为用 Dijkstra 算法求 a 和 z 之间最短路的长度所用的步骤。所求的 a 和 z 之间最短路的长度为 13。

表 6.1.1　最短路的长度

0 次迭代 (初始化)	$L(a)=0$ $L(b)=L(c)=L(d)=L(e)=L(z)=\infty$ $T=\{a,b,c,d,e,z\}$
1 次迭代	$u=a,T=\{b,c,d,e,z\}$
	$L(b)=\min\{L(b),L(a)+\omega(a,b)\}=\min\{\infty,0+4\}=4$ $L(c)=\min\{L(c),L(a)+\omega(a,c)\}=\min\{\infty,0+2\}=2$
	$L(b)=4,L(c)=2,L(d)=L(e)=L(z)=\infty$
2 次迭代	$u=c,T=\{b,d,e,z\}$
	$L(b)=\min-\{L(b),L(c)+\omega(c,b)\}=\min-\{4,2+1\}=3$ $L(d)=\min-\{L(d),L(c)+\omega(c,d)\}=\min-\{\infty,2+8\}=10$ $L(e)=\min-\{L(e),L(c)+\omega(c,e)\}=\min-\{\infty,2+10\}=12$
	$L(b)=3,L(d)=10,L(e)=12,L(z)=\infty$
3 次迭代	$u=b,T=\{d,e,z\}$
	$L(d)=\min-\{L(d),L(b)+\omega(b,d)\}=\min-\{10,3+5\}=8$
	$L(d)=8,L(e)=12,L(z)=\infty$
4 次迭代	$u=d,T=\{e,z\}$
	$L(e)=\min-\{L(e),L(d)+\omega(d,e)\}=\min-\{12,8+2\}=10$ $L(z)=\min-\{L(z),L(d)+\omega(d,z)\}=\min-\{\infty,8+6\}=14$
	$L(e)=10,L(z)=14$
5 次迭代	$u=e,T=\{z\}$
	$L(z)=\min-\{L(z),L(e)+\omega(e,z)\}=\min-\{14,10+3\}=13$
	$L(z)=13$
结　束	$u=z,T=\varnothing$
	从 a 到 z 的最短路的长度为 $L(z)=13$

定理 6.1.1 设 G 为每个权均为正数的加权连通无向简单图，则 Dijkstra 算法(即算法 6.1.1)能正确求出图 G 中顶点 a 到顶点 z 之间最短路的长度。

证明 当 $k=0$ 时，即没有进行任何迭代前(初始化)，$L(a)=0$，从 a 到其余每个顶点的最短路的长度均为∞，而从 a 到 a 的最短路长度为 0。

假设在第 k 次迭代中：

顶点 u 的标记 $L(u)$是从结点 a 到顶点 u 的最短路的长度。

在第 $k+1$ 次迭代中：

设 u 是第 k 次迭代结束时选择 T 中带最小标记 $L(u)$的顶点(若该顶点不唯一，可采用带最小标记的任意顶点)。

首先证明，若存在一条从 a 到 y 的路，且其长度小于 $L(u)$，则 $y\notin T$。为此假设 $y\in T$。令 P 为 a 到 y 的最短路，令 t 是 T 中在 P 上与 a 最近的顶点，且令 v 是在 P 上 t 的最前面的顶点。那么 $v\notin T$，所以 v 在前面的一个循环迭代中就被选定。由归纳假设，$L(v)$是从顶点 a 到顶点 v 的最短路的长度。其中 $L(t)$($L(t)\leqslant L(v)+\omega(v,t)\leqslant P$)的长度小于 $L(u)$。这与 u 的选取矛盾。

特别地，上述结果还说明，若存在一条从 a 到 u 的路，其长度小于 $L(u)$，则 u 已经被选出并被移出了 T。因此存在从 a 到 u 长度为 $L(u)$的路，这也就是从 a 到 u 的最短路。证毕。

定理 6.1.2 Dijkstra 算法(即算法 6.1.1)使用 $O(n^2)$次运算(加法和比较)求出 n 阶连通无向简单加权图中两个顶点之间最短路的长度。

证明 该算法最多用 $n-1$ 次迭代，在每次迭代中，加法运算执行的时间为 $O(n)$，比较执行的时间为 $O(n)$，因此每次迭代执行的时间为 $O(n)$，故该算法时间复杂度为 $O(n^2)$。证毕。

Dijkstra 算法(即算法 6.1.1)能求出图 G 中顶点 a 到顶点 z 之间最短路的长度。但在实际应用中，也需要确定从 a 到 z 的最短路。这只要对 Dijkstra 算法稍做修改即可。

例 6.1.2 用 Dijkstra 算法求图 6.1.2 所示的加权图 G 中结点 a 与 z 之间的最短路及其长度。

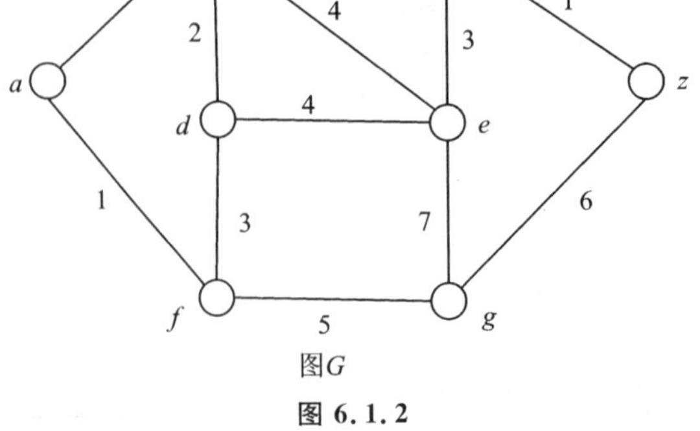

图G

图 6.1.2

解　对 Dijkstra 算法稍作修改：比如，第 1 次迭代中，在 $L(b)$ 与 $L(f)$ 的右端加个符号“$(a\rightarrow)$”，表示 $L(b)$ 与 $L(f)$ 均是从 a 得到的标号。表 6.1.2 为用 Dijkstra 算法求 a 和 z 之间最短路及其长度所用的步骤。

表 6.1.2　最短路及其长度

0 次迭代	$L(a)=0$ $L(b)=L(c)=L(d)=L(e)=L(f)=L(g)=L(z)=\infty$ $T=\{a,b,c,d,e,f,g,z\}$
1 次迭代	$u=a,T=\{b,c,d,e,f,g,z\}$
	$L(b)=\min-\{L(b),L(a)+\omega(a,b)\}=\min-\{\infty,0+2\}=2\quad(a\rightarrow)$ $L(f)=\min-\{L(f),L(a)+\omega(a,f)\}=\min-\{\infty,0+1\}=1\quad(a\rightarrow)$
	$L(b)=2,L(c)=L(d)=L(e)=\infty,L(f)=1,L(g)=L(z)=\infty$
2 次迭代	$u=f,T=\{b,c,d,e,g,z\}$
	$L(d)=\min-\{L(d),L(f)+\omega(f,d)\}=\min-\{\infty,1+3\}=4\quad(f\rightarrow)$ $L(g)=\min-\{L(g),L(f)+\omega(f,g)\}=\min-\{\infty,1+5\}=6\quad(f\rightarrow)$
	$L(b)=2,L(c)=\infty,L(d)=4,L(e)=\infty,L(g)=6,L(z)=\infty$
3 次迭代	$u=b,T=\{c,d,e,g,z\}$
	$L(c)=\min-\{L(c),L(b)+\omega(b,c)\}=\min-\{\infty,2+2\}=4\quad(b\rightarrow)$ $L(d)=\min-\{L(d),L(b)+\omega(b,d)\}=\min-\{4,2+2\}=4\quad(b\rightarrow)$ $L(e)=\min-\{L(e),L(b)+\omega(b,e)\}=\min-\{\infty,2+4\}=6\quad(b\rightarrow)$
	$L(c)=4,L(d)=4,L(e)=6,L(g)=6,L(z)=\infty$
4 次迭代	$u=c,T=\{d,e,g,z\}$
	$L(e)=\min-\{L(e),L(c)+\omega(c,e)\}=\min-\{6,4+3\}=6\quad(c\rightarrow)$ $L(z)=\min-\{L(z),L(c)+\omega(c,z)\}=\min-\{\infty,4+1\}=5\quad(c\rightarrow)$
	$L(d)=4,L(e)=6,L(g)=6,L(z)=5$
5 次迭代	$u=d,T=\{e,g,z\}$
	$L(e)=\min-\{L(e),L(d)+\omega(d,e)\}=\min-\{6,4+4\}=6\quad(d\rightarrow)$
	$L(e)=6,L(g)=6,L(z)=5$
结　束	$u=z,T=\{e,g\},z\notin T$ 从 a 到 z 的最短路的长度为 $L(z)=5$。 从 z 开始，回溯其标号 $L(z)$ $L(c)$ $L(b)$ $L(a)$ 得到 a 到 z 的最短路 $zcba$

求加权无向简单图中最短路的 Dijkstra 算法可以推广到求加权有向简单图中最短有向路。

算法 6.1.2　求最短有向路的 Dijkstra 算法

```
procedure  Dijkstra(D:每个权都为正数的加权连通有向简单图)
(D带有结点 x = v0,v1,…,vn = y 和权 ω<vi,vj>,若<vi,vj>不是D的边,则 ω<vi,vj> = ∞)
W = {x}
B = ∅
d<x,x> = 0
while  y∉W
begin
for 每个 u∈W,每个 v∉W,且边<u,v>∈E(D)
δ<u,v> = d<x,u> + ω<u,v>
if 每个 δ<u,v>的值均为∞ then 算法终止,且不存在 x 到 y 的最短有向路
找到值最小的 δ<u,v>
W = W∪{v}
B = B∪{<u,v>}
d<x,v> = δ<u,v>
end(d<x,y> = 从 x 到 y 的最短有向路的长度)
```

若 D 是 n 阶加权连通有向简单图(每个权都为正数),则算法 6.1.2 最多需要 n 次迭代。每一次迭代都要加入一个顶点。每一次迭代,对每个 $u\in W$,每个 $v\notin W$,要做加法 $d\langle x,u\rangle+\omega\langle u,v\rangle$,总共最多需要 n^2 次加法。在最多 n^2 个数 $d\langle x,u\rangle+\omega\langle u,v\rangle$ 中寻找最小数可通过最多 n^2 次比较完成。因此,每一次迭代,算法 6.1.2 最多需要 $2n^2$ 步。故算法 6.1.2 的时间复杂度为 $O(n^3)$。

下面通过一个实例来说明 Dijkstra 算法是如何求最短有向路的。

例 6.1.3 用 Dijkstra 算法求图 6.1.3 所示的加权图 D 中结点 x 到 y 的最短有向路及其长度。

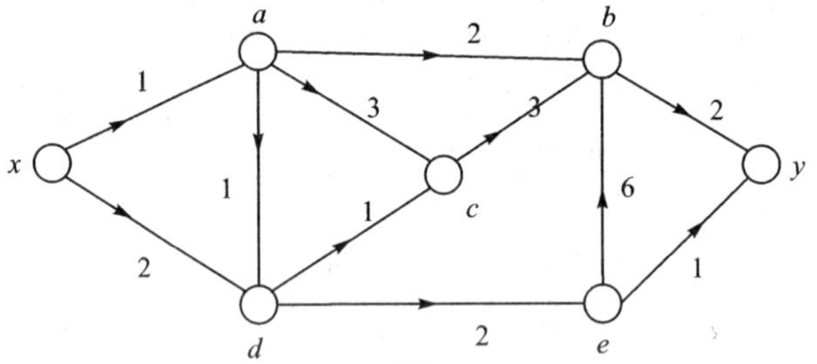

图D

图 6.1.3

Dijkstra 算法只求出图中一个特定的顶点到其他各顶点的最短路。但在许多实际问题中,需求出任意两点之间的最短路,如全国各城市之间最短的航线,选址问题等。当然,要求出一个图的任意两顶点间的最短路,只需将图中每一个顶点依次视为始点,然后用 Dijkstra 算法就可以,但这要用到大量的计算。

解 表 6.1.3 为用 Dijkstra 算法求 x 到 y 的最短有向路及其长度所用的步骤。

表 6.1.3　最短有向路

迭　代	计算 $\delta<u,v>$	W	加入 B	新 $d<x,v>$
0	无	$\{x\}$	—	$d<x,x>=0$
1	$\delta<x,a>=d<x,x>+\omega<x,a>=1$ $\delta<x,d>=d<x,x>+\omega<x,d>=2$ 找到值最小的 $\delta<x,a>$	$\{x,a\}$	$<x,a>$	$d<x,a>=1$
2	$\delta<x,d>=d<x,x>+\omega<x,d>=2$ $\delta<a,b>=d<x,a>+\omega<a,b>=3$ $\delta<a,c>=d<x,a>+\omega<a,c>=4$ $\delta<a,d>=d<x,a>+\omega<a,d>=2$ 找到值最小的 $\delta<x,d>$	$\{x,a,d\}$	$<x,d>$	$d<x,d>=2$
3	$\delta<a,b>=d<x,a>+\omega<a,b>=3$ $\delta<a,c>=d<x,a>+\omega<a,c>=4$ $\delta<d,c>=d<x,d>+\omega<d,c>=3$ $\delta<d,e>=d<x,d>+\omega<d,e>=4$ 找到值最小的 $\delta<a,b>$	$\{x,a,d,b\}$	$<a,b>$	$d<x,b>=3$
4	$\delta<a,c>=d<x,a>+\omega<a,c>=4$ $\delta<d,c>=d<x,d>+\omega<d,c>=3$ $\delta<d,e>=d<x,d>+\omega<d,e>=4$ $\delta<b,y>=d<x,b>+\omega<b,y>=5$ 找到值最小的 $\delta<d,c>$	$\{x,a,d,b,c\}$	$<d,c>$	$d<x,c>=3$
5	$\delta<d,e>=d<x,d>+\omega<d,e>=4$ $\delta<b,y>=d<x,b>+\omega<b,y>=5$ 找到值最小的 $\delta<d,e>$	$\{x,a,d,b,c,e\}$	$<d,e>$	$d<x,e>=4$
6	$\delta<b,y>=d<x,b>+\omega<b,y>=5$ $\delta<e,y>=d<x,e>+\omega<e,y>=5$ 找到值最小的 $\delta<b,y>$	$\{x,a,d,b,c,e,y\}$	$<b,y>$	$d<x,y>=5$
结　束	$y\in W$ 从 x 到 y 的最短有向路的长度为 $d<x,y>=5$。 从 y 开始，回溯 B 得 x 到 y 的最短有向路为 $<x,a>,<a,b>,<b,y>$			

下面先简要介绍一个比较好的算法，即 Floyd 算法。

为了讨论方便，先定义矩阵的一种运算。

定义 6.1.1　已知矩阵 $\boldsymbol{A}=(a_{ij})_{m\times l}$，$\boldsymbol{B}=(b_{jk})_{l\times n}$，规定 $\boldsymbol{C}=\boldsymbol{A}*\boldsymbol{B}=(c_{ij})_{m\times n}$，其中 $c_{ij}=\min(a_{i1}+b_{1j},a_{i2}+b_{2j},\cdots,a_{il}+b_{lj})$。

定义 6.1.2 已知矩阵 $\boldsymbol{A}=(a_{ij})_{m\times n}$，$\boldsymbol{B}=(b_{ij})_{m\times n}$，规定 $\boldsymbol{D}=\boldsymbol{A}\otimes\boldsymbol{B}=(d_{ij})_{m\times n}$，其中 $d_{ij}=\min(a_{ij},b_{ij})$

可以利用上面定义的运算求任意两点间的最短距离。

已知 n 阶加权简单图 G，设 $\boldsymbol{W}=(d_{ij})_{m\times n}$ 是图 G 的边权矩阵，即 $d_{ij}=\omega(i,j)$（若 G 是有向图，则 $d_{ij}=\omega\langle i,j\rangle$），若结点 i 到结点 j 无边相连时，则取 $d_{ij}=\infty$。然后依次计算出矩阵 $\boldsymbol{W}^{[2]}$，$\boldsymbol{W}^{[3]}$，…，$\boldsymbol{W}^{[n]}$ 及 $\boldsymbol{H}$

其中

$$\boldsymbol{W}^{[2]}=\boldsymbol{W}*\boldsymbol{W}=(d_{ij}^{[2]})_{n\times n}$$

$$\boldsymbol{W}^{[3]}=\boldsymbol{W}^{[2]}*\boldsymbol{W}=(d_{ij}^{[3]})_{n\times n}$$

$$\cdots\cdots$$

$$\boldsymbol{W}^{[n]}=\boldsymbol{W}^{[n-1]}*\boldsymbol{W}=(d_{ij}^{[n]})_{n\times n}$$

$$\boldsymbol{H}=\boldsymbol{W}\otimes\boldsymbol{W}^{[2]}\otimes\boldsymbol{W}^{[3]}\otimes\cdots\otimes\boldsymbol{W}^{[n]}=(h_{ij})_{n\times n}$$

由定义可知，$d_{ij}{}^{[k]}$ 表示从结点 i 到 j 经 k 条边的路（在有向图中即为有向路）中长度最短的，而 S_{ij} 为结点 i 到 j 的所有路（若是有向图即为有向路）中长度最短的。

不难看出，Floyd 算法的时间复杂性是 $O(n^4)$。

下面再介绍求任意两点间最短路的 Warshall 算法。

算法 6.1.3 Warshall 算法（求任意两顶点间最短路的长度）

```
procedure Warshall (G:每个权都为正数的加权连通 n 阶简单图)
(G 带有结点 v1,…,vn 和权 dij,其中 dij 为边<vi,vj>或边(vi,vj)的权,若<vi,vj>或(vi,vj)不是 G 的边,则 dij = ∞)
输入图 G 的边权矩阵 W = (dij)n×n
begin
for  k = 1 to n
    for  i = 1 to n
        for  j = 1 to n
        dij = min(dij,dik + dkj)
end (dij = 从顶点 vi 到顶点 vj 的最短路的长度)
```

该算法对 i,j,k 进行循环，故其复杂性是 $O(n^3)$，即对矩阵 $\boldsymbol{W}$ 进行 k 次修改。该算法不能构造出最短路。

例 6.1.4 求图 6.1.4 所示图 D 的任意两顶点间最短有向路的长度。

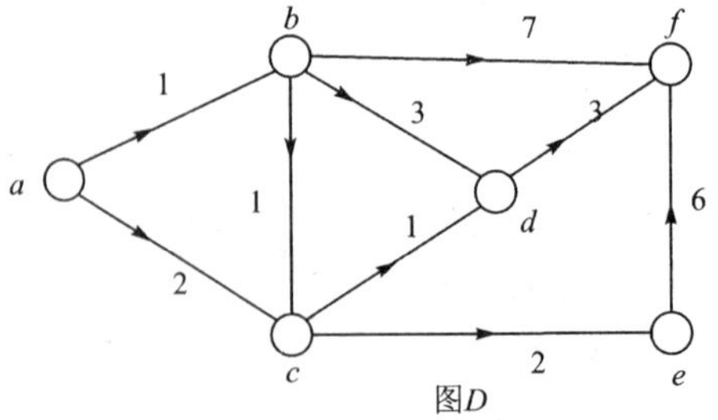

图 6.1.4

解　图 D 的边权矩阵 $\boldsymbol{W}$ 为(结点顺序为 a,b,c,d,e,f)

$$\boldsymbol{W}=\begin{pmatrix}\infty & 1 & 2 & \infty & \infty & \infty\\ \infty & \infty & 1 & 3 & \infty & 7\\ \infty & \infty & \infty & 1 & 2 & \infty\\ \infty & \infty & \infty & \infty & \infty & 3\\ \infty & \infty & \infty & \infty & \infty & 6\\ \infty & \infty & \infty & \infty & \infty & \infty\end{pmatrix}$$

$$\boldsymbol{W}^{[2]}=\begin{pmatrix}\infty & 1 & 2 & \infty & \infty & \infty\\ \infty & \infty & 1 & 3 & \infty & 7\\ \infty & \infty & \infty & 1 & 2 & \infty\\ \infty & \infty & \infty & \infty & \infty & 3\\ \infty & \infty & \infty & \infty & \infty & 6\\ \infty & \infty & \infty & \infty & \infty & \infty\end{pmatrix} * \begin{pmatrix}\infty & 1 & 2 & \infty & \infty & \infty\\ \infty & \infty & 1 & 3 & \infty & 7\\ \infty & \infty & \infty & 1 & 2 & \infty\\ \infty & \infty & \infty & \infty & \infty & 3\\ \infty & \infty & \infty & \infty & \infty & 6\\ \infty & \infty & \infty & \infty & \infty & \infty\end{pmatrix}$$

$$=\begin{pmatrix}\infty & \infty & 2 & 3 & 4 & 8\\ \infty & \infty & \infty & 2 & 3 & 6\\ \infty & \infty & \infty & \infty & \infty & 4\\ \infty & \infty & \infty & \infty & \infty & \infty\\ \infty & \infty & \infty & \infty & \infty & \infty\\ \infty & \infty & \infty & \infty & \infty & \infty\end{pmatrix}$$

同理可得

$$\boldsymbol{W}^{[3]}=\begin{pmatrix}\infty & \infty & \infty & 3 & 4 & 6\\ \infty & \infty & \infty & \infty & \infty & 5\\ \infty & \infty & \infty & \infty & \infty & \infty\\ \infty & \infty & \infty & \infty & \infty & \infty\\ \infty & \infty & \infty & \infty & \infty & \infty\\ \infty & \infty & \infty & \infty & \infty & \infty\end{pmatrix};\quad \boldsymbol{W}^{[4]}=\begin{pmatrix}\infty & \infty & \infty & \infty & \infty & 6\\ \infty & \infty & \infty & \infty & \infty & \infty\\ \infty & \infty & \infty & \infty & \infty & \infty\\ \infty & \infty & \infty & \infty & \infty & \infty\\ \infty & \infty & \infty & \infty & \infty & \infty\\ \infty & \infty & \infty & \infty & \infty & \infty\end{pmatrix}$$

$\boldsymbol{W}^{[5]}=(d_{ij}^{[5]})_{n\times n}$，其中 $d_{ij}^{[5]}=\infty$；$\boldsymbol{W}^{[6]}=(d_{ij}^{[6]})_{n\times n}$，其中 $d_{ij}^{[6]}=\infty$。

所以

$$\boldsymbol{H}=\boldsymbol{W}\otimes\boldsymbol{W}^{[2]}\otimes\boldsymbol{W}^{[3]}\otimes\boldsymbol{W}^{[4]}=(h_{ij})_{n\times n}=\begin{pmatrix}\infty & 1 & 2 & 3 & 4 & 6\\ \infty & \infty & 1 & 2 & 3 & 5\\ \infty & \infty & \infty & 1 & 2 & 4\\ \infty & \infty & \infty & \infty & \infty & 3\\ \infty & \infty & \infty & \infty & \infty & 6\\ \infty & \infty & \infty & \infty & \infty & \infty\end{pmatrix}$$

比如，由 $h_{16}=6$ 知，从结点 a 到 f 的最短有向路的长度为 6；由 $h_{35}=2$ 知，从结点 c 到 e 的最短有向路的长度为 2；由 $h_{45}=\infty$ 知，从结点 d 到 e 没有有向路等。

另解 已知图 D 的边权矩阵 $\boldsymbol{W}$，运用 Warshall 算法得

$$
\text{当 } k=1 \text{ 时}, \boldsymbol{W}=\begin{pmatrix} \infty & 1 & 2 & \infty & \infty & \infty \\ \infty & \infty & 1 & 3 & \infty & 7 \\ \infty & \infty & \infty & 1 & 2 & \infty \\ \infty & \infty & \infty & \infty & \infty & 3 \\ \infty & \infty & \infty & \infty & \infty & 6 \\ \infty & \infty & \infty & \infty & \infty & \infty \end{pmatrix}; \text{当 } k=2 \text{ 时}, \boldsymbol{W}=\begin{pmatrix} \infty & 1 & 2 & 4 & \infty & 8 \\ \infty & \infty & 1 & 3 & \infty & 7 \\ \infty & \infty & \infty & 1 & 2 & \infty \\ \infty & \infty & \infty & \infty & \infty & 3 \\ \infty & \infty & \infty & \infty & \infty & 6 \\ \infty & \infty & \infty & \infty & \infty & \infty \end{pmatrix};
$$

$$
\text{当 } k=3 \text{ 时}, \boldsymbol{W}=\begin{pmatrix} \infty & 1 & 2 & 3 & 4 & 8 \\ \infty & \infty & 1 & 2 & 3 & 7 \\ \infty & \infty & \infty & 1 & 2 & \infty \\ \infty & \infty & \infty & \infty & \infty & 3 \\ \infty & \infty & \infty & \infty & \infty & 6 \\ \infty & \infty & \infty & \infty & \infty & \infty \end{pmatrix}; \text{当 } k=4 \text{ 时}, \boldsymbol{W}=\begin{pmatrix} \infty & 1 & 2 & 3 & 4 & 6 \\ \infty & \infty & 1 & 2 & 3 & 5 \\ \infty & \infty & \infty & 1 & 2 & 4 \\ \infty & \infty & \infty & \infty & \infty & 3 \\ \infty & \infty & \infty & \infty & \infty & 6 \\ \infty & \infty & \infty & \infty & \infty & \infty \end{pmatrix};
$$

$$
\text{当 } k=5 \text{ 时}, \boldsymbol{W}=\begin{pmatrix} \infty & 1 & 2 & 3 & 4 & 6 \\ \infty & \infty & 1 & 2 & 3 & 5 \\ \infty & \infty & \infty & 1 & 2 & 4 \\ \infty & \infty & \infty & \infty & \infty & 3 \\ \infty & \infty & \infty & \infty & \infty & 6 \\ \infty & \infty & \infty & \infty & \infty & \infty \end{pmatrix}; \text{当 } k=6 \text{ 时}, \boldsymbol{W}=\begin{pmatrix} \infty & 1 & 2 & 3 & 4 & 6 \\ \infty & \infty & 1 & 2 & 3 & 5 \\ \infty & \infty & \infty & 1 & 2 & 4 \\ \infty & \infty & \infty & \infty & \infty & 3 \\ \infty & \infty & \infty & \infty & \infty & 6 \\ \infty & \infty & \infty & \infty & \infty & \infty \end{pmatrix}。
$$

6.1.2 Critical Path Method

任何大的工程都包含许多工作，这些工作必须按照一定顺序发生，这样整个工程就能迅速而成功地完成。特别地，如建筑、培训、维护等许多工程的每项工作的持续时间可以相对确定地预测。1957 年，E. I. Dupont deNemours 和 Company 开发了一项技术，来控制工程的持续时间，称之为 Critical Path Method，简称 CPM。

下面通过一个具体实例来介绍 Critical Path Method 的基本思想。

例 6.1.5 某建筑公司签订了一项合同，要为一家制造公司建造一座新的加工厂。合同规定工厂的完工期限为 15 个月。要是工厂不能在一年内完工，就要赔款，因此建筑公司认真分析，找出建筑工厂必须完成的各项工作和这些工作之间的先后关系，并估计出它们延续的时间，如表 6.1.4 所列。运用 Critical Path Method 技术，为建筑公司制订工程完工计划提供理论依据。

表 6.1.4　工程过程

工作代码	工作内容	持续时间/周	紧前工作
start	—	0	—
a	平整土地	4	无
b	打桩	1	a
c	运进钢材	3	无
d	运进混凝土	2	无
e	运进木料	2	无
f	运进水管和电器材料	1	无
g	浇注地基	7	b,c,d
h	焊接钢梁	15	c,g
t	安装生产设备	5	g,h
x	分隔办公室	10	e,g,h
y	安装水电和电器	11	f,h,x
z	装饰墙壁	5	h,x,y
finish	—	0	t,z

解　首先，建立图 6.1.5 所示有向图 D：每项工作对应图 D 的一个结点；若工作 i 是工作 j 的紧前工作，则以结点 i 为起点、结点 j 为终点画一条有向边；边 $\langle i,j\rangle$ 的权对应工作 i 持续的时间。该有向图 D 习惯称作统筹图。

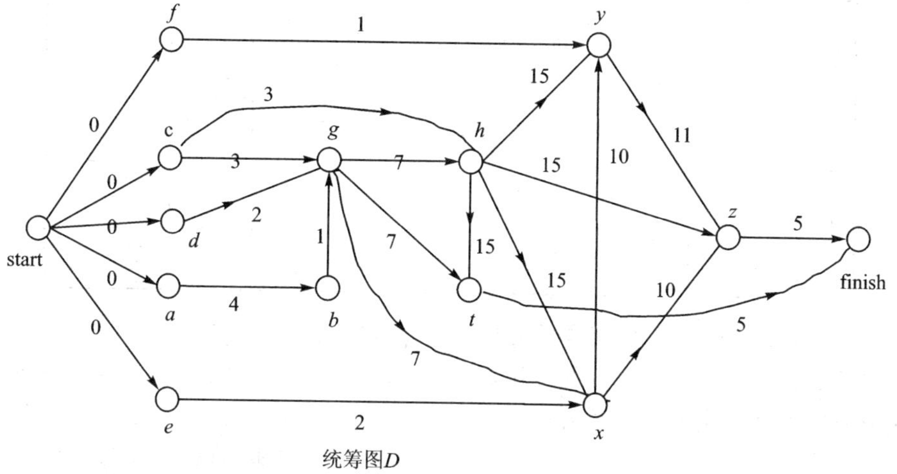

图 6.1.5

其次，计算各项工作的时间，如表 6.1.5 所列。

(1) 工作的 EST(Earlist Start Time)，该工作可以开始的最早时间，即其所有紧前工作尽早结束的时间。EST(start)=0;对于 $v \neq$ start,EST(v)=max{EFT(u):u 是 v 的紧前工作}。这一步实际是最长有向路问题。

(2) 工作的 EFT(Earlist Finish Time)。对于所有 u,EFT(u)=EST(u)+工作 u的持续时间;EFT(finish)=工程完成时间。

(3) 工作的 LFT(Latest Finish Time),不推迟工程完成时间的前提下,该工作最晚完成时间。LFT(finish)= 工程完成时间;对于 $v \neq$ finish,LFT(v)= min{LST(u):u是 v 的后续工作}。

(4) 工作的 LST(Latest Start Time),不推迟工程完成时间的前提下,该工作最晚开始时间。对于所有 u,LST(u)=LFT(u)-工作 u 的持续时间。

(5) 工作的松弛时间,不推迟工程完成时间的前提下,能将该工作推迟开始的时间。且松弛时间=该工作的 LST-该工作的 EST。

表 6.1.5 工程进度

工作/事项	持续时间/周	EST	EFT	LFT	LST	松弛时间
start	0	0	0	0	0	0
a	4	0	4	4	0	0
b	1	4	5	5	4	0
c	3	0	3	5	2	2
d	2	0	2	5	3	3
e	2	0	2	27	25	25
f	1	0	1	37	36	36
g	7	5	12	12	5	0
h	15	12	27	27	12	0
t	5	27	32	53	48	21
x	10	27	37	37	27	0
y	11	37	48	48	37	0
z	5	48	53	53	48	0
finish	0	53	53	53	53	0

最后,由表 6.1.5 得到:工程的完成时间是 53 周。

关键工作是松弛时间为 0 的工作,关键工作的开始时间做任何延迟都将使工程的完成时间推后。当松弛时间为正数,则该工作不是关键工作,因为它的开始时间有些自由。比如,工作 c 的松弛时间为 2,说明工作 c 的开始时间有 2 周的余地而不耽搁工程进度。统筹图的关键路是从 start 到 finish 的有向路,其中所有的工作都是关键工作。统筹图一定至少有一条关键路,且可以有多条关键路。找到统筹图 D 的一条关键路为:start—a—b—g—h—x—y—z—finish。因此,为保证该工程最快 53 周完成,既要严格保证关键工作的时间,又要适当并行进行其他各项非关键工作。

值得注意的是，有些工程比如计算机软件开发、药品开发、研究性项目等，其各项工作的持续时间不是那么确定，且往往是一定范围内的随机变量。对这类工程，一项被称做Program Evaluation and Review（简称PERT）的技术或许更合适。PERT 是由美国海军在 1958 年，为管理其巨型北极星潜水艇的制造工程而独立开发的。

习题 6.1

1. 对下列关于地铁系统的每个问题，描述一个可以用来解决这个问题的加权图。
   (1) 在两站之间旅行所需要的最短时间是什么？
   (2) 从一站到达另一站所经过的最短距离是什么？
   (3) 两站之间的最低票价是什么？
2. 求图 6.1.2 所示的加权图 G 中结点 a 与 z 之间的最长路的长度。
3. 举几个如观光旅游、街道清扫等必须求两个顶点间最长路的应用。
4. 某企业使用一台设备，每年年初企业要考虑是购买新设备，还是继续使用旧设备。若购置新设备，就要支付购买费，若使用旧的，就要支付一笔维修费。具体需要多少，根据该设备使用的年数决定。表 6.1.6 给出了企业对该种维修设备的维修费用，表 6.1.7 给出了在不同年代购买该种设备所需的费用，试制定该企业五年内的设备更新计划，使得支付的费用最小。

表 6.1.6　维修费

使用年数/年	0～1	1～2	2～3	3～4	4～5
维修费用/万元	5	6	8	11	18

表 6.1.7　售　价　　万元

第 1 年	第 2 年	第 3 年	第 4 年	第 5 年
11	11	12	12	13

5. 已知有 6 个村庄，各村的小学生人数如表 6.1.8 所列，各村庄间的距离如图 6.1.6所示。现在计划建造一所医院和一所小学，问医院应建在哪个村庄才能使最远村庄的人到医院看病所走的路最短？又问小学建在哪个村庄使得所有小学生上学走的总路程最短？

表 6.1.8　小学生人数

村　庄	a	b	c	d	e	f
小学生	50	40	60	20	70	90

6. 一种产品必须经过打磨、抛光、称重和检查。打磨必须在抛光和称重之前，而抛光必须在检查之前。打磨需要 7 个时间单位，抛光需要 10 个时间单位，对

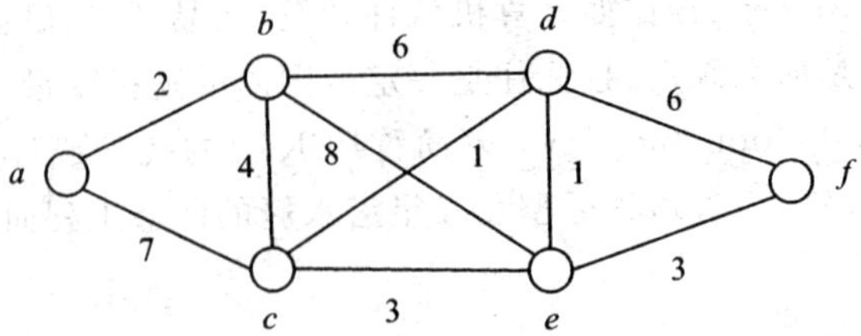

图 6.1.6

未抛光产品称重需要 1 个时间单位，对已抛光产品称重需要 3 个时间单位，对未称重产品检查需要 2 个时间单位，对已称重产品检查需要 3 个时间单位。问最快的生产调度是什么？

7. 一条生产线有 n 个阶段，且在同一时间内有一批产品流经这条生产线。在每一个阶段，都可能出现次品。在每个阶段进行检查的成本很高，但是只在阶段 n 结束时检查，则意味着大量的生产时间可能花费在继续生产已经有缺陷的产品上。检查次品的优化计划是什么呢？假设在未覆盖所有次品的意义下检查是“完美的”，而且次品不可修理并立即被丢弃。假设 B 是传送到这条生产线上的产品批次的大小，a_i 是在阶段 i 生产次品的概率，p_i 是在阶段 i 生产一个产品的成本，f_{ij} 是在阶段 i 做上一次检查后在阶段 j 后检查这批产品的固定成本，g_{ij} 是在阶段 i 做上一次检查后在阶段 j 后检查一个产品的成本。**注意：**检查成本依赖于什么时候做上一次检查，因为次品可以在所有中间阶段出现。可以按如下计算在阶段 i 结束时非次品的期望数量 B_i：

$$B_i = B\prod_{k=1}^{i}(1-a_k)$$

为了把问题阐述为最短问题，设有向图的顶点是 $1,2,\cdots,n$ 及开始顶点 0 与完成顶点 $n+1$，并对每一个 i 和每一个 $j(j>i)$ 有一条从顶点 i 到顶点 j 的有向边。一条路对应于检查有向图 D 的顶点的计划。所关心的有向边 $\langle i,j\rangle$ 的成本由下式给出

$$c_{ij} = f_{ij} + B_i g_{ij} + B_i\sum_{k=i+1}^{j} p_k$$

表示在阶段 i 检查，其后在阶段 j 检查时，在阶段 $i+1,i+2,\cdots,j$ 的总成本。其中 f_{ij} 是在阶段 j 后检查的固定成本，$B_i g_{ij}$ 是在阶段 j 后检查的可变成本，$B_i\sum_{k=i+1}^{j} p_k$ 是阶段 $i+1$ 到阶段 j 的生产成本。从开始顶点 0 到完成顶点 $n+1$ 的最短路即是最廉价的检查调度。

现假设在生产线上有 6 个阶段，且

$$f_{ij} = j - i$$

$$g_{ij} = \frac{i(j-i)}{j}$$

$$p_k = (5,8,4,7,2,6)$$

$$B_i = 0.8(1.1)^{-i}$$

寻求最廉价的生产调度。

8. 设有 A,B,C 三只水桶，容积分别为 12 升，9 升和 5 升。A 中盛满 12 升水。试问：如何利用空桶 B 和 C 且以最少的步骤把 A 中的水分成两半？

6.2　图的独立集

6.2.1　问题的提出

定义 6.2.1　设 $G=\langle V,E\rangle$ 是简单无向图，$S\subseteq V$ 且 $S\neq\varnothing$，若 S 中任意两个顶点都不相邻，则称集合 S 为图 G 的独立集(independent set)。若 S 是图 G 的独立集，但是向 S 中任意增加图 G 的一个顶点就会破坏它的独立性，则称 S 为图 G 的极大独立集(maximal independent set)。顶点个数最多的极大独立集称为图 G 的最大独立集(greatest independent set)。图 G 的最大独立集的基数称为 G 的独立数(independent number)，记作 $\alpha(G)$。

简单无向图 G 的独立集，实际是对图 G 的顶点进行着色的结果。把图 G 的顶点集 V 划分成若干不相交的子集，每个子集中的各结点着同一色。上述不相交的子集的最少个数即为图 G 的色数。

显然，图 G 的极大独立集不是唯一的。例如，如图 6.2.1 所示图 G，集合{1,7}、{3,5}、{2,8}、{4,6}、{1,3,6,8}与{2,4,5,7}都是 G 的极大独立集，且集合 {1,3,6,8}与{2,4,5,7}还都是 G 的最大独立集，亦即 G 的独立数 $\alpha(G)=4$。

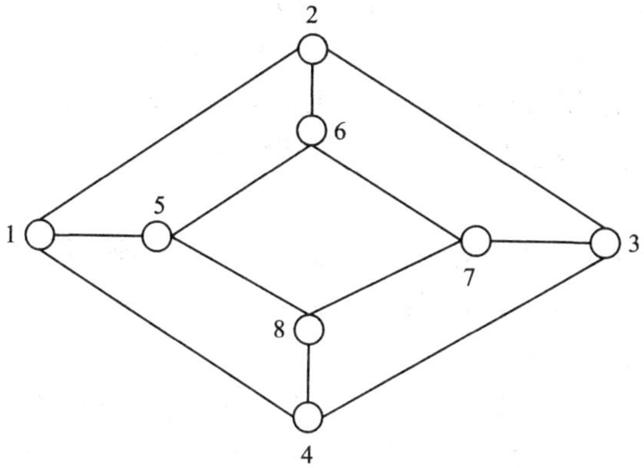

图G

图 6.2.1

图的独立集问题,就是如何求出图的全部极大独立集,是图论中著名的 NPC 问题,它源自网络的进程间分配共享资源的问题。它虽与匹配概念一样有着悠久的历史,却没有类似于匹配的理论。图论中许多著名难题,如图的着色问题、Hamilton 问题、最大团问题及最小支配集问题等,都与图的独立集问题相似或等价。同时,图的独立集又广泛地应用于编码理论、信道分配、资源配置及纠错码理论等。

6.2.2 求图的全部极大独立集的方法

下面介绍如何求出图的全部极大独立集。

设简单无向图 $G=\langle V,E\rangle$,图 G 的全部极大独立集可以按某个顶点 i 分为两类:一类是含有顶点 i,这类极大独立集的集合族不妨记作 T_i;另一类是不含有顶点 i,这类极大独立集的集合族记作 $\bar{T}_i$。同时,用 S_i 表示图 G 的顶点 i 及其全部不邻接顶点的集合,并记 $\bar{S}_i=V-S_i$。

定理 6.2.1 设 $G=\langle V,E\rangle$ 是简单无向图,T_i、$\bar{T}_i$、S_i 与 $\bar{S}_i$ 如前所述,若 $\bar{S}_i=\{j1,j2,\cdots,jt\}$,则 $\bar{T}_i=T_{j1}\cup T_{j2}\cup\cdots\cup T_{jt}$。

证明 设 A 为 $\bar{T}_i$ 中任意极大独立集,则 A 中至少有一个顶点与 i 相邻(否则,向 A 中加入 i 后仍为独立集,这与 A 为极大独立集相矛盾),故此顶点必为 $j1,j2,\cdots,jt$ 中的一个,设为 jg,则 $A\subseteq T_{jg}$,故 $A\subseteq T_{j1}\cup T_{j2}\cup\cdots\cup T_{jt}$,由 A 的任意性知 $\bar{T}_i\subseteq T_{j1}\cup T_{j2}\cup\cdots\cup T_{jt}$。

由于 $T_{jp}(p=1,2,\cdots,t)$ 包含与 i 邻接的顶点 jp,故 T_{jp} 不是 T_i 的子集。这样一定有 $T_{jp}\subseteq\bar{T}_i$,从而 $T_{j1}\cup T_{j2}\cup\cdots\cup T_{jt}\subseteq\bar{T}_i$。证毕。

设简单无向图 $G=\langle V,E\rangle$,S_i 为图 G 的顶点 i 及其全部不邻接顶点的集合,S_i 上的不邻接关系 $R=\{\langle x,y\rangle\mid x,y\in S_i,x$ 与 y 不邻接$\}$ 具有反自反性和对称性,其关系矩阵 $\boldsymbol{M}_R$ 当然是对称矩阵且主对角线上的元素均为 0。因此,由关系矩阵 $\boldsymbol{M}_R$ 的上三角矩阵就能清晰地表达 R,为此将 R 简化为 R',其中 R' 的关系矩阵为 $\boldsymbol{M}_R$ 的上三角矩阵。

显然 R' 具有反自反性和反对称性,容易证明 R' 的传递闭包 $t(R')$ 是拟序关系,从而拟序集 $\langle S_i,t(R')\rangle$ 的哈斯图按性质 $t(R')$ 将 S_i 中的顶点分层排列,即其每条链中任两个元素都具备性质 $t(R')$。

值得注意,$R'\subseteq t(R')$。若 $\langle x,y\rangle\in t(R')$ 但 $\langle x,y\rangle\notin R'$,这说明顶点 x 与顶点 y 在图 G 中原本邻接,但在 $t(R')$ 中又规定顶点 x 与顶点 y 不邻接。因此,在拟序集 $\langle S_i,t(R')\rangle$ 的哈斯图中,从其极小元沿盖住方向遍历至其极大元所得的每条极大链中,每当含有顶点对 x 与 y 时,要剔除 x 与 y 中的一个,才得到图 G 的含顶点 i 的极大独立集。

例 6.2.1　求图 6.2.2 所示图 G 的全部极大独立集。

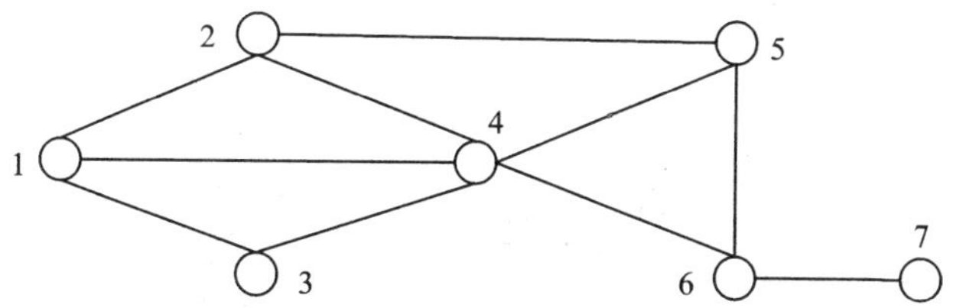

图G

图 6.2.2

解　在生成图 G 的全部极大独立集时，为减少计算量，一般选择度数最小的顶点 i 作为S_i 中的元素。取$S_7=\{7,1,2,3,4,5\}$，则$\bar{S}_7=\{6\}$。

而 $R=\{\langle x,y\rangle \mid x,y\in S_7, x$ 与 y 不邻接$\}$的关系矩阵为

$$
\boldsymbol{M}_R=\begin{array}{c} \\ 7\\1\\2\\3\\4\\5 \end{array}\begin{array}{c} \begin{array}{cccccc}7&1&2&3&4&5\end{array}\\ \begin{pmatrix}0&1&1&1&1&1\\1&0&0&0&0&1\\1&0&0&1&0&0\\1&0&1&0&0&1\\1&0&0&0&0&0\\1&1&0&1&0&0\end{pmatrix}\end{array}
$$

于是，简化 R 得到具有反自反性和反对称性的关系为

$$
R'=\{\langle 7,1\rangle,\langle 7,2\rangle,\langle 7,3\rangle,\langle 7,4\rangle,\langle 7,5\rangle,\langle 1,5\rangle,\langle 2,3\rangle,\langle 3,5\rangle\}
$$

求 R'的传递闭包得

$$
t(R')=\{\langle 7,1\rangle,\langle 7,2\rangle,\langle 7,3\rangle,\langle 7,4\rangle,\langle 7,5\rangle,\langle 1,5\rangle,\langle 2,3\rangle,\langle 3,5\rangle,\langle 2,5\rangle\}
$$

画拟序集$\langle S_7,t(R')\rangle$的哈斯图，如图 6.2.3 所示。**注意：**由于 $t(R')-R'=\{\langle 2,5\rangle\}$，这说明顶点 2 与顶点 5 在图 G 中原本邻接，而在 $t(R')$中又规定顶点 2 与顶点 5 不邻接，因此借用一条虚线边提示。

从拟序集$\langle S_7,t(R')\rangle$的极小元，沿盖住方向遍历至其极大元得到：图 G 的含顶点 7 的全部极大独立集分别为$\{7,4\}$、$\{7,1,5\}$、$\{7,2,3\}$和$\{7,3,5\}$。

接下来求图 G 的不含顶点 7 的全部极大独立集。

由定理 6.2.1 知，就是要求T_6，亦即求图 G 的含顶点 6 的全部极大独立集。同理，画拟序集$\langle S_6,t(R')\rangle$的哈斯图，如图 6.2.4 所示。图 G 的不含顶点 7 的全部极大独立集分别为$\{6,1\}$与$\{6,2,3\}$。

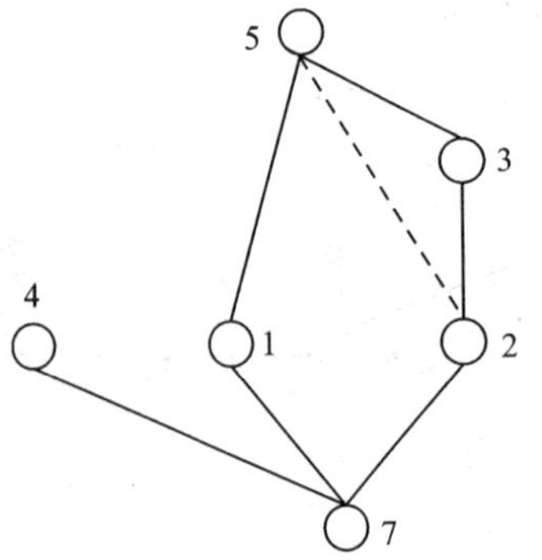

图 6.2.3

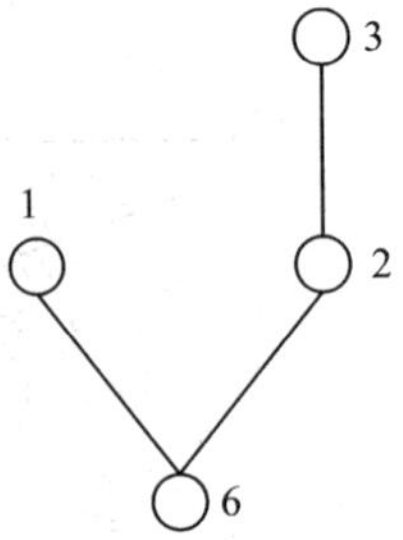

图 6.2.4

6.2.3 最小覆盖

定义 6.2.2 设 $G=\langle V,E\rangle$ 是简单无向图，$S\subseteq V$ 且 $S\neq\varnothing$，若 E 中每条边都与 S 中某个顶点关联，则称 S 为 G 的点覆盖(vertex covering)，简称覆盖(covering)。顶点个数最少的覆盖称为 G 的最小点覆盖(smallest vertex covering)。最小点覆盖的基数称为 G 的点覆盖数(vertex covering number)，记作 $\beta(G)$。点覆盖 S 称为极小点覆盖(minimal vertex covering)，若对任意 $x\in S$，$S-\{x\}$ 都不是点覆盖。

定理 6.2.2 设 $G=\langle V,E\rangle$ 是无孤立结点的简单无向图，$S\subseteq V$ 且 $S\neq\varnothing$。则 S 是 G 的独立集，当且仅当 $V-S$ 是 G 的点覆盖。

证明 S 是 G 的独立集$\Leftrightarrow G$ 中每条边的两端点都不同时属于 $S\Leftrightarrow G$ 中每条边至少有一端点在 $V-S$ 中$\Leftrightarrow V-S$ 是 G 的点覆盖。证毕。

推论 6.2.1 设 $G=\langle V,E\rangle$ 是无孤立结点的简单无向图，则 S 是 G 的极大独立集$\Leftrightarrow V-S$ 是 G 的极小点覆盖。

推论 6.2.2 设 G 是无孤立结点的 n 阶简单无向图，则 $\alpha(G)+\beta(G)=n$。

证明 设 S_1 是 G 的最大独立集，S_2 是 G 的最小点覆盖，由定理 6.2.2 知 $V-S_1$ 是点覆盖，$V-S_2$ 是独立集。因而 $n-\alpha(G)=\mathrm{card}(V-S_1)\geqslant\beta(G)$，$n-\beta(G)=\mathrm{card}(V-S_2)\leqslant\alpha(G)$。

因此，$\alpha(G)+\beta(G)=n$。证毕。

设简单无向图 G，M 是 G 的一个匹配，K 是 G 的一个点覆盖，则 $\mathrm{card}(M)\leqslant\mathrm{card}(K)$。因为，任取边 $(x,y)\in M$，则或者顶点 $x\in K$，或者顶点 $y\in K$。若 $x\in K$，则取 x 与边 (x,y) 对应；若 $y\in K$，则取 y 与边 (x,y) 对应；若 $x,y\in K$，则任取 x 与 y 中的一个与边 (x,y) 对应。也就是说，M 中的每条边都对应于 K 中的一个顶点。

若 M 是 G 的最大匹配，K 是 G 的最小点覆盖，当然也有 $\mathrm{card}(M)\leqslant\mathrm{card}(K)$。

比如，如图 6.2.5 所示图 G，$K=\{1,3,5,6\}$ 是 G 的一个最小点覆盖，而 $M=\{(1,$

2)，(3，4)，(5，6)}是 G 的一个最大匹配，显然 $\mathrm{card}(M)\leqslant\mathrm{card}(K)$。

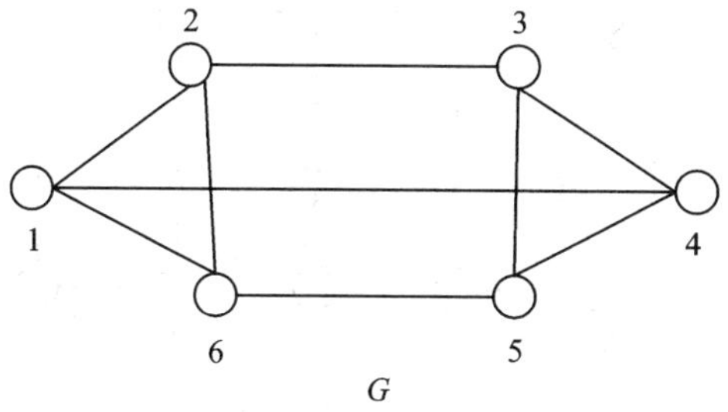

图 6.2.5

定理 6.2.3　设无孤立结点的简单无向图 G，M 是 G 的一个匹配，K 是 G 的一个点覆盖，且 $\mathrm{card}(M)=\mathrm{card}(K)$，则 M 是 G 的最大匹配，K 是 G 的最小点覆盖。

证明　如果 M^* 是 G 的最大匹配，K^* 是 G 的最小点覆盖。则

$$\mathrm{card}(M)\leqslant\mathrm{card}(M^*)\leqslant\mathrm{card}(K^*)\leqslant\mathrm{card}(K)$$

又已知 $\mathrm{card}(M)=\mathrm{card}(K)$，所以 $\mathrm{card}(M)=\mathrm{card}(M^*)=\mathrm{card}(K^*)=\mathrm{card}(K)$。证毕。

比如，如图 6.2.6 所示图 G，$K=\{a,b,c,d\}$是 G 的一个点覆盖，而 $M=\{(a,1),(b,3),(c,4),(d,6)\}$是 G 的一个匹配。由于 $\mathrm{card}(M)=\mathrm{card}(K)$，所以 $K=\{a,b,c,d\}$是 G 的一个最小点覆盖，而 $M=\{(a,1),(b,3),(c,4),(d,6)\}$是 G 的一个最大匹配。

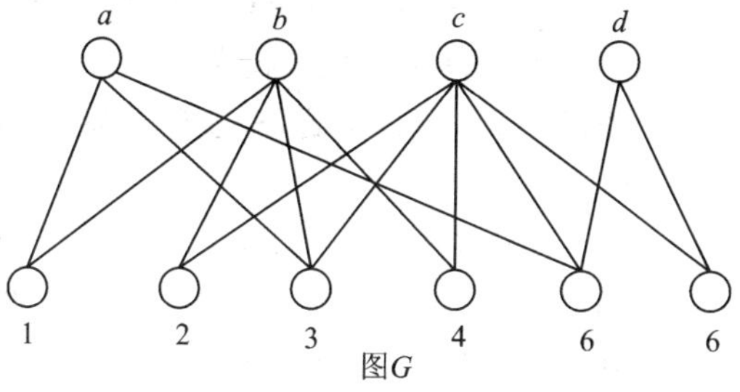

图 6.2.6

定理 6.2.4　设二分图 G，若 M 是 G 的最大匹配，K 是 G 的最小点覆盖，则 $\mathrm{card}(M)=\mathrm{card}(K)$。

证明略。

例 6.2.2　如图 6.2.7 所示图 G，是某军事基地武器库系统图，其中 G 的顶点为武器库，G 的边为通道。如何设置尽可能少的地面监控岗哨，通过监控各通道的情况来保证每个武器库的安全。

解　监控岗哨应设置在通道交叉处的武器库位置。为使监控岗哨尽可能少，就是要找出图 G 的最小点覆盖。若能找出图 G 的最大独立集 S，则 $V-S$ 即为 G 的最小点覆盖，其中 V 为图 G 的顶点集。而集合 $S=\{1,2,3,4,5,6,7,8,9,10,11\}$为图 G 的最大独立集，因此问题得以解决。

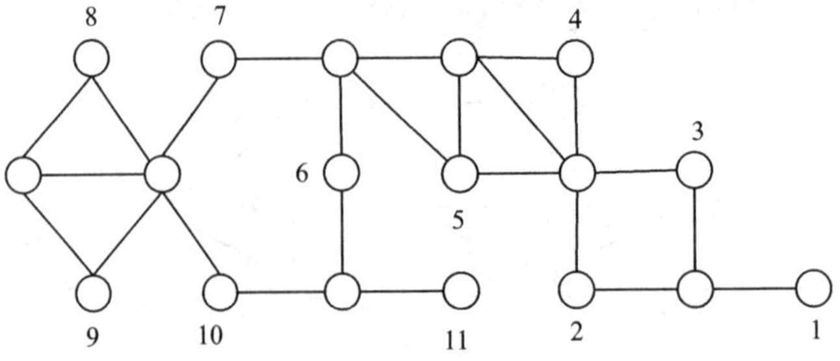

图G

图 6.2.7

习题 6.2

1. 设 G 是 n 阶无向简单图，$x(G)$ 与 $\alpha(G)$ 分别是图 G 的色数和独立数，证明

$$\frac{n}{\beta(G)} \leqslant x(G) \leqslant n-\beta(G)+1$$

2. 设 $G=<V,E>$ 是无孤立结点的 n 阶简单无向图，$L\subseteq E$ 且 $L\neq\varnothing$。若 G 的每个顶点都与 L 中某条边关联，则称 L 为 G 的边覆盖(edge covering)。边数最少的边覆盖，称为 G 的最小边覆盖(smallest edge covering)。G 的最小边覆盖的基数称为 G 的边覆盖数(edge covering number)，记作 $\beta'(G)$。证明 $\alpha'(G)+\beta'(G)=n$，其中 $\alpha'(G)$ 为 G 的匹配数。

3. 设 G 是无孤立结点的简单无向图，集合 S 与 L 分别是图 G 的独立集和边覆盖，证明

$$\text{card}(S) \leqslant \text{card}(L)$$

4. 设 G 是无孤立结点的简单无向图，集合 S 与 L 分别是图 G 的独立集和边覆盖，且 $\text{card}(S)=\text{card}(L)$，则能得出什么结论？为什么？

5. 设 G 是无孤立结点的二分图，若 S 是 G 的最大独立集，L 是 G 的最小边覆盖，证明

$$\text{card}(S) = \text{card}(L)$$

6. 设 G 是无孤立结点的简单无向图。从图 G 的一个匹配 M 开始，并任意选择非 M 饱和点 x。把关联 x 的任意边加入到 M 中，并反复这一过程直到每个顶点都是 M 饱和点。证明，这样最终得到的边集 L 是图 G 的一个边覆盖。且若 M 是最大匹配，则 L 是最小边覆盖。

7. 设 G 是无孤立结点的简单无向图。从图 G 的一个边覆盖 L 开始，选取 L 中的一个结点 x，该结点 x 是与 L 中多条边关联的任意一个结点。从 L 中删除与 x 关联的一条边，并反复这一过程直到 L 中没有结点与多条边关联。证明，这样最终得到的边集 M 是图 G 的一个匹配。且若 L 是最小边覆盖，则 M 是最大匹配。

8. 某家公司在改进其计算机操作安全性的过程中插入了 20 个特殊密码。每个密码公司里正好有两个人知道。求同时知道全部密码的人的最小集合。

9. 某志愿者组织委员会按下列方法选举产生：每个省及直辖市至少有一名成员，每个民族至少有一名成员。问最小委员会是什么？

10. 下列图的独立数是什么？

(1) K_n　　(2) C_n　　(3) Q_n　　(4) $K_{m,n}$

11. 有一台机床加工不同的零部件 $J_i(i=1,2,\cdots,n)$。每加工完一个零部件后，必须将机床加以调整才能加工另一个零部件。设加工完 J_i 后，在加工 J_j 之前机床调整的时间为 t_{ij}，问如何安排这些零部件的加工顺序使调整机床所消耗的总时间最短？

现有 6 种零部件需要在一台机床上加工。设调整机床所消耗的时间 t_{ij} 如下列矩阵表示

$$\boldsymbol{T}=(t_{ij})=\begin{pmatrix}0&5&3&4&2&1\\1&0&1&2&3&2\\2&5&0&1&2&3\\1&4&4&0&1&2\\1&3&4&5&0&5\\4&4&2&3&1&0\end{pmatrix}$$

求一个加工顺序使调整机床所消耗的总时间尽可能的短。

6.3　图的支配集

6.3.1　支配集的概念

定义 6.3.1　设 $G=\langle V,E\rangle$ 是简单无向图，$S\subseteq V$ 且 $S\neq\varnothing$，若对于任意 $x\in V-S$，x 都与 S 里至少一个顶点相邻，则称 S 是图 G 的支配集(dominating set)。S 是图 G 的支配集，若 S 的任何真子集都不是支配集，则称 S 为图 G 的极小支配集(minimal dominating set)。顶点个数最少的极小支配集称为图 G 的最小支配集(smallest dominating set)。最小支配集的基数称为图 G 的支配数(dominating number)，记作 $\gamma(G)$。

例如，图 6.3.1 所示图 G，$S_1=\{3,6,9,10\}$ 和 $S_2=\{2,7,11\}$ 是图 G 的两个支配集，且 S_2 是最小支配集，即 $\gamma(G)=3$。

在国际象棋比赛中，首先出现了支配集的概念。一个 8×8 的棋盘具有处在 8×8 配置下的 64 个格子。在所给某个位置的皇后控制着同行、同列以及包含这个格子的两条斜线上的所有格子。1862 年，De Jaenisch 考虑了控制整个棋盘所需要的最少的皇后个数问题，这种皇后的最少个数为 5。图 6.3.2(a)所示为一种放置方法。若还

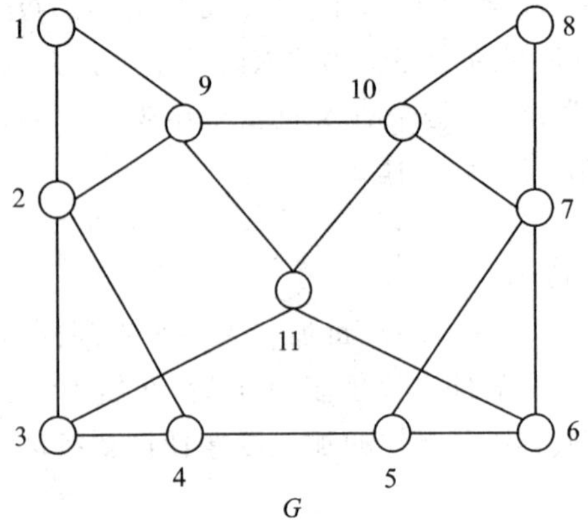

图 6.3.1

要求任两个皇后都不互相攻击，即任两个皇后都不在同一行、同一列或同一斜线上，那么这种皇后的最少个数为 7，图 6.3.2(b)所示为另一种放置方法。

上述棋盘问题和图的支配集之间有着直接的联系。做简单图 G，图 G 的顶点集与棋盘上的 64 个格子一一对应，且两个顶点在 G 中相邻当且仅当两个对应格子中的一个格子可以由位于另一个格子中的皇后控制。则支配棋盘中全部格子的皇后的最少个数为 $\gamma(G)$。支配棋盘中全部方格的互不攻击的皇后的最少个数就是 G 的独立支配集的最小基数。独立支配集既是独立集又是支配集。

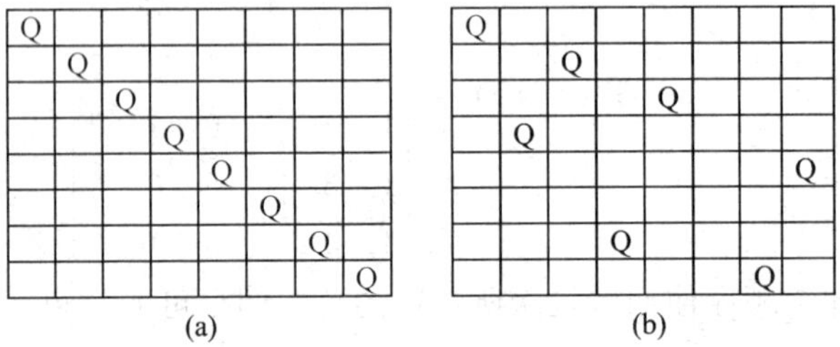

图 6.3.2

定理 6.3.1 图 G 的支配集 S 是 G 的极小支配集，当且仅当 S 中每个顶点 x 满足下列性质之一：

(1) 存在 $y\in V(G)-S$ 使得 $N(y)\cap S=\{x\}$，其中 $N(y)$ 为 y 的邻接点的集合。

(2) $S\cap N(x)=\varnothing$，即 S 中所有顶点不与 x 邻接。

证明 如果 S 中每个顶点至少满足(1)和(2)中一个，则 $S-\{x\}$ 就不是 G 的支配集，从而 S 是 G 的一个极小支配集。

反之，假设 S 是 G 的一个极小支配集。那么，对每个 $x\in S$，集合 $S-\{x\}$ 就不是 G 的支配集。所以存在顶点 $y\in V(G)-(S-\{x\})$，使得没有 $S-\{x\}$ 中顶点与 y 邻接。如果 $y=x$，则 S 中没有顶点和 x 邻接。假设 $y\neq x$，因为 S 是 G 的支配集且 $y\notin S$，所以顶点 y 至少与 S 中一个顶点邻接。然而 y 不与 $S-\{x\}$ 中顶点邻接，从而 $N(y)\cap S=\{x\}$。证毕。

定理 6.3.2 如果 G 是没有孤立结点的简单无向图，且 S 是 G 的极小支配集，那么 $V(G)-S$ 也是 G 的支配集。

证明 设 $x\in S$，则 x 至少具备定理 6.3.1 中的两个性质之一。首先，假设存在顶点 $y\in V(G)-S$ 使得 $N(y)\cap S=\{x\}$，则 x 邻接到 $V(G)-S$ 中某个顶点。其次，

假设 S 中没有顶点与 x 邻接，那么 x 是 S 导出子图中的孤立顶点，因为 x 在 G 中不是孤立顶点，所以顶点 x 邻接到 $V(G)-S$ 中某个顶点。这样 $V(G)-S$ 是 G 的支配集。证毕。

推论 6.3.1 如果 G 是 n 阶无孤立结点的简单无向图，则 $\gamma(G)\leqslant\frac{n}{2}$。

证明 设 S 是 G 的极小支配集，由定理 6.3.2 知，$V(G)-S$ 也是 G 的支配集，这样有

$$\gamma(G)\leqslant\min\{\text{card}(S),\text{card}(V(G)-S)\}\leqslant\frac{n}{2}$$

证毕。

定理 6.3.3 如果 G 是没有孤立结点的简单无向图，则存在 G 的最小支配集 S 使得对 S 中每个顶点 x，存在 $V(G)-S$ 中的顶点 y 满足 $N(y)\cap S=\{x\}$，其中 $N(y)$ 为结点 y 的邻接点的集合。

证明 用反证法。$G[S]$ 表示 S 的导出子图。在 G 的全部最小支配集中，设 S 是使 $G[S]$ 满足 $\text{card}(E(G[S]))$ 达到最大的一个最小支配集。假设定理结论不成立，S 中至少包含一个不具备上述性质的顶点 x，即对任意 $y\in V(G)-S$，$N(y)\cap S\neq\{x\}$。由定理 6.3.1 知 x 是 $G[S]$ 的孤立结点。又因为 S 是 G 的最小支配集，所以对任意 $y\in V(G)-S$，$N(y)\cap S\neq\varnothing$，即与 x 邻接的 $V(G)-S$ 中每个顶点一定与 S 中的另外一个顶点邻接。由于 G 不含孤立顶点，所以 x 与 $V(G)-S$ 中的某个顶点 y 邻接，故 $(S-\{x\})\cup\{y\}$ 是 G 的最小支配集，且它的导出子图中至少包含一条与 y 关联的边，要比 $G[S]$ 中的边数多，这与 S 的选取矛盾。证毕。

定理 6.3.4 如果 G 是 n 阶简单无向图，则

$$\left\{\frac{n}{1+\Delta(G)}\right\}\leqslant\gamma(G)\leqslant n-\Delta(G)$$

其中 $\left\{\frac{n}{1+\Delta(G)}\right\}$ 表示不小于 $\frac{n}{1+\Delta(G)}$ 的最小整数。

证明 设 S 是 G 的最小支配集，则 $V(G)-S\subseteq\bigcup\limits_{x\in S}N(x)$，其中 $N(x)$ 为 x 的邻接点的集合。即 $\text{card}(V(G)-S)\leqslant\text{card}(S)\Delta(G)$。因此 $n-\gamma(G)\leqslant\gamma(G)\Delta(G)$，从而 $\left\{\frac{n}{1+\Delta(G)}\right\}\leqslant\gamma(G)$。

设 x 是 G 的顶点且 $\deg(x)=\Delta(G)$。则 $V(G)-N(x)$ 是基数为 $n-\Delta(G)$ 的一个支配集，所以 $\gamma(G)\leqslant n-\Delta(G)$。证毕。

定理 6.3.5 图 G 的一个顶点集 S 是一个独立支配集当且仅当 S 是一个极大独立集。

证明 因为每一个极大独立集是一个支配集。反之，假设 S 是一个独立支配集，则 S 是独立集且不属于 S 的每个顶点都与 S 的一个顶点邻接。即 S 是极大独立集。证毕。

推论 6.3.2 图 G 的每个极大独立集是一个极小支配集。

证明 设 S 是图 G 的一个极大独立集，由定理 6.3.5 知 S 是一个支配集。因为 S 是独立集，显然 S 的每个顶点不与 S 中其他顶点邻接。这样，S 的每个顶点满足定理 6.3.1 中的性质(2)，所以 S 是极小支配集。证毕。

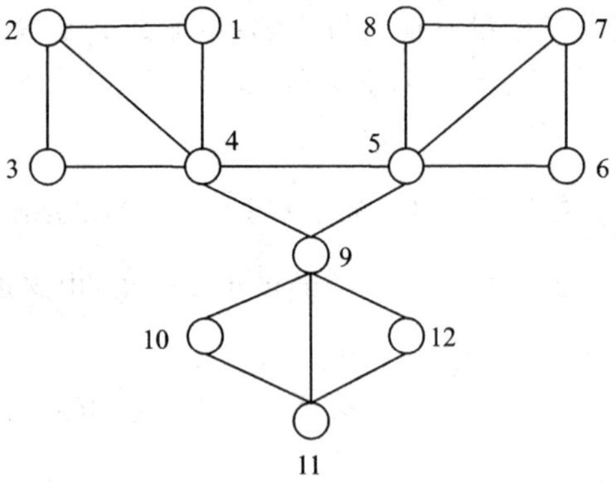

图 6.3.3

需要注意，不是每个支配集都是独立集，也不是每个极小支配集都是独立集。如图 6.3.3 所示，$S_1=\{1,3,6,8,10,12\}$ 是 G 的一个最大独立集(自然是支配集)；$S_2=\{4,5,9\}$ 是 G 的一个最小支配集且显然不是独立集；$S_3=\{2,7,11\}$ 既是最小支配集又是独立集。

6.3.2 支配集的应用

支配集有其实际背景：要在 $V_1,V_2,\cdots,V_n$ 这 n 座城市中建立起一个通信系统，为此，要从这 n 座城市中选定几座城市，在那里建立通信站，要求他们与其他各城市相邻，同时，为减少造价，要使通信站数目最少，有时还会增加其他要求，比如，在造价最低的条件下，需要建造两套或更多套通信系统，使得当一个系统出现故障时，可以启用另一套。

为解决这个问题，构造简单无向图 G：以城市作为图 G 的顶点，当且仅当两城市之间有直通信线路时，相应的两顶点连一边，则图 G 的最小支配集即为所求。若建两套，则从图 G 的全部极小支配集 $D_1,D_2,\cdots,D_t$ 中选取 D_i 与 D_j，使得

$$D_i\cap D_j=\varnothing,\operatorname{card}(D_i\cup D_j)=\min\{\operatorname{card}(D_p)+\operatorname{card}(D_q)\mid 1\leqslant p+q\leqslant t,D_p\cap D_q=\varnothing\}$$

例 6.3.1 某小城的街道是网格 $M(4,5)$，如图 6.3.4 所示。该城垃圾分类非常普及，且市民特别乐于自觉使用公用垃圾箱。为保证小城整洁干净，环卫部门只需在

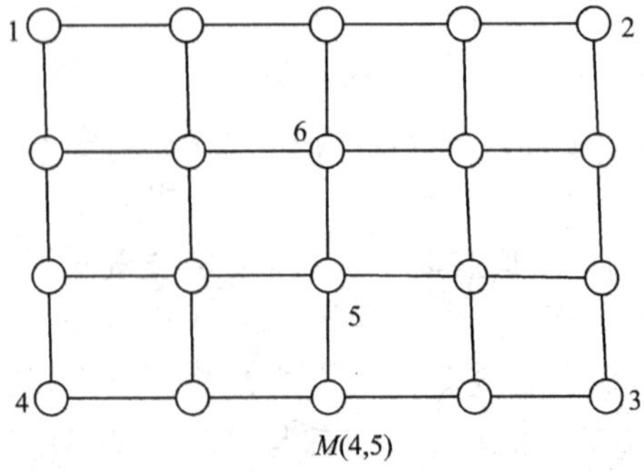

图 6.3.4

路口放置垃圾箱，使得每个路口要么有垃圾箱，要么与它相邻的路口有。求最少需要多少垃圾箱？

解　这个问题就是求图的支配数。求得该图的支配数是 6。如图 6.3.4 所示 $\{1,2,3,4,5,6\}$ 给出了它的一个最小支配集。

例 6.3.2　某小城有 8 个辖区，辖区间有公路相连接，如图 6.3.5 所示。小城主管为改善医疗设施，希望每个辖区要么有急救中心，要么与有急救中心的辖区相邻。由于财政限制，只能设置最少量的急救中心。

(1) 若辖区 c 必须设置急救中心，那么还有哪些辖区必须设置？

(2) 若最大的辖区 b 已经设置有一个急救中心，那么还有哪些辖区必须设置？

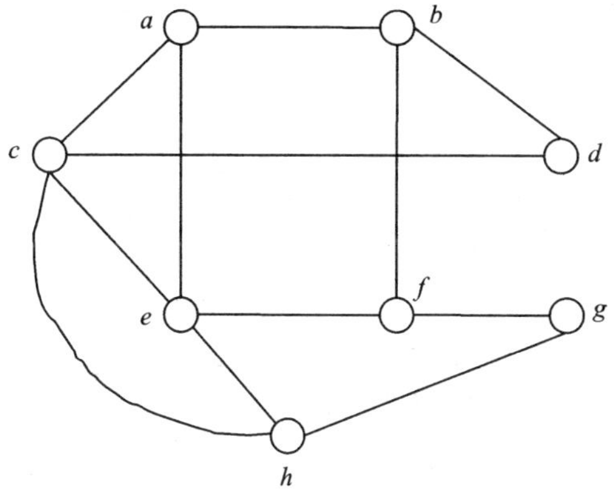

图 6.3.5

解　(1) 需要求出包含 c 的一个最小支配集。比如，$\{c,f\}$ 就是符合要求的一个最小支配集，可以将急救中心设置在辖区 c 与辖区 f。

(1) 可以在辖区 h 再设置一个急救中心。$\{b,h\}$ 是另一个最小支配集。

求出某些图 G 的支配数 $\gamma(G)$ 很简单，但对于一般的图 G 来说，计算 $\gamma(G)$ 会很困难，目前还没有有效算法。下面给出找出图的所有极小支配集的一个方法。

设简单无向图 $G=\langle V,E\rangle$，对于任意 $x\in V$，有一个布尔变量 x 及布尔表达式

$$\lambda_x = x + \sum_{y\text{邻接}x} y$$

作

$$\Psi = \prod_{x\in V} \lambda_x$$

其中，表达式中的加为逻辑加（布尔加），积为逻辑乘（布尔乘）。

例 6.3.3　对于图 6.3.6 所示图 G，求出其全部极小支配集。

解　给定每个顶点的布尔变量及布尔表达式

$$\lambda_a = a + c$$

$$\lambda_b = b + c$$

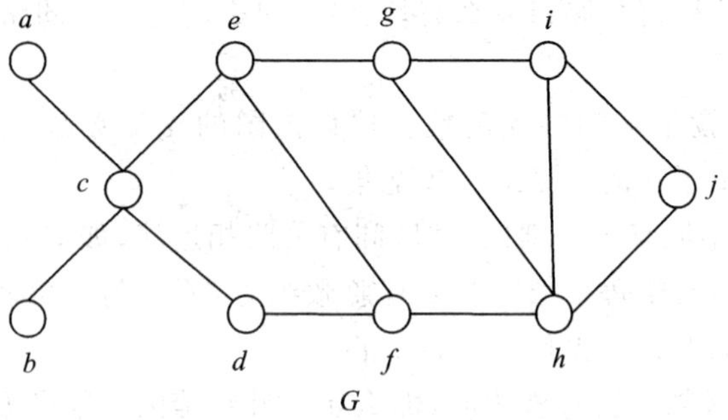

图 6.3.6

$$\lambda_c = c + a + b + d + e$$
$$\lambda_d = d + c + f$$
$$\lambda_e = e + c + f + g$$
$$\lambda_f = f + d + e + h$$
$$\lambda_g = g + e + h + i$$
$$\lambda_h = h + f + g + i + j$$
$$\lambda_i = i + g + h + j$$
$$\lambda_j = j + h + i$$

而 $\lambda_j\lambda_i\lambda_h = (j+h+i)(i+g+h+j)(h+f+g+i+j) = j+h+i$

$\lambda_f\lambda_g = (f+d+e+h)(g+e+h+i) = e+h+fg+fi+dg+di$

于是 $\lambda_j\lambda_i\lambda_h\lambda_f\lambda_g = (j+h+i)(e+h+fg+fi+dg+di)$

$= je+jfg+jdg+h+ie+fi+di$

又 $\lambda_b\lambda_c\lambda_a = (b+c)(c+a+b+d+e)(a+c) = (b+c)(a+c) = c+ab$

$\lambda_d\lambda_e = (d+c+f)(e+c+f+g) = c+f+de+dg$

从而 $\lambda_b\lambda_c\lambda_a\lambda_d\lambda_e = (c+ab)(c+f+de+dg) = c+abf+abde+abdg$

所以 $\Psi = \lambda_b\lambda_c\lambda_a\lambda_d\lambda_e\lambda_j\lambda_i\lambda_h\lambda_f\lambda_g$

$= (c+abf+abde+abdg)(je+jfg+jdg+h+ie+fi+di)$

$= cje+cjfg+cjdg+ch+cie+cfi+cdi+abfje+abjfg+abfh$

$+abfi+abdje+abdeh+abdie+abjdg+abdgh+abgdi$

因此,图 G 的所有极小支配集为 $\{c,j,e\}$,$\{c,j,f,g\}$,$\{c,j,d,g\}$,$\{c,h\}$,$\{c,i,e\}$,$\{c,f,i\}$,$\{c,d,i\}$,$\{a,b,f,j,e\}$,$\{a,b,j,f,g\}$,$\{a,b,f,h\}$,$\{a,b,f,i\}$,$\{a,b,d,j,e\}$,$\{a,b,d,e,h\}$,$\{a,b,d,i,e\}$,$\{a,b,j,d,g\}$,$\{a,b,d,g,h\}$,$\{a,b,g,d,i\}$。

数目如此之多,足以令人惊奇。其中 $\{c,h\}$ 是唯一的最小支配集。而 $\{c,j,f,g\}$,$\{c,h\}$,$\{c,f,i\}$,$\{a,b,j,f,g\}$,$\{a,b,f,i\}$,$\{a,b,d,j,e\}$,$\{a,b,d,e,h\}$,$\{a,b,d,i,e\}$,$\{a,b,j,d,g\}$ 均是独立支配集。

习题 6.3

1. 对于图 6.3.7 所示图 G，求出：

  (1) 所有极小支配集。

  (2) 所有独立支配集。

  (3) 所有最小支配集。

2. 求图 6.3.8 所示图 G 的 $x(G)$、$\alpha(G)$、$\beta(G)$ 和 $\gamma(G)$。

3. 构造表示 $n\times n$ 棋盘的简单图，用边表示皇后对格子的控制，其中(1)$n=3$，(2)$n=4$。

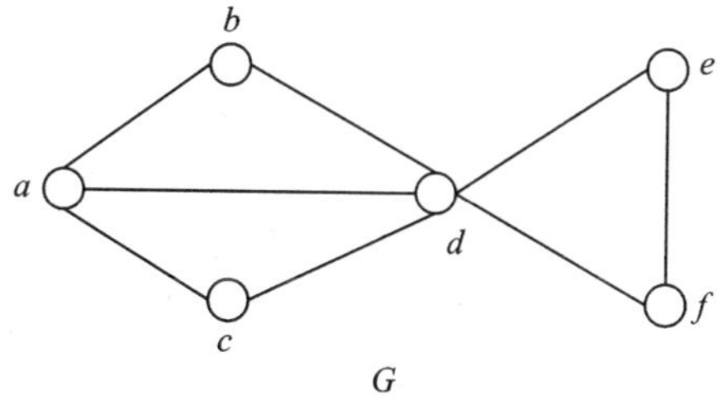

图 6.3.7

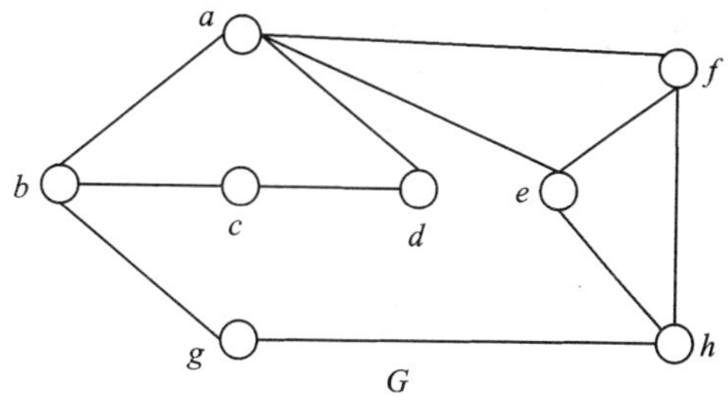

图 6.3.8

4. 解释一下最小支配集的概念如何应用到确定控制 $n\times n$ 棋盘的最少皇后数问题。

5. 求控制 $n\times n$ 棋盘的最少皇后数，其中(1)$n=3$，(2)$n=4$，(3)$n=5$。

6.4　复杂系统影响因素的结构分析

系统的某种性质比如系统脆弱性，是系统不确定、动态、开放性、非线性等诸多因素相互作用相互影响的显现，因而研究系统某种性质需要依托大量指标。同时，不同因素对系统某种性质的影响有所差别，这样就必须根据各因素之间的联系，构建系统该性质的多级递阶指标体系，通过指标体系的分级结果，明晰导致系统该性质各因素之间的层次，确定系统该性质最直接和最根本因素，为分析系统结构提供可靠依据。

下面通过一个具体实例来介绍系统影响因素的结构分析的具体方法和步骤。

例 6.4.1　以城市水资源系统为例。城市水资源系统的影响因素概括为：S_1 本地水资源供应能力；S_2 替代型水资源利用情况；S_3 居民生活用水的水质；S_4 居民生活用水的水量；S_5 城市工业生产用水成本；S_6 城市工业生产水量满足程度；S_7 城市河流生态环境状况；S_8 城市河道外生态环境状况；S_9 农业用水水量满足程度；S_{10} 农业用水的水质；S_{11} 工业经济发展状况；S_{12} 农业经济发展状况；S_{13} 城市生态环境水平；S_{14} 城市经济发展水平；S_{15} 居民生活用水安全；S_{16} 污水再生处理程度；S_{17} 污水排放量；S_{18}

污水治理投资；S_{19} 水资源可持续开发能力；S_{20} 城市水资源承载能力（包括水源供水能力、排污和纳污能力及景观河道水质状况）。

解 步骤一：建立系统对应的有向图 D。

构造简单有向图 $D=\langle V,E\rangle$，其中 $V(D)=\{S_1,S_2,\cdots,S_{20}\}$，边 $\langle S_i,S_j\rangle\in E(D)$ 当且仅当因素 S_i 影响因素 S_j。根据文献资料检索或专家判定等，已得到有向图 D 邻接矩阵 $\mathbf{A}$ 为

$\mathbf{A}=$

	S_1	S_2	S_3	S_4	S_5	S_6	S_7	S_8	S_9	S_{10}	S_{11}	S_{12}	S_{13}	S_{14}	S_{15}	S_{16}	S_{17}	S_{18}	S_{19}	S_{20}
S_1	0	0	1	1	1	1	1	1	1	1	0	0	0	0	0	0	0	0	0	0
S_2	0	0	0	1	0	1	0	0	1	0	0	0	0	0	0	0	0	0	0	0
S_3	0	0	0	0	0	0	0	0	0	0	0	0	0	0	1	0	0	0	0	0
S_4	0	0	0	0	0	0	0	0	0	0	0	0	0	0	1	0	0	0	0	0
S_5	0	0	0	0	0	0	0	0	0	0	1	0	0	0	0	0	0	0	0	0
S_6	0	0	0	0	0	0	0	0	0	0	1	0	0	0	0	0	0	0	0	0
S_7	0	0	0	0	0	0	0	0	0	0	0	0	1	0	0	0	0	0	0	0
S_8	0	0	0	0	0	0	0	0	0	0	0	0	1	0	0	0	0	0	0	0
S_9	0	0	0	0	0	0	0	0	0	0	0	1	0	0	0	0	0	0	0	0
S_{10}	0	0	0	0	0	0	0	0	0	0	0	1	0	0	0	0	0	0	0	0
S_{11}	0	0	0	0	0	0	0	0	0	0	0	0	0	1	0	0	0	0	0	0
S_{12}	0	0	0	0	0	0	0	0	0	0	0	0	0	1	0	0	0	0	0	0
S_{13}	0	0	0	0	0	0	0	0	0	0	0	0	0	0	0	0	0	0	1	0
S_{14}	0	0	0	0	0	0	0	0	0	0	0	0	0	0	0	0	0	0	1	0
S_{15}	0	0	0	0	0	0	0	0	0	0	0	0	0	0	0	0	0	0	1	0
S_{16}	0	1	0	0	0	0	0	0	0	0	0	0	0	0	0	0	0	0	0	0
S_{17}	0	0	0	0	0	0	1	0	0	0	0	0	0	0	0	0	0	0	0	0
S_{18}	0	0	0	0	0	0	1	0	0	0	0	0	0	0	0	1	1	0	0	0
S_{19}	0	0	0	0	0	0	0	0	0	0	0	0	0	0	0	0	0	0	0	0
S_{20}	1	0	0	0	0	0	0	0	0	0	0	0	0	0	0	0	0	0	0	0

值得注意的是，有向图 D 或其邻接矩阵 $\mathbf{A}$ 只零碎地、离散地显现系统各因素间的直接相互影响与相互作用。实际上，系统各因素间的相互影响与相互作用本质上具备综合整体性、广泛迁移性（或广泛传递性）和特定层次性等。比如，S_1 虽不直接影响 S_{13}，但 S_1 通过影响 S_7 而间接影响 S_{13}；同样，S_1 虽不直接影响 S_{14}，但 S_1 通过影响 S_6 而间接影响 S_{11}，进而间接影响 S_{14} 等。

步骤二：求解传递闭包矩阵 $\mathbf{M}$。

已知有向图 D 的邻接矩阵 $\mathbf{A}$，若矩阵 $\mathbf{A}$ 的 i 行 j 列元素为 1，则表明从 S_i 经一长度为 1 的有向链可达 S_j。比如，已知邻接矩阵 $\mathbf{A}$ 的 20 行 1 列元素为 1，则表明从 S_{20} 经一长度为 1 的有向链可达 S_1。而由定理 2.5.1 知，若邻接矩阵 $\mathbf{A}^k$ 的 i 行 j 列元素为 1，则表明从 S_i 经一长度为 k 的有向链可达 S_j。因此，矩阵 $\mathbf{A}+\mathbf{A}^2+\mathbf{A}^3+\cdots+\mathbf{A}^n$（$n$

为有向图 D 的阶)，描述了图 D 中各顶点间经长度不大于 n 的有向链的可达情况(点数为 n 的有向图，最长的有向链不超过 $n-1$)，亦即若 $\boldsymbol{A}+\boldsymbol{A}^2+\boldsymbol{A}^3+\cdots+\boldsymbol{A}^n$ 的 i 行 j 列元素为 1，则表明从 S_i 经一长度不大于 n 的有向链可达 S_j。

对于简单有向图 $D=\langle V,E\rangle$，结点的邻接关系即是结点集 V 上的二元关系 R，也就是说，图 D 的图形表示即为 R 的关系图，图 D 的邻接矩阵即为 R 的关系矩阵。也就是说，已知简单有向图 D 的邻接矩阵 $\boldsymbol{A}$，以 $\boldsymbol{A}$ 为关系矩阵的二元关系记作 R，则 $t(R)$ 为 R 的传递闭包，而 $\boldsymbol{A}+\boldsymbol{A}^2+\boldsymbol{A}^3+\cdots+\boldsymbol{A}^n$ 恰为 $t(R)$ 关系矩阵。当然，这里的矩阵运算，即为矩阵的布尔乘和布尔加。1962 年，美国计算机科学家 Warshall 提出了求关系 R 的传递闭包 $t(R)$ 的有效算法，如算法 1.6.1 所述。按算法 1.6.1 所述的 Warshall 算法：

$\boldsymbol{M}=\boldsymbol{A}$($\boldsymbol{A}$ 为邻接矩阵)

循环第一次，找矩阵 $\boldsymbol{M}$ 第 1 列中为 1 的元素，由于 $\boldsymbol{M}(20,1)=1$，于是将第 1 行布尔加到第 20 行得

$$\boldsymbol{M}=\begin{pmatrix}
0&0&1&1&1&1&1&1&1&1&0&0&0&0&0&0&0&0&0&0\\
0&0&0&1&0&1&0&0&1&0&0&0&0&0&0&0&0&0&0&0\\
0&0&0&0&0&0&0&0&0&0&0&0&0&0&1&0&0&0&0&0\\
0&0&0&0&0&0&0&0&0&0&0&0&0&0&1&0&0&0&0&0\\
0&0&0&0&0&0&0&0&0&0&1&0&0&0&0&0&0&0&0&0\\
0&0&0&0&0&0&0&0&0&0&1&0&0&0&0&0&0&0&0&0\\
0&0&0&0&0&0&0&0&0&0&0&0&1&0&0&0&0&0&0&0\\
0&0&0&0&0&0&0&0&0&0&0&0&1&0&0&0&0&0&0&0\\
0&0&0&0&0&0&0&0&0&0&0&1&0&0&0&0&0&0&0&0\\
0&0&0&0&0&0&0&0&0&0&0&1&0&0&0&0&0&0&0&0\\
0&0&0&0&0&0&0&0&0&0&0&0&0&1&0&0&0&0&0&0\\
0&0&0&0&0&0&0&0&0&0&0&0&0&1&0&0&0&0&0&0\\
0&0&0&0&0&0&0&0&0&0&0&0&0&0&0&0&0&0&1&0\\
0&0&0&0&0&0&0&0&0&0&0&0&0&0&0&0&0&0&1&0\\
0&0&0&0&0&0&0&0&0&0&0&0&0&0&0&0&0&0&1&0\\
0&1&0&0&0&0&0&0&0&0&0&0&0&0&0&0&0&0&0&0\\
0&0&0&0&0&0&1&0&0&0&0&0&0&0&0&0&0&0&0&0\\
0&0&0&0&0&0&1&0&0&0&0&0&0&0&0&1&1&0&0&0\\
0&0&0&0&0&0&0&0&0&0&0&0&0&0&0&0&0&0&0&0\\
1&0&1&1&1&1&1&1&1&1&0&0&0&0&0&0&0&0&0&0
\end{pmatrix}$$

循环第二次，找矩阵 $\boldsymbol{M}$ 第 2 列中为 1 的元素，由于 $\boldsymbol{M}(16,2)=1$，于是将第 2 行布尔加到第 16 行得

$$
\boldsymbol{M}=\begin{pmatrix}
0&0&1&1&1&1&1&1&1&1&0&0&0&0&0&0&0&0&0&0\\
0&0&0&1&0&1&0&0&1&0&0&0&0&0&0&0&0&0&0&0\\
0&0&0&0&0&0&0&0&0&0&0&0&0&0&1&0&0&0&0&0\\
0&0&0&0&0&0&0&0&0&0&0&0&0&0&1&0&0&0&0&0\\
0&0&0&0&0&0&0&0&0&0&1&0&0&0&0&0&0&0&0&0\\
0&0&0&0&0&0&0&0&0&0&1&0&0&0&0&0&0&0&0&0\\
0&0&0&0&0&0&0&0&0&0&0&0&1&0&0&0&0&0&0&0\\
0&0&0&0&0&0&0&0&0&0&0&0&1&0&0&0&0&0&0&0\\
0&0&0&0&0&0&0&0&0&0&0&1&0&0&0&0&0&0&0&0\\
0&0&0&0&0&0&0&0&0&0&0&1&0&0&0&0&0&0&0&0\\
0&0&0&0&0&0&0&0&0&0&0&0&0&1&0&0&0&0&0&0\\
0&0&0&0&0&0&0&0&0&0&0&0&0&1&0&0&0&0&0&0\\
0&0&0&0&0&0&0&0&0&0&0&0&0&0&0&0&0&0&1&0\\
0&0&0&0&0&0&0&0&0&0&0&0&0&0&0&0&0&0&1&0\\
0&0&0&0&0&0&0&0&0&0&0&0&0&0&0&0&0&0&1&0\\
0&1&0&1&0&1&0&0&1&0&0&0&0&0&0&0&0&0&0&0\\
0&0&0&0&0&0&1&0&0&0&0&0&0&0&0&0&0&0&0&0\\
0&0&0&0&0&0&1&0&0&0&0&0&0&0&0&1&1&0&0&0\\
0&0&0&0&0&0&0&0&0&0&0&0&0&0&0&0&0&0&0&0\\
1&0&1&1&1&1&1&1&1&1&0&0&0&0&0&0&0&0&0&0
\end{pmatrix}
$$

循环第三次，找矩阵 $\boldsymbol{M}$ 第 3 列中为 1 的元素，由于 $\boldsymbol{M}(1,3)=\boldsymbol{M}(20,3)=1$，于是将第 3 行依次布尔加到第 1 行和第 20 行得

$$
\boldsymbol{M}=\begin{pmatrix}
0&0&1&1&1&1&1&1&1&1&0&0&0&0&1&0&0&0&0&0\\
0&0&0&1&0&1&0&0&1&0&0&0&0&0&0&0&0&0&0&0\\
0&0&0&0&0&0&0&0&0&0&0&0&0&0&1&0&0&0&0&0\\
0&0&0&0&0&0&0&0&0&0&0&0&0&0&1&0&0&0&0&0\\
0&0&0&0&0&0&0&0&0&0&1&0&0&0&0&0&0&0&0&0\\
0&0&0&0&0&0&0&0&0&0&1&0&0&0&0&0&0&0&0&0\\
0&0&0&0&0&0&0&0&0&0&0&0&1&0&0&0&0&0&0&0\\
0&0&0&0&0&0&0&0&0&0&0&0&1&0&0&0&0&0&0&0\\
0&0&0&0&0&0&0&0&0&0&0&1&0&0&0&0&0&0&0&0\\
0&0&0&0&0&0&0&0&0&0&0&1&0&0&0&0&0&0&0&0\\
0&0&0&0&0&0&0&0&0&0&0&0&0&1&0&0&0&0&0&0\\
0&0&0&0&0&0&0&0&0&0&0&0&0&1&0&0&0&0&0&0\\
0&0&0&0&0&0&0&0&0&0&0&0&0&0&0&0&0&0&1&0\\
0&0&0&0&0&0&0&0&0&0&0&0&0&0&0&0&0&0&1&0\\
0&0&0&0&0&0&0&0&0&0&0&0&0&0&0&0&0&0&1&0\\
0&1&0&1&0&1&0&0&1&0&0&0&0&0&0&0&0&0&0&0\\
0&0&0&0&0&0&1&0&0&0&0&0&0&0&0&0&0&0&0&0\\
0&0&0&0&0&0&1&0&0&0&0&0&0&0&0&1&1&0&0&0\\
0&0&0&0&0&0&0&0&0&0&0&0&0&0&0&0&0&0&0&0\\
1&0&1&1&1&1&1&1&1&1&0&0&0&0&1&0&0&0&0&0
\end{pmatrix}
$$

循环第四次，找矩阵 $\boldsymbol{M}$ 第 4 列中为 1 的元素，由于 $\boldsymbol{M}(1,4)=\boldsymbol{M}(2,4)=\boldsymbol{M}(16,4)=\boldsymbol{M}(20,4)=1$，于是将第 4 行依次布尔加到第 1 行、第 2 行、第 16 行与第 20 行得

$$\boldsymbol{M}=\begin{pmatrix}
0&0&1&1&1&1&1&1&1&1&0&0&0&0&1&0&0&0&0&0\\
0&0&0&1&0&1&0&0&1&0&0&0&0&0&1&0&0&0&0&0\\
0&0&0&0&0&0&0&0&0&0&0&0&0&0&1&0&0&0&0&0\\
0&0&0&0&0&0&0&0&0&0&0&0&0&0&1&0&0&0&0&0\\
0&0&0&0&0&0&0&0&0&0&1&0&0&0&0&0&0&0&0&0\\
0&0&0&0&0&0&0&0&0&0&1&0&0&0&0&0&0&0&0&0\\
0&0&0&0&0&0&0&0&0&0&0&0&1&0&0&0&0&0&0&0\\
0&0&0&0&0&0&0&0&0&0&0&0&1&0&0&0&0&0&0&0\\
0&0&0&0&0&0&0&0&0&0&0&1&0&0&0&0&0&0&0&0\\
0&0&0&0&0&0&0&0&0&0&0&1&0&0&0&0&0&0&0&0\\
0&0&0&0&0&0&0&0&0&0&0&0&0&1&0&0&0&0&0&0\\
0&0&0&0&0&0&0&0&0&0&0&0&0&1&0&0&0&0&0&0\\
0&0&0&0&0&0&0&0&0&0&0&0&0&0&0&0&0&0&1&0\\
0&0&0&0&0&0&0&0&0&0&0&0&0&0&0&0&0&0&1&0\\
0&0&0&0&0&0&0&0&0&0&0&0&0&0&0&0&0&0&1&0\\
0&1&0&1&0&1&0&0&1&0&0&0&0&0&1&0&0&0&0&0\\
0&0&0&0&0&0&1&0&0&0&0&0&0&0&0&0&0&0&0&0\\
0&0&0&0&0&0&1&0&0&0&0&0&0&0&0&1&1&0&0&0\\
0&0&0&0&0&0&0&0&0&0&0&0&0&0&0&0&0&0&0&0\\
1&0&1&1&1&1&1&1&1&1&0&0&0&0&1&0&0&0&0&0
\end{pmatrix}$$

……

这样依次循环到最后一列，即第 20 列，求得传递闭包矩阵 $\boldsymbol{M}$ 为

$$\boldsymbol{M}=\begin{pmatrix}
0&0&1&1&1&1&1&1&1&1&1&1&1&1&1&0&0&0&1&0\\
0&0&0&1&0&1&0&0&1&0&1&1&0&1&1&0&0&0&1&0\\
0&0&0&0&0&0&0&0&0&0&0&0&0&0&1&0&0&0&1&0\\
0&0&0&0&0&0&0&0&0&0&0&0&0&0&1&0&0&0&1&0\\
0&0&0&0&0&0&0&0&0&0&1&0&0&1&0&0&0&0&1&0\\
0&0&0&0&0&0&0&0&0&0&1&0&0&1&0&0&0&0&1&0\\
0&0&0&0&0&0&0&0&0&0&0&0&1&0&0&0&0&0&1&0\\
0&0&0&0&0&0&0&0&0&0&0&0&1&0&0&0&0&0&1&0\\
0&0&0&0&0&0&0&0&0&0&0&1&0&1&0&0&0&0&1&0\\
0&0&0&0&0&0&0&0&0&0&0&1&0&1&0&0&0&0&1&0\\
0&0&0&0&0&0&0&0&0&0&0&0&0&1&0&0&0&0&1&0\\
0&0&0&0&0&0&0&0&0&0&0&0&0&1&0&0&0&0&1&0\\
0&0&0&0&0&0&0&0&0&0&0&0&0&0&0&0&0&0&1&0\\
0&0&0&0&0&0&0&0&0&0&0&0&0&0&0&0&0&0&1&0\\
0&0&0&0&0&0&0&0&0&0&0&0&0&0&0&0&0&0&1&0\\
0&1&0&1&0&1&0&0&1&0&1&1&0&1&1&0&0&0&1&0\\
0&0&0&0&0&0&1&0&0&0&0&0&1&0&0&0&0&0&1&0\\
0&1&0&1&0&1&1&0&1&0&1&1&1&1&1&1&1&0&1&0\\
0&0&0&0&0&0&0&0&0&0&0&0&0&0&0&0&0&0&0&0\\
1&0&1&1&1&1&1&1&1&1&1&1&1&1&1&0&0&0&1&0
\end{pmatrix}$$

步骤三:求解骨架矩阵 $\boldsymbol{M}'$。

矩阵 $\boldsymbol{M}(\boldsymbol{M}=\boldsymbol{A}+\boldsymbol{A}^2+\boldsymbol{A}^3+\cdots+\boldsymbol{A}^n)$ 描述了系统各因素间的传递性,即若 S_i 影响 S_j,S_j 影响 S_k,则 S_i 必影响 S_k。这样,可简化传递闭包矩阵 $\boldsymbol{M}$ 对应的关系图:省略其传递性必须出现的边,从而更加清晰简明地表示系统各因素间直接或间接影响关系。若 R 的传递闭包的关系矩阵为 $\boldsymbol{M}$,由定理 1.5.3 知,矩阵 $\boldsymbol{M}'=\boldsymbol{M}-\boldsymbol{M}^2$ 即是省略了 $\boldsymbol{M}$ 对应的关系图中传递性的边,其中 $\boldsymbol{M}^2$ 即为 $\boldsymbol{M}$ 与 $\boldsymbol{M}$ 的布尔乘运算,一般称 $\boldsymbol{M}'$ 为骨架矩阵。

$$
\boldsymbol{M}'=\boldsymbol{M}-\boldsymbol{M}^2=\begin{pmatrix}
0&0&1&1&1&1&1&1&1&1&0&0&0&0&0&0&0&0&0&0\\
0&0&0&1&0&1&0&0&1&0&0&0&0&0&0&0&0&0&0&0\\
0&0&0&0&0&0&0&0&0&0&0&0&0&0&1&0&0&0&0&0\\
0&0&0&0&0&0&0&0&0&0&0&0&0&0&1&0&0&0&0&0\\
0&0&0&0&0&0&0&0&0&0&1&0&0&0&0&0&0&0&0&0\\
0&0&0&0&0&0&0&0&0&0&1&0&0&0&0&0&0&0&0&0\\
0&0&0&0&0&0&0&0&0&0&0&0&1&0&0&0&0&0&0&0\\
0&0&0&0&0&0&0&0&0&0&0&0&1&0&0&0&0&0&0&0\\
0&0&0&0&0&0&0&0&0&0&0&1&0&0&0&0&0&0&0&0\\
0&0&0&0&0&0&0&0&0&0&0&1&0&0&0&0&0&0&0&0\\
0&0&0&0&0&0&0&0&0&0&0&0&0&1&0&0&0&0&0&0\\
0&0&0&0&0&0&0&0&0&0&0&0&0&1&0&0&0&0&0&0\\
0&0&0&0&0&0&0&0&0&0&0&0&0&0&0&0&0&0&1&0\\
0&0&0&0&0&0&0&0&0&0&0&0&0&0&0&0&0&0&1&0\\
0&0&0&0&0&0&0&0&0&0&0&0&0&0&0&0&0&0&1&0\\
0&1&0&0&0&0&0&0&0&0&0&0&0&0&0&0&0&0&0&0\\
0&0&0&0&0&0&1&0&0&0&0&0&0&0&0&0&0&0&0&0\\
0&0&0&0&0&0&0&0&0&0&0&0&0&0&0&1&1&0&0&0\\
0&0&0&0&0&0&0&0&0&0&0&0&0&0&0&0&0&0&0&0\\
1&0&0&0&0&0&0&0&0&0&0&0&0&0&0&0&0&0&0&0
\end{pmatrix}
$$

骨架矩阵 $\boldsymbol{M}'$ 对应的关系图如图 6.4.1 所示。

步骤四:系统因素间的级别分配。

系统的结构层次性是系统的一个本质特征,是系统稳定性和连续性的重要保证。任何一个复杂的系统,都可根据前因或后果的顺序,从纵向把它划分为若干等级,其中低一级的结构是高一级结构的有机组成部分。按结果优先的分层方法,分析图 6.4.1得:

(1) 因素 S_{19} 不可达其他任何因素,是系统第 1 级因素。

(2) 略去第 1 级因素 S_{19} 后,因素 S_{13}、S_{15}、S_{14} 不可达其他任何因素,是系统第 2 级因素。

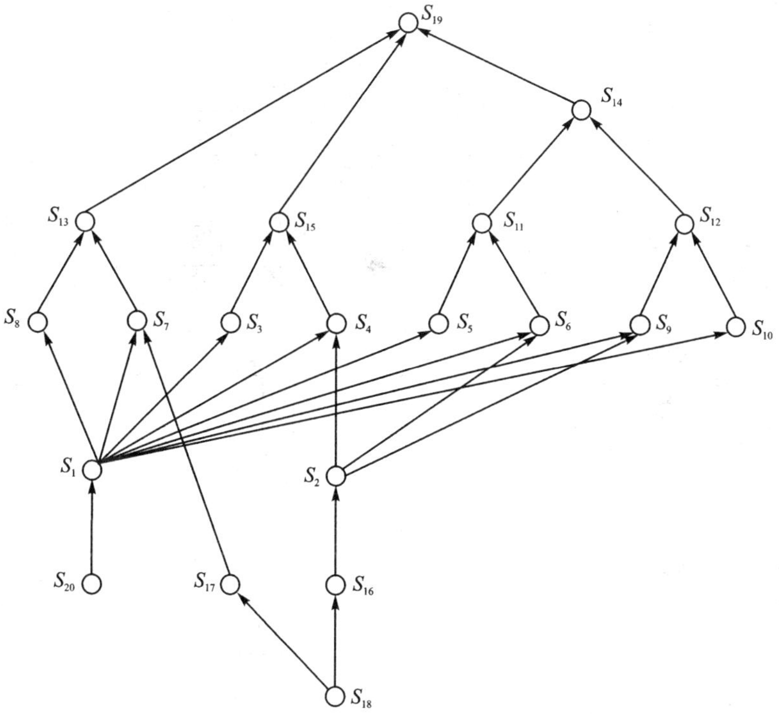

骨架矩阵对应的关系图

图 6.4.1

(3) 略去第 2 级因素 S_{13}、S_{15}、S_{14}后，因素 S_8、S_7、S_3、S_4、S_{11}、S_{12}不可达其他任何因素，是系统第 3 级因素。

(4) 略去第 3 级因素 S_8、S_7、S_3、S_4、S_{11}、S_{12}后，因素 S_1、S_{17}、S_5、S_6、S_9、S_{10}不可达其他任何因素，是系统第 4 级因素。

(5) 略去第 4 级因素 S_1、S_{17}、S_5、S_6、S_9、S_{10}后，因素 S_{20}、S_2不可达其他任何因素，是系统第 5 级因素。

(6) 略去第 5 级因素 S_{20}、S_2后，因素 S_{16}不可达其他任何因素，是系统第 6 级因素。

(7) 略去第 6 级因素 S_{16}后，因素 S_{18}不可达其他任何因素，是系统第 7 级因素。

于是，系统层次结构图如图 6.4.2 所示。

分析图 6.4.2 系统层次结构图得：

城市水资源系统是否能健康发展是 S_{13}城市生态环境、S_{14}城市经济发展水平、S_{15}居民生活用水满足程度综合影响的结果。

工农业经济发展状况 S_{11}、S_{12}制约着城市经济的发展水平；城市生态环境是河道内、外生态环境 S_7、S_8共同影响的结果；生活用水量的保证和质的提高 S_4、S_3更是保证人们生活质量的关键因素。

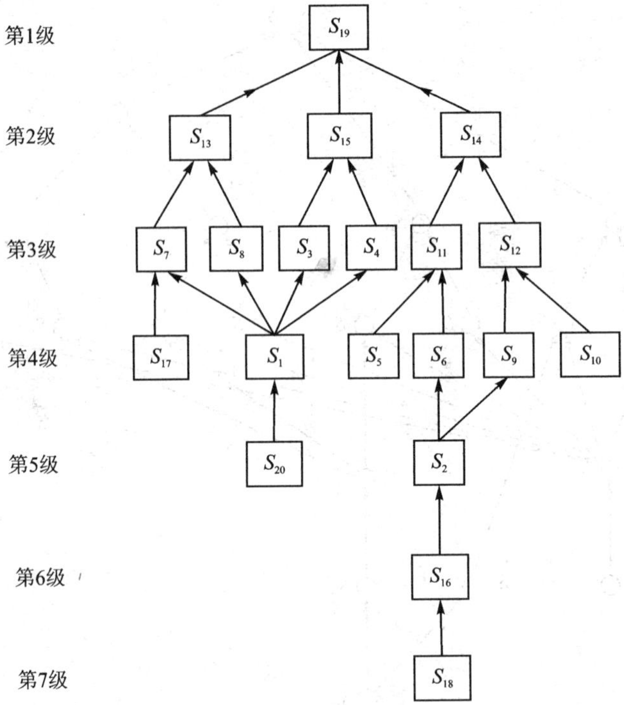

系统层次结构图

图 6.4.2

在生活、经济和环境用水的影响因素中，S_{20}城市水资源承载能力和 S_2 替代型水资源利用情况处于同一级，它们有着同样重要的作用和影响。

城市水资源承载能力影响 S_1 本地水资源供应能力，替代型水资源利用情况受 S_{16} 污水再生处理程度的影响，而 S_{18} 污水治理投资又是影响污水再生处理的决定性因素。因此，随着水资源的日益减少，要保证各种用水的满足，靠大量开采水源显然是不可取的，现实有效的办法是对污水再生回用，在满足各项用水水质要求的前提下充分利用再生水资源。

S_{18} 污水治理投资、S_{20} 城市水资源承载能力分别是城市经济水平、生态环境水平的一个反映。因此，经济的快速增长在很大程度上也是建立在对水资源的高消耗上，且生态环境的效益具有长久性和滞后性，而污水再生回用是水资源系统中制约经济发展与环境改善的中间因素，也是目前实现水资源可持续开发的重要举措之一等。

习题 6.4

1. 湖泊水华爆发时，散发浓浓的腥臭味，严重污染湖泊水资源，危及湖泊流域水安全。特别是对藻类密度较高、水质仍处“藻型环境条件”状况、富营养化呈积重难返之势的湖泊，像现场打捞这样单个的、短期的、片面的措施没有效果，短期内难以消除其水华大规模爆发的条件，为此有必要从系统的角度探讨水华爆发的原因，建立有效的预报预警系统，以便采取有力措施遏制水华爆发。经大量文献资料检索和分析，湖泊水华爆发因素概括为：S_1 气温上升；S_2 水温上升；S_3 光照强；S_4 小风；S_5 大风；S_6 湖水滞留时间长；S_7 自净能力差；S_8 水体垂直混合程度增大；S_9 湖潮；S_{10} 水位低；S_{11} 营养盐增多；S_{12} 底泥再悬浮；S_{13} 入湖污染物增多；S_{14} 竞争藻类减少；S_{15} 增殖速度快；S_{16} 现存量增加；S_{17} 聚集。

根据各要素间的关联性，得到邻接矩阵 $\boldsymbol{A}$ 为

$\boldsymbol{A} =$

	S_1	S_2	S_3	S_4	S_5	S_6	S_7	S_8	S_9	S_{10}	S_{11}	S_{12}	S_{13}	S_{14}	S_{15}	S_{16}	S_{17}
S_1	0	1	0	0	0	0	0	0	0	0	0	0	0	0	0	0	0
S_2	0	0	0	0	0	0	0	0	0	0	0	0	0	0	1	0	0
S_3	0	0	0	0	0	0	0	0	0	0	0	0	0	0	1	0	0
S_4	0	0	0	0	0	0	0	0	1	0	0	0	0	0	0	0	1
S_5	0	0	0	0	0	0	0	1	1	0	0	1	0	0	0	0	0
S_6	0	0	0	0	0	0	1	0	0	0	0	0	0	0	0	0	0
S_7	0	0	0	0	0	0	0	0	0	0	1	0	0	0	0	0	0
S_8	0	0	0	0	0	0	0	0	0	0	1	0	0	0	0	0	0
S_9	0	0	0	0	0	0	0	0	0	0	0	0	0	0	0	0	1
S_{10}	0	0	0	0	0	1	0	0	0	0	0	0	0	0	0	0	0
S_{11}	0	0	0	0	0	0	0	0	0	0	0	0	0	0	1	0	0
S_{12}	0	0	0	0	0	0	0	0	0	0	1	0	0	0	0	0	0
S_{13}	0	0	0	0	0	0	0	0	0	0	1	0	0	0	0	0	0
S_{14}	0	0	0	0	0	0	0	0	0	0	1	0	0	0	0	0	0
S_{15}	0	0	0	0	0	0	0	0	0	0	0	0	0	0	0	1	0
S_{16}	0	0	0	0	0	0	0	0	0	0	0	0	0	0	0	0	0
S_{17}	0	0	0	0	0	0	0	0	0	0	0	0	0	0	0	0	0

通过系统影响因素的结构分析，为湖泊水华的治理和防治提供参考信息。

2. 影响人口增长的因素很多，经讨论认为，主要有以下一些因素：S_1 期望寿命；S_2 医疗保健水平；S_3 国民生育能力；S_4 计划生育政策；S_5 国民思想风俗；S_6 食物营养；S_7 环境污染程度；S_8 国民收入；S_9 国民素质；S_{10} 出生率；S_{11} 死亡率；S_{12} 总人口。根据各要素间的关联性，得到邻接矩阵 $\boldsymbol{A}$ 为

$$
\boldsymbol{A}=\begin{array}{c}
 \\ S_1 \\ S_2 \\ S_3 \\ S_4 \\ S_5 \\ S_6 \\ S_7 \\ S_8 \\ S_9 \\ S_{10} \\ S_{11} \\ S_{12}
\end{array}
\begin{array}{c}
\begin{array}{cccccccccccc} S_1 & S_2 & S_3 & S_4 & S_5 & S_6 & S_7 & S_8 & S_9 & S_{10} & S_{11} & S_{12} \end{array} \\
\left(\begin{array}{cccccccccccc}
1 & 0 & 0 & 0 & 0 & 0 & 0 & 0 & 0 & 0 & 1 & 1 \\
1 & 1 & 1 & 0 & 0 & 0 & 0 & 0 & 0 & 0 & 1 & 1 \\
0 & 0 & 1 & 0 & 0 & 0 & 0 & 0 & 0 & 1 & 0 & 1 \\
0 & 0 & 0 & 1 & 1 & 0 & 0 & 0 & 0 & 1 & 0 & 1 \\
0 & 0 & 0 & 1 & 1 & 0 & 0 & 0 & 0 & 1 & 0 & 1 \\
1 & 0 & 1 & 0 & 0 & 1 & 0 & 0 & 0 & 1 & 1 & 1 \\
1 & 0 & 0 & 0 & 0 & 0 & 1 & 0 & 0 & 0 & 1 & 1 \\
1 & 0 & 1 & 1 & 1 & 0 & 0 & 1 & 0 & 1 & 1 & 1 \\
0 & 0 & 0 & 1 & 1 & 0 & 0 & 0 & 1 & 1 & 0 & 1 \\
0 & 0 & 0 & 0 & 0 & 0 & 0 & 0 & 0 & 1 & 0 & 1 \\
0 & 0 & 0 & 0 & 0 & 0 & 0 & 0 & 0 & 0 & 1 & 1 \\
0 & 0 & 0 & 0 & 0 & 0 & 0 & 0 & 0 & 0 & 0 & 1
\end{array}\right)
\end{array}
$$

通过系统影响因素的结构分析，为制定人口政策、调控人口增长等相应对策提供参考信息。

参考文献

[1] 殷剑宏,吴开亚. 图论及其算法[M]. 合肥:中国科学技术大学出版社,2007.

[2] 殷剑宏,金菊良. 离散数学[M]. 北京:机械工业出版社,2013.

[3] 殷剑宏. 组合数学[M]. 北京:机械工业出版社,2010.

[4] Fred Buckley,Marty Lewinter. 图论简明教程[M]. 李慧霸,王凤芹,译. 北京:清华大学出版社,2005.

[5] 殷剑宏,邓宝,陈华喜,等. 离散数学[M]. 合肥:中国科学技术大学出版社,2013.

[6] 殷剑宏. 一类特殊 de Bruijn 有向图的谱[J]. 山东大学学报(理学版),2004(4).

[7] 殷剑宏. 二分图的 Laplace 矩阵的最大特征值[J]. 合肥工业大学学报(自然版),2004(8).

[8] 殷剑宏. 相容关系的最大相容类的生成算法[J]. 合肥工业大学学报(自然版),2004(6).

[9] 殷剑宏. 一个生成 Hasse 图的有效算法[J]. 合肥工业大学学报(自然版),2005(3).

[10] 殷剑宏. 有向 de Bruijn 图的谱[J]. 浙江大学学报(理学版),2005(5).

[11] 殷剑宏. 超立方体的 Laplace 矩阵的谱[J]. 浙江大学学报(理学版),2007(3).

[12] 殷剑宏. 生成图的全部极大独立集的一般方法[J]. 合肥工业大学学报(自然版),2008(3).

[13] 殷剑宏,金菊良,吴开亚,等. 基于传递闭包的湖泊水华暴发影响要素的结构分析方法[J]. 水电能源科学,2013(6).

[14] 殷剑宏,金菊良,吴开亚,等. 基于传递闭包的系统影响因素的结构分析方法[J]. 水电能源科学,2013(9).

[15] 左孝陵,李为槛,刘永才. 离散数学[M]. 上海:上海科学技术文献出版社,2010.

[16] Knneth H Rosen. 离散数学及其应用[M]. 袁崇义,屈婉玲,王捍贫,等,译. 北京:机械工业出版社,2009.

[17] 屈婉玲,耿素云. 离散数学[M]. 北京:高等教育出版社,2010.

[18] Fred S Roberts,Barry Tesman. 应用组合数学[M]. 冯速,译. 北京:机械工业出版社,2007.